Françoise Hauser

Reisejournalismus

Françoise Hauser

Reisejournalismus

Das Handbuch für Quereinsteiger, Globetrotter
und (angehende) Journalisten

Frankfurter Allgemeine Buch

Bibliografische Information der Deutschen Nationalbibliothek
Die Deutsche Nationalbibliothek verzeichnet diese Publikation in der Deutschen Nationalbibliografie; detaillierte bibliografische Daten sind im Internet über http://dnb.d-nb.de abrufbar.

Françoise Hauser
Reisejournalismus
Das Handbuch für Quereinsteiger, Globetrotter
und (angehende) Journalisten

F.A.Z.-Institut für Management-,
Markt- und Medieninformationen GmbH
Frankfurt am Main 2008

ISBN 978-3-89981-184-1

Frankfurter Allgemeine Buch

Gestaltung / Satz
Umschlag: F.A.Z., Verlagsgrafik
Coverbild: Mauritius Images
Satz Innen: Nicole Bergmann, Ernst Bernsmann
Druck: Messedruck Leipzig GmbH, Leipzig

Inhalt

Vorwort

Reisejournalismus – das riecht nach fremden Ländern, Abenteuern, aufregenden Reisen und Freiheit. Wie schön, wenn man das Hobby zum Beruf machen, den Urlaub als Arbeit ausgeben kann! Kurzum, dem Reisejournalisten wird ein angenehmes Leben unterstellt, und ein leichtes dazu. Kein Wunder, dass kaum ein Bereich so viele Quereinsteiger anzieht wie dieser.

Die Realität gleicht, wie zu erwarten, diesem rosigen Bild nur wenig. Schreiben erweist sich als hartes Geschäft. Schlimmer noch, Globetrotter, die die härtesten Touren im Hochgebirge bestehen und säckeweise beeindruckende Fotos mit nach Hause bringen, scheitern am Eigenmarketing und dem bürokratischen Alltag. Und manchmal sogar an der Rechtschreibung.

Andere wiederum organisieren wunderbare Reisen, verfassen einfallsreiche Artikel, sind in allen Medien vertreten und können trotzdem nicht von den Früchten ihrer Arbeit leben. Wie schaffen das nur all die anderen Reisejournalisten?

Dieses Buch soll ein praktischer Leitfaden für den Einstieg in den Reisejournalismus sein. Neben den klassischen „Disziplinen" Schreiben, Bebildern und Verkaufen geht es hier auch um viele Randaspekte, die gerne vergessen werden: Wie funktioniert Sponsoring? Und wie weit darf der Journalist gehen, ohne seine Seele zu verkaufen? Welche Preise sind üblich und wie lassen sich mit Eigenmarketing und Zweitverwertung noch einige Extras herausschlagen? Wie sieht die rechtliche Seite aus?

Wenn manche Erläuterungen dem alten Hasen allzu einfach vorkommen: Für den Quereinsteiger sind sie es oft nicht! Auch Absolventen geisteswissenschaftlicher Disziplinen und leidenschaftliche Globetrotter dürfen sich in diesem Buch bedienen. Und weil es gar so schwer ist, von sporadischen Veröffentlichungen zu leben, werden zum Schluss des Buches auch verwandte Verdienstmöglichkeiten besprochen.

Entmutigt wird hier übrigens niemand: Reisejournalismus ist ein spannendes Tätigkeitsfeld. Aber oft eben ganz anders, als es sich die meisten Menschen vorstellen.

Françoise Hauser

Was ist Reisejournalismus?

Die Frage scheint auf den ersten Blick überflüssig. Schließlich zeigen die beiden Komponenten „Reise“ und „Journalismus“ deutlich, dass es um fremde Länder und Schreiben geht, um den Weg von einem Ort zum anderen.

Vom Himalaya-Expeditionsbericht bis zur Glosse über die reichen Teilnehmer einer Luxuskreuzfahrt, von der Reportage einer Anden-Zugreise bis zum Portrait einer einsamen Karibik-Insel reicht das Kernspektrum, aber auch kulturelle Hintergrundartikel können und müssen sogar manchmal dazugehören. Die Reise selbst muss dabei nicht im Vordergrund stehen. Viel wichtiger ist es, das Fremde nah heranzuholen, in verdauliche Häppchen zu brechen, vielleicht von einer ungewohnten Warte zu beleuchten. Und dabei den Leser mitzunehmen. Eine genaue Definition ist das freilich nicht. Zum Glück. Denn wer vom Reisejournalismus leben will, darf sich nicht scheuen, auch die Randbereiche dieses Ressorts zu betrachten.

Flexible Definitionen

Doch wie lässt sich Reisejournalismus von anderen Ressorts abgrenzen? Eine Reportage über ein spannendes Fußballspiel ist sicher kein Fall für den Reisejournalismus. Es sei denn, es findet in Honduras statt, mit viel Lokalkolorit. Und dem pikanten (wenig bekannten) Hintergrund, dass eine umstrittene Schiedsrichterentscheidung 1969 sogar einen Krieg zwischen Honduras und El Salvador auslöste. Und schon darf der Artikel auch im Reiseteil stehen: Honduras durch die Fußballbrille gesehen. Ebenfalls wichtig sind die Grenzthemen, die nicht nur mit Reisen zu tun haben, aber vom gleichen Leserkreis gelesen werden. Ein Artikel über den chinesischen Nationalcircus unterwegs in Deutschland hat streng genommen nicht mehr viel mit Touristik zu tun. Fremdländisch und geradezu mystisch präsentiert er sich dennoch. Nimmt der Autor den Leser für einige Minuten oder Stunden mit auf eine Reise hinter die Bühne, dann darf er oft trotzdem noch als Reisetext gelten, entführt er doch in eine andere Welt, die nicht jedem offensteht.

Im Grunde sind Forscherei und Wortklauberei um die Definition des Begriffs ohnehin müßig. Zumindest für den Alltag eines Reisejournalisten. Ist er fest angestellt, wird der Themenbereich konkret in der Redaktionssitzung besprochen. Ist er frei, wird er, unbelastet von Definitionen, alles verkaufen, was ihm die Reiseredaktionen abnehmen. Und davon gibt es erst einmal eine ganze Menge: Rund 40 Reisetitel, meist Publikums-Hochglanzzeitschriften, werden in Deutschland herausgegeben, deren Auflage insgesamt mehr als zwei Millionen Exemplare beträgt! Dazu kommen gut 200 Zeitungen und Zeitschriften mit eigenem Reiseressort. Die Abgrenzung zwischen Reisetiteln und anderen Fachzeitschriften ist nicht immer offensichtlich: Zeitschriften wie „Wohnmobil & Reisen" sprechen nur einen kleinen Teil der potentiellen Reisenden an und zählen deshalb nur bedingt dazu.

Kein Schreibstuben-Metier

Egal, welche persönliche Definition der Journalist seiner Arbeit nun zugrunde legt, sicher ist eines: Wer Reisejournalismus betreibt, muss gereist sein. Wie weit, wohin und mit welchem Ziel ist dabei individuell verschieden. Um eine glaubhafte, spannende Geschichte zu schreiben, braucht es Originaleindrücke. Und das Wissen, sie verarbeiten zu können. Geschichtliche, sprachliche und geographische Kenntnisse helfen dabei, eine langweilige Destinationsbeschreibung in einen spannenden Text zu verwandeln. Vielleicht finden sich deshalb im Reisejournalismus besonders viele Quereinsteiger, die von ihren Kenntnissen aus der Amerikanistik, Indologie oder anderen Studienfächern profitieren. Auch praktische Kenntnisse, die auf den ersten Blick mit Reisen wenig zu tun haben – sei es die Leidenschaft für das Windsurfen, alte Lokomotiven oder eben eine seltene Sprache –, helfen dem Schreiber, ein Reiseziel aus einer besonderen (und ergo interessanten) Warte zu sehen.

Wichtig ist auch: Wie ein Fotograf oder Maler bildet der Reisejournalist die Welt ab, so wie er sie gesehen hat. Subjektiv. Er malt, mit Worten. Anders als das Bild kann der Text jedoch auch erklären, das Gesehene erläutern, Hintergründe aufzeigen. Auf alle Fälle nimmt er Menschen mental mit auf seine Reisen, zeigt ihnen selektiv die spannendsten, schönsten oder auch schrecklichsten Stationen seines eigenen Weges. Der Leser kann so Länder oder Situationen erleben, die er in der Wirklichkeit wahrscheinlich nie besuchen wird.

So alt wie das Reisen

Im Grunde ist der Reisejournalismus ein sehr altes Genre: Seit jeher reisen Menschen und berichten nach ihrer Rückkehr davon. Je außergewöhnlicher oder aufregender die Reise, desto größer ist das Bedürfnis, sich mitzuteilen. Und der Wille zuzuhören. Bereits in der Antike entstanden Werke wie die Odyssee, die Reisebeschreibungen des Pausanias und die Historien des Herodot, die mitunter ausgedehnte Reisebeschreibungen enthielten. Viele große europäische Entdecker ließen Tagebuch führen, so dass ihre Reisen für die Nachwelt nachvollziehbar waren. Auch Marco Polo ist ein typischer Vertreter der Gattung, selbst wenn bis heute nicht geklärt ist, ob er wirklich China besuchte oder die Schilderungen anderer Kaufleute im Orient aufschnappte und zur fiktiven Reise verwob.

Dass es sich bei den frühen Exemplaren von Reisebeschreibung bis ins 18. Jahrhundert ausschließlich um Bücher handelt, hat technische Gründe: Erst mit der Erfindung des Buchdrucks konnten Zeitungen überhaupt erst entstehen, konnte es naturgemäß Reiseartikel geben. Zusammen mit den infrastrukturellen Errungenschaften der Neuzeit – Schiff, Zug, Auto und schließlich Flugzeug – wurden Reisen schließlich machbarer und erschwinglicher. Bereits im 19. Jahrhundert hatten die Reiseberichte daher ihren festen Platz im Feuilleton.

Der moderne Wandel im Reisejournalismus

Heute dienen Reiseberichte nicht nur als spannende Lektüre, sondern auch als Informationsquelle für potentielle Reisende. Und als Instrument des Destinations-Marketings (der touristische Begriff „Destination“ lässt sich schlichtweg mit „Reiseziel“ übersetzen, wird aber in der Branche viel verwendet), als Werbeträger für Hotelmarken und Fluglinien und andere touristische Leistungsträger. Kurzum, der Reisejournalismus ist vielfach zu einem PR-Instrument geworden. Längst haben die Anbieter verstanden, dass positive Berichterstattung für hohe Besucherzahlen sorgt.

Und noch ein Wandel zeichnet den Reisejournalismus mittlerweile aus: De facto ist der Reisejournalismus heute eine Sparte der freien Journalisten. Zwar mag es den einen oder anderen fest angestellten Reisejournalisten geben – dies ist vor allem in ausgewiesenen Reisemagazinen der Fall –, die Fülle der Texte jedoch stammt überwiegend aus der Feder freier Journalisten.

Fast jedem Bürger steht heute die Welt offen, selbst mit knappem Geldbeutel sind Fernreisen prinzipiell erschwinglich geworden. Viele der passionierten Reisenden – vielleicht auch einige Leser dieses Buches – stammen nicht aus dem Journalismus und möchten dennoch ihre Erlebnisse verarbeiten. Kein Wunder, dass die Zeitschriften kaum über Mangel an Reisetexten klagen. Für den Einsteiger ist dies Chance und Nachteil zugleich: Es ist in Reiseredaktionen üblicher als in anderen Sparten, von außen zu kaufen. Ein Vorteil, der sich aufgrund der großen Konkurrenz jedoch schnell wieder nivelliert.

1 Die Themensuche

Egal ob der Journalist ganz klassisch mit gespitztem Bleistift vor dem blanken Papier sitzt oder modern-effizient vor dem Computer: Noch vor dem ersten Wort, dem ersten Satz, gilt es Themen zu finden. Denn: Wer durch Spanien reist und hinterher ganz generell „über Spanien" schreibt, wird in der Regel wenige Leser finden. Bleibt der Verfasser zu allgemein und arbeitet er in die Breite, muss er zwangsläufig auf Tiefe verzichten. Oder ein Buch schreiben. Der kurze Artikel jedoch kann immer nur Schlaglichter werfen, Aspekte beleuchten und Teilbereiche herausgreifen.

Will man den Leser in eine heimelige Bodega mitnehmen oder an einem Flamenco-Abend teilhaben lassen, muss man ihn dort direkt vor der Tür absetzen und ihm nicht verbal die gesamte Reise (samt aller uninteressanten Details!) ab Flughafen Frankfurt zumuten. Der Journalist sucht also aus, selektiert und betrachtet seine Reise anhand der Themenwahl quasi durch eine Brille. Sie legt den Ausschnitt fest, blendet manche Aspekte aus, vergrößert andere, filtert Stimmungen und macht so den ersten Schritt auf dem Weg zu einer individuellen Darstellung eines Reiseziels. Und weil nicht jede Brille jedem Leser steht, ist das Thema auch gleich die erste Leser-Selektion.

Doch wie findet man spannende Themen?

Wissensvorsprung durch Schreibtischarbeit

Idealerweise beginnt die Themensuche lange vor der geplanten Reise. Warum? Weil es vom Schreibtisch aus viel einfacher ist, sich die notwendigen Hintergrundkenntnisse anzueignen, um ein spannendes Thema überhaupt zu erkennen, also einen interessanten Aspekt oder ein verkanntes Faktum zu finden, das als Thema dienen kann. Nur wer um die Normalität seines Reiseziels weiß, kann das Außergewöhnliche erkennen.

Zudem sprechen auch einige praktische Gründe dafür, schon vor der Abfahrt die wichtigsten Interessensgebiete festzulegen, beispielsweise um:

- unterwegs die passenden Bilder zu schießen,
- alle erforderlichen Daten und Adressen für Infokästen zu sammeln,
- idealerweise die Themen bereits vor der Reise zu verkaufen oder zumindest eventuelle Interessenten zu identifizieren,
- lokale Termine schon von zuhause aus zu arrangieren.

Das heißt nicht, dass nicht unterwegs das eine oder andere Thema noch auftauchen kann oder darf. Eine gewisse Themenfluktuation ergibt sich von selbst, schließlich stellt sich bei Ankunft vor Ort schnell heraus, dass sich das eine oder andere Projekt bei aller Vorbereitung nicht umsetzen lässt, weil die nötigen Interviewpartner nicht kooperieren oder das anvisierte Naturschutzgebiet aus unerfindlichen Gründen ausgerechnet jetzt auf unbestimmte Zeit geschlossen wurde. Manchmal reicht schon ein Wetterumschwung aus, um beispielsweise eine Strandgeschichte platzen zu lassen.

Selbstverständlich gibt es zahlreiche Reisejournalisten, die ihre Erlebnisse im Nachhinein zu Themen verarbeiten und erst nach der Rückkehr die endgültige Auswahl treffen. Genauso kann es passieren, dass sich eine Redaktion von selbst meldet: Ob man denn nicht schnell noch etwas zu Barcelona schreiben könnte, schließlich sei man doch gerade dort gewesen ... Diese Alternativen bleiben jedoch auch bei guter Vorbereitung erhalten. Autoren, die mit einer festgelegten Themenliste auf Reise gehen, mögen mit einer völlig veränderten Themenliste zurückkehren, haben aber sicher mehr potentielle Texte im Programm als der Konkurrent, der sich, thematisch gesehen, auf Glück und Zufall verlässt.

Die wichtigsten Kriterien bei der Themensuche

Noch bevor Kreativität und persönliche Interessen bei der Themensuche zum Tragen kommen, lohnt es sich, einen Blick auf die Endabnehmer zu werfen: Was will der Leser? Und was suchen die Redaktionen? Nicht alle Themen sind für alle Zielgruppen geeignet. Wer sich schon vor dem Schreiben eine klar definierte Leserschaft vorstellt, hat deshalb bessere Chancen, die richtige Auswahl zu treffen.

Blind-Date mit Unbekannten: Die Motivation der Leser kennen

Warum nur lesen Menschen die Reiseberichte fremder Globetrotter? Wozu kauft sich der Leser eigentlich ein Reisemagazin? Bei allen persönlichen Unterschieden haben die Leser von Reisetexten einiges gemeinsam. In der Regel ist es eines der drei folgenden Motive, das sie zu einem Reisemagazin oder der Reisebeilage greifen lässt:

- *Die Suche nach der Illusion*

Zu allererst geht es vielen Lesern um den Traum von der Reise in ferne Gefilde (Wobei der Begriff „fern" durchaus dehnbar ist: Für den eingefleischten Schwarzwald-Urlauber kann auch die Reise nach Venedig eine gewaltige Unternehmung darstellen.). Der Leser will Reportagen aus der Sahara lesen, mental mit den Ureinwohnern Australiens an gerösteten Maden knabbern, gefährliche Abenteuer erleben und per Reportage in das Rotlichtmilieu von Rio de Janeiro eintauchen.

Buchen tut er freilich später eines der Standardprogramme aus dem Katalog. Zu Deutsch: Er wird sich in Kapstadt oder New York wahrscheinlich genau die Sehenswürdigkeiten anschauen, die schon alle anderen Besucher vor ihm gesehen haben. Lesen will er jedoch etwas Außergewöhnliches. Einen besonderen Aspekt also, einen neuen Fokus oder einen Exkurs, auf den er selbst nie gekommen wäre und den er, wenn er nur wollte, natürlich auch erleben könnte. Theoretisch. Reisejournalisten sind im Grunde Berichterstatter, die anderen mentale Reisen ermöglichen, die sie so, in dieser Form, jetzt sofort nicht antreten können. Schon der nüchterne Blick auf die breite Palette an „Survival-Guides" und Urwaldbüchern und der Vergleich mit den Buchungszahlen von echten Abenteuerreisen zeigt: Der Leser ist nicht logisch – im Kopf fährt er öfter und weiter weg als im echten Leben.

Neben den Reportagen bedienen auch die „Generalthemen" diese Sehnsucht, wenn auch erheblich sachlicher. Das klassische Beispiel für Generalthemen sind die Städte- oder Länderportraits. Dieser kulturelle und geschichtliche Rundumschlag ist knapp gehalten und führt den Leser an eine neue Stadt oder Region heran. Er eignet sich vor allem für unbekannte Ziele, denen die breite Masse nur ein leichtes Interesse entgegenbringt. Oder aber eine Leserschaft, die sich einen Überblick über eventuelle Reiseziele verschaffen will.

- *Der Wunsch nach aktuellen Informationen*

Andere Leser wiederum sind auf der Suche nach konkreten Informationen, die ihnen bei der Reiseplanung weiterhelfen: Wo liegen die schönsten Strände Italiens? Welche Fluggesellschaften bieten die günstigsten Studentenrabatte? Wann ist die beste Reisezeit für Borneo? Kein Magazin kommt ohne diese Servicethemen aus, von denen sich der Leser einen greifbaren Mehrwert verspricht, der sich im Idealfall sogar in einen finanziellen Vorteil verwandelt. Weil sie wenig literarischen Ruhm versprechen und sich oft als sehr arbeitsintensiv erweisen, werden die Servicethemen von vielen Autoren vernachlässigt.

- *Der Wissensvorsprung*

Nicht zuletzt treibt den Leser der blanke Wissensdurst. Hintergrundthemen spielen daher auch im Reisejournalismus eine große Rolle: Anhand eines Textes über die Vulkane Italiens erfährt der Leser beispielsweise, was es mit der Plattentektonik auf sich hat und welche geologischen Prozesse auch heute noch die Landschaften prägen. Vereinfacht und in verdauliche Form gebracht natürlich. Hintergrundtexte ermöglichen dem Leser oft auch nach der Reise, das Erlebte aus einer anderen Sicht zu betrachten oder scheinbar nicht zusammenhängende Fakten zu verknüpfen. Ganz allgemein fallen viele Kulturthemen in diese Kategorie.

Welche Themen suchen die Redaktionen?

Die Kriterien der Redaktionen sind naturgemäß stark an die Vorstellungen der Leser gebunden. Denn: Ohne Leser keine Käufer und keine Werbekunden. So einfach ist die Rechnung. Die Einschätzung, was der Leser nun letztlich lesen möchte, bleibt in vielen Fällen jedoch individuell und subjektiv. Nur die wenigsten Medien leisten sich eine detaillierte und fundierte Untersuchung der Leserschaft oder deren Leseverhaltens. Lediglich einige Tageszeitungen lassen per „Reader Scan" das Verhalten ihrer Kunden überprüfen: Eine ausgewählte, repräsentative Gruppe von rund hundert Lesern markiert dabei mit einem elektronischen Stift, welche Passagen der Zeitung sie gelesen haben.

Wenn es um Themen geht, können die Meinungen von Journalist und Redaktion daher bisweilen weit auseinanderklaffen. Viele angehende Journalisten tendieren dazu, sich so in die eigenen Themen zu verlieben, dass sie keinen Deut mehr verändern möchten, während manch einer

Redaktion der Mut fehlt, stilistisch oder inhaltlich vom Bewährten abzuweichen.

Artikel, Leser und Redaktion müssen also zusammenpassen: Der Journalist sucht sein Thema mit der Zielgruppe vor Augen und findet hernach die Zeitschrift, die die anvisierte Leserschaft bedient. Oder aber er sucht gezielt Themen für eine bestimmte Publikation und lässt sich von ihrem Zielpublikum inspirieren.

Abwechslungsreiche Themen: Inhaltliche Tiefe statt regionaler Breite

Bei aller Suche nach mentalen Reisen, Informationen und Hintergründen sehnt sich der Leser nach Abwechslung. Schon wieder ein Artikel über „Rio, Stadt zwischen Tradition und Moderne"? Hatte nicht die Konkurrenz vor zwei Ausgaben genau denselben Titel? Rund fünf Euro zahlt der Leser für eine Hochglanz-Reisezeitschrift und erwartet dafür abwechslungsreiche Kost.

Allein durch regionale Diversifizierung lässt sich die gewünschte Vielfalt jedoch nicht mehr herstellen: Wahrscheinlich gibt es kaum einen interessanten (und erreichbaren) Ort auf dieser Welt, der nicht schon in der westlichen Reisepresse erschöpfend beschrieben worden wäre. Wer sich von der Masse abheben will, muss daher in die Tiefe gehen, neue Aspekte aufzeigen, unbekannte Hintergründe aufdecken, einen anderen Fokus finden, der das bereits Gewesene wieder neu beleuchtet.

Nur, wie soll ein Journalist dies auf Dauer leisten? Die regionale und inhaltliche Spezialisierung hilft: Um sich neuen Themen zu widmen, braucht es Orts- und Kulturkenntnisse, die sich nicht unbedingt aus einem dreitägigen Kurzbesuch einer Destination ergeben. Nur wer sich Zeit lässt, findet die kleine Insel, der sich sonst noch niemand gewidmet hat, oder die Jazzbar, deren Besitzer als erster Bohemien der Region gilt. Widmet sich ein passionierter Weintrinker den eher unbekannten rumänischen oder bulgarischen Weinen, verpackt er das Thema am Ende in einen leicht lesbaren Text, dann hebt er sich wohltuend von der Konkurrenz ab, die zum hundertsten Male von den Badestränden der Schwarzmeerküste schwärmt.

Alles Handwerk: So bekommen Themen den besonderen Dreh

Illustrieren lässt sich dies am Beispiel einer Fahrt mit der Transsibirischen Eisenbahn: Herkömmliche Reiseberichte der Gattung „Abenteuer auf Schienen“ gibt es zuhauf und lassen sich ergo nur noch schwer verkaufen. Vielversprechender (aber auch Recherche-intensiver) wäre ein Hintergrundartikel über die historische Entwicklung dieser Strecke, das Portrait einer Zugschaffnerin, ein Interview mit dem Koch, die Innenansicht eines gelangweilten Passagiers oder das Portrait eines kleinen Dorfes an den Gleisen. Genauso interessant ist die Frage: Wer fährt eigentlich außer westlichen Touristen mit der Transsib? Russische Schmuggler, chinesische Moslems auf dem Weg nach Mekka, mongolische Studenten mit europäischem Studienvisum ... Und stimmt das Gerücht, dass sich manche Prostituierte den Zug zum Arbeitsort erkoren haben? Klar ist: Es steht nicht mehr die komplette Reise über die gesamte Strecke im Vordergrund, sondern ein spannender Teilaspekt. Um Themen dieses nötige Profil zu verschaffen, gibt es eine Reihe von „handwerklichen“ Methoden:

- *Thematische Tiefe suchen*

Wenn die meisten Autoren steten Schrittes mit dem Leser durch die Stadt schreiten, bleibt der Könner auch einmal stehen: Er nimmt sich die Zeit, ein Detail zu betrachten, einen Ort zu beobachten, ohne Zeitdruck einmal genau hinzuschauen. Wie beispielsweise Norman Ohler in „Chungking Mansions“ im Geo Spezial China: Jeder Rucksackreisende kennt die berüchtigten Hochhäuser in Hong Kong, in denen sich fensterlose und daher billige Absteigen, Sweatshops, Büros zweifelhafter Unternehmen und natürlich Wohnungen verbergen. Der Autor nimmt sich die fünf Hochhaustürme vor und macht daraus eine spannende Reportage.

- *Der Perspektivenwechsel*

Eine sichere Methode, einem Thema den besonderen Dreh zu geben, ist der Perspektivenwechsel. Nicht das Objekt der Betrachtung verändert sich, sondern der Blickwinkel: Reiseberichte von Deutschen in Indien gibt es en masse. Doch was berichten Inder, wenn sie durch Deutschland reisen? Und wie empfinden sie das Leben hier?

Ein Beispiel für dieses Vorgehen ist der Artikel „Leben in der Traumfabrik – Malediven-Alltag auf den Local Islands“ aus Abenteuer und Reisen Spezial „Trauminseln“, S. 112–115: Dass man auf den Malediven ganz besonders angenehm Urlaub machen kann, hat sich mittlerweile herumgesprochen. Dass die Einheimischen diese Touristeninseln nur zum Arbeiten betreten dürfen, wissen jedoch nur wenige Leser. Dreht man den Spieß nun um und betrachtet das Ferienparadies nicht aus Sicht der Touristen, sondern aus der Perspektive der lokalen Angestellten, kann sich ein spannender Text entwickeln.

- *Hintergründe recherchieren*

Themen gewinnen an Spannung und Individualität, wenn sie einen besonderen Wissensvorsprung bieten. Dass es sich dabei nicht um Allerweltswissen handeln darf, versteht sich von selbst. Wie im Text „Gen-iales Chaos" – Wie Madagaskar zu seiner ganz besonderen Pflanzen- und Tierwelt gekommen ist" (Abenteuer und Reisen Spezial „Trauminseln", S. 24, von Martin Müller) oder „Durchgeschüttelt: Japan und seine Erdbeben" (in Asien 05/2006, S. 70–74, von Christine Liew). Hier widmet sich die Autorin dem enormen Aufwand, mit dem Japan den tausenden Erdbeben jährlich begegnet, und dem Einfluss der Geotektonik auf den Alltag der Japaner.

Gelingt es dem Schreiber bei der Themensuche, persönliche Hobbys oder Spezialwissen mit einer Region zu kombinieren, ist zumindest eines gewiss: Die Konkurrenz verringert sich erheblich, und auch die Chance, in der Flut der redaktionellen Einsendungen aufzufallen, steigt enorm.

- *Distanz und Nähe nutzen*

Lassen Sie sich per Google alle deutschen Artikel über das Taj Mahal in Indien ausdrucken: Fast alle scheinen das monumentale Bauwerk aus genau der Perspektive zu betrachten, die auch auf den Postkarten zu sehen ist: Die Totale aus der Ferne, die einen schönen Gesamtüberblick zulässt, aber eben keinerlei Details. Um dem beeindruckenden Bauwerk einen ebenso beeindruckenden Text abzuringen, muss der Autor diesen ausgetretenen Aussichtspunkt verlassen und näher herangehen, sich einem Detail widmen. Oder aber das Taj Mahal aus der Ferne betrachten, wie es aus der sonst eher architektonisch uninspirierten Stadt Agra herausragt, im völligen Kontrast zu den anderen Bauwerken der Umgebung. Gerade bekannte Destinationen oder Orte fordern dazu heraus, mit Distanz und Nähe zu spielen.

Ein Beispiel für diesen Ansatz ist der Titel „Markusplatz – was wäre der ‚schönste Salon Europas (Napoleon)' ohne die Tauben?" aus dem Merian-Heft Venedig. Natürlich geht es in diesem Artikel nicht nur um die Vögel auf Venedigs bekanntester Sehenswürdigkeit, sondern um die Geschichte des Ortes und die Menschen, die mit ihm verbunden sind. Wie der Taubenfutterverkäufer Giorgio – eine echte Makro-Aufnahme, die dem Platz ein neues Gesicht verleiht.

- *Ausgefallene Destinationen*

Hauptstädte und ausgewiesene Ferienregionen sind im Reisejournalismus überproportional vertreten. Sie sind leicht zu erreichen und der Journalist kann sich darauf verlassen, dass es eine Leserschaft für Texte über diese Destinationen gibt. Manchmal reicht es daher schon, sich einige Kilometer von den touristischen Hotspots zu entfernen, nicht Brüssel, sondern das nahe gelegene Anderlecht zu beschreiben, nicht die Sehenswürdigkeiten Shanghais, sondern der kleinen Dörfer am Stadtrand in den Mittelpunkt zu stellen: Schon ist ein neues Thema entstanden, das von der Nähe zum Bekannten profitiert und trotzdem den besonderen Touch trägt. Das Prädikat „abseits der ausgetretenen Pfade“ kann, aber muss nicht zwingend „abgelegen“ bedeuten. Journalisten mit guten Sprach- und Kulturkenntnissen dürfen ihren Themenkatalog natürlich trotzdem um regional ausgefallene Texte erweitern: Neuland-Berichte, also Texte über Destinationen, die im Pauschalkatalog nicht auftauchen, wecken schon über ihren Abenteuercharakter das Interesse des Lesers.

Exotik um jeden Preis?

Keine Frage: Reisejournalismus hat viel mit Exotik zu tun. Doch muss man wirklich immer bis ans andere Ende der Welt reisen, um Neues oder Überraschendes zu entdecken? Wer zu weit in die Ferne schaut, übersieht die sprichwörtlich nahe liegenden Themen. In der Tat ist es nicht ganz einfach, einen Artikel über Ziele in Deutschland zu schreiben, weil das offensichtlich Exotische auf den ersten Blick fehlt, die Themen nicht so bunt und schreiend ins Auge springen. Und doch gibt es sie, die unberührten Landschaften, gefährlichen Wanderwege und vergessenen Ethnien.

Zum einen locken die urtypisch deutschen Themen: Landschaften, Traditionen, die auf den modernen Menschen schon wieder eine geradezu exotische Anziehungskraft ausüben. Die Frau in der Schwarzwälder Tracht samt Bommel-Hut und die fränkische Marktfrau aus dem 100-Seelen-Dorf sind dem deutschen Großstädter oft fremder als die europäischen Nachbarn. Genauso spannend kann es sein, die eigene Region in anderen Landesteilen vorzustellen.

Zum anderen ist die Ferne längst in Deutschland angekommen: Sei es beim Tempelfest von Hamm-Uentrop, wo sich jedes Jahr rund 20.000 Tamilen zur öffentlichen Prozession samt Selbstgeißelung treffen, oder in der japanischen Diaspora von Düsseldorf, in Europas Korea-Hochburg Frankfurt – an jeder Ecke warten übersehene Themen. Die Ferne vor der Haustür bietet unglaublich viele Möglichkeiten, vorausgesetzt Sie finden Zugang zu den zahlreichen Gemeinschaften und Ethnien.

Themen-Inspirationen

Gute Themen zu finden ist nicht nur eine Frage der Übung, sondern auch der Inspiration. Dank Internet gibt es gleich eine ganze Reihe von Möglichkeiten, sich bei der Suche helfen zu lassen:

- *Der Blick in die Zeitschriftenarchive*

Das schönste und spannendste Thema hat wenig Chancen, gedruckt zu werden, wenn es im vergangenen Jahr bereits zehnmal durch die Presse ging.

Per Internet lässt sich schnell überprüfen, ob sich in letzter Zeit Autoren dem anvisierten Thema gewidmet haben, und falls ja, in welchem Medium. Lässt man nur die Kurzvariante suchen, also nur die Destination, Region oder einzelne Namen ohne genaue Formulierung, bekommt der Autor auch gleich noch eine Vorstellung, welche Themen bisher zur Destination beschrieben wurden. Ein wenig aufwendig ist die Internetrecherche schon, kann jedoch gerade bei Ideenlosigkeit sehr inspirierend wirken.

- *Was ist geplant?*

Genauso wie der Themencheck in der Vergangenheit lässt sich per Internet auch ein Blick in die Zukunft werfen. Fast alle Zeitschriften planen die Hauptthemen mindestens ein Jahr im Voraus und stellen sie online. Webseiten wie www.pz-online.de ermöglichen nicht nur den gesammelten Überblick, sondern erlauben auch die gezielte Suche nach Stichworten.

Die Themenliste

Sind die Themen erst einmal gefunden, gilt es sie aufzubereiten: Eines der wichtigsten Marketinginstrumente des freien Reisejournalisten ist die Themenliste. In ihr werden die Themen nach Regionen, Inhalten oder sonst einem sinnvollen, logischen Prinzip geordnet und optisch ansprechend dargestellt.

Neben dem Titel sollte immer auch ein kurzer erläuternder Satz den Leser (hier also den Redakteur!) neugierig machen und eventuell noch erforderliche Informationen zum Themenverständnis liefern. Sofern sich das Thema eindeutig einem Genre zuordnen lässt, ist es sinnvoll, dies ebenfalls zu vermerken.

Die Einträge sehen dann in etwa so aus:

> *Chinas kleine Schwester – Zehn gute Gründe, Taiwan zu besuchen*
> Von der Freundlichkeit der Bewohner bis zur atemberaubenden Natur: Die Insel hat fast alles, was ein touristischer Verkaufsschlager braucht. Schade, dass kaum einer hinfährt. (Destinationsportrait)
>
> *Von wegen teuer!*
> Die Schweiz gilt als hochpreisiges Reiseziel. Zu Unrecht, denn die eidgenössische Republik bietet auch Budget-Reisenden viele Möglichkeiten. (Serviceartikel)

Der Arbeitstitel

Viele Schreiber können ein Lied davon singen: Die Idee ist da, doch wie verwandelt man sie in einen einzigen knackigen und ansprechenden Satz? Wenn die Zeit drängt und es mit der Formulierung nicht so recht klappen will, genügt es, das Thema in der Themenliste schnörkellos zu beschreiben und es mit der Bemerkung „(Arbeitstitel)“ zu versehen. Das Problem, einen ansprechenden Titel zu finden, ist damit aufgeschoben, und auch der zuständige Redakteur muss nun nicht mehr vermuten, dass die Formulierung „Unterwegs mit dem russischen Staatszirkus“ zugleich auch der Gipfel der literarischen Schöpfungskraft ist.

Checkliste

Die Themen-Checkliste

- Haben Sie die Themen in einer Internet-Suchmaschine gesucht und die Konkurrenzlage überprüft?
- Haben Ihre Themen einen Ansatz, der sie von der Konkurrenz unterscheidet?
- Haben Sie diesen Unterschied zur Konkurrenz in der Themenliste herausgearbeitet?
- Sind die Themen griffig, aber verständlich formuliert?
- Ließe sich durch einen Perspektivenwechsel noch ein interessanter Aspekt herausholen?
- Haben Sie versucht, Ihre persönlichen Wissensstärken aufgrund von Ausbildung oder Hobbys zu nutzen?

2 Marketing, Verkauf und Honorare

Was nützt der schönste Text, wenn er am Ende nie gedruckt wird! Viele passionierte Schreiber stellen am Ende des langen schreiberischen Geburtsvorgangs fest, dass es erheblich mehr als nur ein Telefonat oder eine E-Mail braucht, um einen Artikel an den Mann zu bringen. Nicht nur die Qualität des Textes zählt, sondern auch die Fähigkeit, diese überzeugend zu verkaufen. Während festangestellte Redakteure sich wenig Gedanken um den Abnehmer machen müssen, gilt für freie und nebenberufliche Journalisten (und damit für fast alle Reisejournalisten) genauso wie für jeden anderen Verkäufer, der eigene Waren anbietet: Selbstmarketing ist essentiell!

Marktpositionierung – auch für Journalisten

Die meisten Anfänger machen sich erst einmal wenig Gedanken um Profil und Verkaufsstrategie. „Endlich den Artikel unterbringen" lautet die kurzfristige Mission. Das ist verständlich und nicht einmal falsch: Je länger die Publikationsliste, desto leichter fällt es, neue Kunden zu gewinnen.

Parallel zu den ersten Gehversuchen auf dem journalistischen Parkett sollten Sie sich jedoch unbedingt Gedanken zur Marktpositionierung machen. Als was präsentiere ich mich? Was will ich verkaufen? Wo liegen meine Schwerpunkte? Nur wenn Sie mit einem eindeutigen Profil auftreten, bleiben Sie in Erinnerung. Inhaltliche und regionale Schwerpunkte helfen dabei. Haben Sie sich erst einen Namen gemacht, ist es nicht schwer, den Aktionsradius auszuweiten: Dem erprobten Fachmann für Lateinamerika kauft der Chefredakteur vielleicht auch einen USA-Text ab. Nicht weil das inhaltlich zwingend verbunden wäre, sondern weil er dessen Arbeiten bereits kennt und sich darauf verlassen kann, ein solides Produkt zu bekommen. Auch die Mehrfachverwertung von Texten wird bei ausreichender Spezialisierung einfacher.

Generalisten hingegen tun sich oft schwer, Texte zu verkaufen: Wie glaubwürdig ist es, einem Magazin gleichzeitig eine Dschungelreportage aus dem Herzen Borneos und einen Artikel über die wohltuenden Effekte der indianischen Steinmassage auf die Zellulitis anzubieten?

Der Versuch, ein Profil zu erarbeiten, sollte jedoch nicht in einer monothematischen Spezialisierung münden. Zu Deutsch: Machen Sie sich nie von einer einzigen Destination abhängig! Wer sich ausschließlich auf Sri Lanka spezialisiert, steht beim nächsten Zusammenstoß zwischen Regierungstruppen und tamilischen Rebellen vor leeren Auftragsbüchern. Empfehlenswert ist eine ausgewiesene Kernkompetenz (inhaltlicher oder geographischer Natur) in Kombination mit einigen anderen Fachgebieten beziehungsweise geographischen Schwerpunkten.

- *Erstellen Sie ein Selbstprofil*

Noch vor dem ersten Kontakt zu potentiellen Abnehmern in den Redaktionen sollten Sie sich eine kleine Liste erstellen und folgende Fragen beantworten:

- Welchen Themengebieten und Regionen möchte ich mich vorrangig widmen?
- Was qualifiziert mich dafür?
- Welche Punkte in meinem Lebenslauf belegen dies? (zum Beispiel Auslandsstudium, Sprachkenntnisse, persönliche Reiseerfahrung)
- Habe ich außergewöhnliche Fähigkeiten, Kenntnisse oder Hobbys? Lassen sich diese mit den journalistischen Tätigkeiten verknüpfen?
- Kann ich auf journalistische Erfahrung verweisen?
- Was unterscheidet mich von den Konkurrenten auf dem Markt? Was kann ich besser?
- Gibt es Marktlücken, die ich füllen kann?
- Habe ich stilistische Stärken? (zum Beispiel humoriger Stil, didaktische Texte, klassische Reportagen)

Gefällig formuliert und auf einige Zeilen zusammengestrichen ergeben die Antworten das Kurzprofil, das nicht nur bei schriftlichen Angeboten, sondern auch bei Telefongesprächen für einen hohen Wiedererkennungswert sorgt („Hans Müller, der Kuba-Müller, Sie wissen schon …“).

- *Was zeichnet meine Zielgruppe aus?*

Bei dieser Gelegenheit ist es auch Zeit, sich noch einmal Gedanken über die Zielgruppe zu machen. Für wen wollen Sie schreiben? Wie sieht der Leser aus, der Ihre Text liest? Wie alt ist er, wie viel Vorwissen bringt er mit? Für welche Zielgruppe möchten Sie keinesfalls schreiben? Richten Sie sich an jugendliche Leser mit dem entsprechend „hippen“ Vokabular? Oder eher an den älteren Intellektuellen mit solidem Allgemeinwissen?

Gut möglich, dass der potentielle Abnehmer in der Redaktion derartige Fragen stellt. Auch wenn sich die Zielgruppe nicht immer genau eingrenzen lässt, sollten Sie sich zu diesem Thema Gedanken gemacht haben. Nicht zuletzt, weil sich dadurch viel leichter potentielle Abnehmer identifizieren lassen.

Erst werben, dann schreiben

Stellt sich der Schreiber dem Verkaufsproblem erst, wenn der Artikel fertig auf dem Tisch liegt, hat er bereits den ersten kapitalen Fehler begangen: Für den Anfänger mag es sinnvoll sein, einige fertige Texte vorweisen zu können, in der Regel jedoch schreibt der Journalist seinen Artikel für eine ganz bestimmte Zeitschrift oder Zeitung. Und jedes Medium auf dem Markt zeichnet sich durch seinen eigenen Stil, eine ganz eigene Leserschaft aus. Bieten Sie fertige Texte an, laufen Sie daher immer Gefahr, an der klar umrissenen Zielgruppe vorbei zu schreiben. Wie ärgerlich, wenn der stundenlange Aufwand völlig umsonst war. Einfacher ist es, sich vorher telefonisch zu vergewissern, ob überhaupt, mit vielen Konjunktiven, vielleicht Interesse an diesem oder jenem Thema besteht. Es ist wie beim Schneidern: Sie können ein originelles Hemd nähen und jemanden suchen, dem es passt. Oder jemanden suchen, der ein Hemd braucht, und ihm eines auf den Leib schneidern. Letzteres ist im Journalismus meist sinnvoller.

Zur Vorbereitung der ersten Verkaufsgespräche sollten Sie sich daher mit den folgenden Fragen befassen:

• *Wer bedient meine Zielgruppe?*

Wenn manch ein Autor seine Texte immer wieder unveröffentlicht von den Redaktionen zurückerhält, muss dies nicht nur an der literarischen Qualität liegen: Wer einer Modezeitschrift für junge Frauen die knallharte Dschungel-Tour mit viel Schweiß und wöchentlichem Unterhosenwechsel anträgt, dem Sportmagazin eine Reportage über den Urlaub auf dem eigenen Balkon und die süße Lust des Nichtstuns, der kann so witzig oder gut schreiben, wie er will, gedruckt wird er seine Texte wahrscheinlich nie sehen. Der Zeitschriftenmarkt ist mittlerweile so spezialisiert, dass für fast jede gesellschaftliche Gruppierung eigens eine ganze Reihe von Medien aufgelegt wird. Und ganz zu Recht fordern Leser und Redakteure, dass die Texte auf das Zielpublikum zugeschnitten werden. Genauso wichtig: Schon beim ersten Kontakt mit dem potentiellen Abnehmer muss klar werden: Hier klopft ein Journalist an, der dieses Prinzip verstanden hat! Blinde Versuche nach dem Motto „mehr als nein sagen können die nicht" sind zum Scheitern verurteilt und schaden dem Ruf.

Vor dem Angebot gilt es also Recherche zu betreiben. Welche Zeitschriften kommen für mich in Frage? Gibt es Themen, die ganz besonders gut zu einer bestimmten Publikation passen? Wer deckt meine Zielgruppe ab?

• *Wer sind die potentiellen Abnehmer?*

Für eine gründliche Vorbereitung ist es sinnvoll, eine bereits erschienene Ausgabe der anvisierten Magazine aufmerksam zu lesen (bei knapper Kasse sind die meisten auch in der Stadtbibliothek einsehbar) und einige vergleichbare Artikel zu analysieren. Wie sind sie aufgemacht? Was zeichnet den allgemeinen Stil aus? Damit ist nicht nur die sprachliche Gestaltung gemeint, sondern auch Layout, Informationsgehalt, Zielgruppe und Texttiefe.

Die meisten Redaktionen haben sich ganz bewusst für eine bestimmte Darstellung entschieden, die genau auf die Leserschaft abgestimmt ist. Das Gespräch mit Redakteuren zeigt: Immer wieder geben potentielle Autoren gleich im ersten Gespräch zu erkennen, dass sie die Publikation, für die sie gerne schreiben möchten, gar nicht kennen! Oder diese (und das ist genauso delikat) nicht mögen.

- *Wie sieht der Markt aus? Wie viele potentielle Leser hat mein Text?*

Schreiben Sie vorrangig über eine bestimmte Region oder einen Kulturraum? Dann besorgen Sie sich die aktuellen Fremdenverkehrsstatistiken:

- Wie viele Deutsche reisen jährlich dorthin?
- Handelt es sich um Geschäftsreisende oder Touristen?
- Wie und wo bewegen sich die Besucher im Lande?
- Wie sind die Ankünfte über die Monate verteilt?
- Gibt es einen positiven oder negativen Trend?

Derartige Zahlen sind meist im Internet auf den Seiten der jeweiligen Tourismusbehörden zu finden oder über das Fremdenverkehrsamt zu beziehen. Mit dem passenden statistischen Material lässt sich manch ein Redakteur überzeugen: Für ihn sind Reisende vor allem potentielle Leser. Niedrige Besucherzahlen sind kein Grund, nicht über eine Destination zu schreiben. Umgekehrt jedoch können Statistiken die eine oder andere Tür öffnen: So viele Touristen steuern jedes Jahr die Insel Ko Chang in Thailand an? Dann wird es Zeit, endlich darüber zu berichten.

Genauso wichtig wie die Touristenzahlen ist die jahreszeitliche Verteilung der Ankünfte. Es hat wenig Sinn, während der Hochsaison einen Text anzubieten: Bei Erscheinen ist die Hauptreisezeit vorbei und das Interesse der Leser eher gering. Besser ist es, den Text ganz bewusst für einen sinnvollen Veröffentlichungszeitraum vorzuschlagen und diese Informationen gleich mitzuliefern: Eine Destinationsgeschichte zur Karibik sollte beispielsweise nicht kurz vor der Wirbelsturmsaison erscheinen.

Andere Ziele wiederum sind Jahreszeiten-unabhängig: Tropische Länder erfreuen sich rund ums Jahr gleicher Temperaturen, kennen keine ausgewiesene Schlechtwetterperiode und können daher immer auf dem Redaktionsplan stehen. Profis vermerken sich derartige Besonderheiten am Wandkalender.

Der statistische Trumpf bietet sich übrigens nicht nur für Destinationsgeschichten an. Wer eine Servicegeschichte über Fahrrad-Tagestouren in Deutschland plant, schaut gleich noch nach den aktuellen Zahlen: Wie viele Deutsche besitzen ein Rad? Wie nutzen sie es? Nicht zuletzt wirken diese Detailangaben auch deshalb auf die Redaktionen überzeugend, weil sie die Sachkenntnis des Autors belegen.

- *Welche Reisetrends beherrschen den Markt?*

Wie jede andere Branche ist der Tourismus Trends und Veränderungen unterworfen. Galt es beispielsweise noch vor wenigen Jahren als denkbar „uncool", als Student eine Pauschalreise zu buchen, gibt es heute zahllose Angebote, die sich an junge Reisende richten. Auch Sprachreisen nach Asien und Lateinamerika haben in den letzten Jahren zugenommen. Gleiches gilt natürlich auch für Destinationen, die in Mode kommen oder in Vergessenheit geraten. So profitiert beispielsweise die Tourismusindustrie der neuen EU-Länder von der Aufmerksamkeit, die den Neuzugängen nun aus dem Westen zuteil wird.

Den besten Überblick über die Geschehnisse und Trends der Tourismusbranche bieten Branchenmagazine wie FVW oder Touristik Aktuell, und auch der Klatsch und Tratsch auf den internationalen Reisemessen kann Impulse geben.

Checkliste

Checkliste: Markt und Anbieter kennen

- Wissen Sie, welche Zielgruppe Ihre anvisierten Abnehmer bedienen?
- Haben Sie im Internet überprüft, zu welchen Themen im Verlauf des letzten Jahres Artikel veröffentlicht wurden?
- Haben Sie einen Blick auf die Mediadaten und die Planung für das nächste Jahr geworfen?
- Gibt es Statistiken, die die Wichtigkeit Ihres Themenbereichs untermauern?
- Bieten Sie Ihre Ideen zum richtigen Zeitpunkt, also langfristig vor der Hochsaison an?

Der Erstkontakt

Für den ersten Kontakt zu Redaktionen oder anderen Abnehmern gibt es leider keinen goldenen Königsweg. Viele geben in den einschlägigen Adress-Sammlungen als präferierte Kontaktmethode die E-Mail an. Dies sicher, um nicht von einer Flut von Anrufen überrollt zu werden. Andere wiederum scheinen prinzipiell keine elektronische Post von Unbekannten zu öffnen und reagieren nur auf mündliche Anfragen. Sogar die konventionelle Post kommt hin und wieder zum Zuge: „Bitte eine vollständige Mappe einreichen, samt Probeartikel und Lebenslauf" fordern manche Redakteure und outen sich damit als eher anspruchsvolle Zeitgenossen.

Bei Anruf Auftrag

Menschen, die ohne jede Furcht schwere Gletschertouren bewältigen, zu Fuß durch die Sahara wandern und andere Abenteuer bestehen, bekommen feuchte Hände, wenn es darum geht, per Telefon einen Artikel anzupreisen. Die Hemmschwelle ist groß. Zum einen, weil dem Telefonverkauf ein sehr negatives Image anhaftet, zum anderen ist es die Angst vor dem „Nein, kein Interesse", die den Schreiber lähmt.

Dabei scheint der Erstkontakt per Telefon besonders erfolgversprechend: Nur hier können Sie sofort auf den Gesprächspartner reagieren und bekommen zudem auch noch einen guten Eindruck, mit was für einer Persönlichkeit Sie es zu tun haben. Scheint der Redakteur generell interessiert, leider aber nicht am vorgeschlagenen Thema, bietet das Gespräch die Möglichkeit, schnell noch das eine oder andere Alternativthema zu erwähnen. Genauso entfällt die nervenaufreibende Warterei auf Antwort: Wurde meine E-Mail gelesen? Wie wurde das Anliegen aufgenommen? Besteht überhaupt Interesse an der Zusammenarbeit mit freien Reisejournalisten? Wer am Telefon gut zuhört, findet schnell Antworten auf die meisten Fragen.

Wie beim Schreiben muss der Journalist auch beim Telefonieren seinen eigenen Stil finden. Es gibt keine magischen Sätze oder Tricks, die garantiert jede Tür öffnen. Einige Grundregeln helfen jedoch, am Telefon einen möglichst guten Eindruck zu hinterlassen:

- *Freundlich auftreten*

„Authentisch, aber freundlich sein" lautet die wichtigste Grundregel. Dabei geht es nicht um die aufgesetzte Herzlichkeit, die oft Call-Center-Mitarbeitern zu Eigen ist, sondern einen wohlwollenden Gesprächston. Erstaunlich viele Redakteure klagen darüber, dass ihnen Texte in ruppigem Ton angeboten werden, bis hin zu pampigen Kommentaren, wenn das Thema nicht den erwarteten Begeisterungssturm auslöst.

- *Schnell zur Sache kommen*

Mit ein wenig Pech sind Sie bereits der 45ste Anrufer an diesem Tag, der versucht einen Text zu verkaufen, während im Hintergrund das Chaos kurz vor Redaktionsschluss tobt und tausend unerledigte Aufgaben lauern. Fassen Sie sich kurz und verraten Sie dem Gegenüber schnell, worum es geht. Der Satz „Ich möchte Ihnen gerne unverbindlich einen Text anbieten" sollte relativ schnell auftauchen, dazu einige Worte zu Thema und Genre, dann weiß der Redakteur, ob es sich für ihn lohnt, das Gespräch weiter zu führen.

- *Den Auftraggeber nicht schlecht darstellen*

„Ihre Chile-Artikel sind immer so schlecht, da dachte ich, ich biete mal was von mir an" ist kein guter, aber erstaunlich verbreiteter Einstieg für das Verkaufsgespräch. Der Hinweis auf die eigene Expertise sollte nicht den negativen Vergleich mit der Redaktion beinhalten. Abfällige Kommentare über die Konkurrenz sind genauso wenig angemessen.

- *Kompetenz zeigen*

Schon beim ersten Gespräch hören die meisten Redakteure sehr gut heraus, ob es sich um einen erfahrenen Journalisten oder einen Neuling handelt. Letztere schreiben nicht zwingend schlechter. Trotzdem greifen Redaktionen lieber auf erfahrene Kräfte zurück. Das vermindert das Überraschungspotential. Auch wirkt es beruhigend zu wissen, dass ein freier Journalist schon seit einiger Zeit auf dem Markt besteht. Wichtig ist es daher, Kompetenz zu zeigen. Dies übrigens nicht nur in fachlicher Hinsicht, sondern auch in punkto Redaktionsablauf: Sätze wie „ich hätte auch gute Bilder zum Artikel" sagen wenig aus. Die Frage „Ich kann Ihnen eine gute Auswahl digitaler Aufnahmen in 300 dpi anbieten. Wäre Jpeg-Format okay?" beinhaltet nicht nur die Tatsache, dass der Schreiber unterwegs fotografiert hat, sondern ganz offensichtlich auch Ahnung von Bildqualität hat und mit den diversen Formaten etwas anfangen kann. Fazit: So schlecht werden die Bilder dann schon nicht sein! Die Frage, „wie viele Seiten" der Artikel denn haben dürfe, zeigt vor allem eines: Der Anrufer ist noch recht grün hinter den Ohren, denn der Inhalt variiert je nach Formatierung. Besser ist: „Wie viele Zeichen soll der Artikel haben? Mit oder ohne Leerzeichen?"

- *Absagen wegstecken*

Sicher ist: An Absagen muss man sich gewöhnen. Nette Redakteure schaffen es, den abgelehnten Autor freundlich zu vertrösten, andere machen sich weniger Mühe, die feinfühlige Seele des Schreibers zu schonen. Damit muss man umgehen können.

Genauso sicher ist: Es gibt keinen Grund, es nicht trotzdem immer wieder zu probieren. Selbst wenn es beim ersten Anlauf bei der gewünschten Zeitschrift nicht klappt – versuchen Sie es in einigen Monate noch einmal, kontaktieren Sie die Konkurrenz, schauen Sie sich nach anderen Publikationsmöglichkeiten um, die Sie vielleicht bisher übersehen haben. Auch die Frage „darf ich Ihnen denn zukünftig wieder Themen anbieten" ist legitim.

Checkliste

Checkliste Gesprächsinhalt

Besteht generelles Interesse an einer Zusammenarbeit, gilt es im Gespräch gleich die wichtigsten Fragen zu klären:

- Wie lautet das genaue Thema des Artikels?
- Was für ein Genre ist erwünscht? Darf es ein Feature werden, ist eine Reportage anvisiert (siehe auch Kapitel 5)?
- Wie lang soll der Text werden (Anzahl der Zeichen mit/ohne Leerzeichen)?
- Werden Infokästen mit Reiseinformationen gebraucht?
- Wer liefert das Bildmaterial? Ist es im Preis inklusive oder wird extra bezahlt? Richtet sich der Preis nach der Druckgröße?
- Wann ist Abgabe?
- Wie viel zahlt der Verlag insgesamt an den Journalisten?

Pünktlichkeit und Zuverlässigkeit

Pünktliche und zuverlässige Abgabe der Texte und Bilder – darauf muss man doch nicht explizit hinweisen, mag jetzt manch einer insgeheim aufstöhnen. Doch das Gespräch mit Redaktionen und Auftraggebern zeigt: Hier lassen sich spielend Bonuspunkte einfahren. Erstaunlich oft melden sich potentielle Autoren, deren Arbeitseifer und Sachkenntnis geradezu endlos erscheinen. Und die danach nie wieder von sich hören lassen. So manch eine vollmundige Ankündigung „das schaff ich spielend bis Samstag" hat sich in der Erfahrung der Redaktionen als Anfang vom Ende erwiesen. Wer direkt nach dem ersten Telefonat die versprochene E-Mail schickt, alle Vereinbarungen pünktlich und in besprochener Form einhält, hebt sich positiv vom Gros der Konkurrenten ab.

Der schriftliche Kontakt

Telefonieren Sie nicht gerne oder wissen Sie aus gesicherter Quelle, dass die anvisierte Redaktion auf Anrufe allergisch reagiert, greifen Sie gleich zu Stift oder Tastatur. Um einen schriftlichen Kontakt kommt in der Regel sowieso niemand herum. Dem erfolgreichen Telefonat folgt sicher die Frage „Können Sie mir ihre Idee schnell noch einmal per E-Mail einreichen?".

Diese E-Mail (oder in raren Fällen der Brief) ist die erste Visitenkarte und nach dem Telefonat das wichtigste Marketinginstrument. Fehler- und Smileyfrei sollte sie sein und flüssig formuliert. Journalistisch eben, eine Kostprobe des eigenen Könnens. Wer keine interessante E-Mail schreiben, keinen kurzen Text verfassen kann, der Lust macht auf mehr, der wird sich schwer tun, etwas zu verkaufen. Steife Formulierungen, die aus einem Bewerberhandbuch der 1970er stammten könnten („hiermit möchte ich Ihnen einen Artikel anbieten, welcher von meiner letzten Reise handelt") garantieren, dass der vielleicht spannende Text im Anhang ungeöffnet im Papierkorb landet.

Inhaltlich sollte die E-Mail klar strukturiert sein und folgende Punkte enthalten:

- Den Bezug auf das Telefongespräch oder einen anderen Anknüpfungspunkt (Wieso wenden Sie sich gerade an dieses Medium?).
- Falls möglich, einen Anlass benennen: eine Reise, ein Jubiläum. Wieso gerade jetzt dieses Thema?

- Das Thema, knapp zusammengefasst.

- Eine kurze Selbstdarstellung – zum Beispiel das vorbereitete Profil.

- Einige Worte zum bisherigen Schaffen, falls Sie bereits veröffentlicht haben.

- Den Hinweis, dass Sie Bildmaterial liefern können, sofern dies zutrifft, sowie Angaben zur Bildqualität (Größe auf 300 dpi).

- Eine Kontaktadresse und Telefonnummer.

Der Text sollte nicht zu lang sein und am besten in der E-Mail selbst stehen, also nicht im Anhang. So muss der Adressat nicht erst klicken und warten, bis er die ersten Informationen erhält, denn in der Zwischenzeit könnte sein Interesse bereits versiegt sein.

Weitere Elemente, die eventuell angefordert werden, sind:

- *Das Exposé*

Hin und wieder verlangen Redaktionen sogar ein Exposé. Auf maximal einer Druckseite soll es klar strukturiert und knapp das Thema umreißen. Gelingt es dem Autor, in wenigen Sätzen Spannung aufzubauen, ertappt sich der Redakteur bei dem Gedanken „wie mag es weiter gehen?“, dann ist das Exposé gelungen. Stilistisch orientiert es sich am zu verkaufenden Text: Geht es um ein flottes Szenethema, darf es nicht wie ein dröger Diavortrag präsentiert werden. Genauso wenig hat Jugendsprache in einem Exposé zu einem anspruchsvollen Thema mit viel politischem Hintergrund zu suchen.

Folgende Fragen kann das Exposé, sofern dem Thema angemessen, aufgreifen:

- Wie lautet der Arbeitstitel?
- Was genau ist das Thema des Textes?
- Wie wird der Artikel aufgebaut?
- Welchem Genre ist er zuzuordnen?
- An wen richtet er sich? (Beschreibung der Zielgruppe)
- Was qualifiziert den Autor (also Sie)?

• *Die Textprobe*

Wer will schon die Katze im Sack kaufen! Fast alle Redaktionen verlangen daher vor der Erteilung eines ersten Auftrags Textproben bereits erschienener Artikel.

Am schnellsten lässt sich das per E-Mail erledigen: Im Anhang einfach einen bereits publizierten Artikel als PDF oder Word-Text mitschicken. Wirkliche Anfänger, also alle, die eben noch nie irgendwo veröffentlicht haben, schicken dabei einfach einen Probetext, der noch nie gedruckt wurde. Ein Umstand, auf den man im Übrigen nicht unnötig hinweisen muss …

Wichtig ist: Verschicken Sie keine gigantischen 5-MB-Anhänge. In vielen Redaktionen verursachen große Anhänge noch immer Probleme, und wer erst einmal den Computer des potentiellen Käufers für eine Viertelstunde lahmgelegt hat, darf nicht mehr auf großes Wohlwollen hoffen.

Nicht minder wichtig ist die Präsentation: Ein fertiges Layout muss niemand liefern, eine dem Auge angenehme Schriftgröße, ein lesbarer Zeilenabstand und natürlich ein von Rechtschreibfehlern bereinigter Text schaden jedoch sicher nicht. Alternativ können Sie auch Textproben auf der Homepage hinterlegen. Sie müssen jedoch mit kurzen Ladezeiten aufrufbar sein.

• *Die Publikationsliste*

Manche Auftraggeber sind nur schwer zu überzeugen, sich einem neuen Freien (= frei schaffender Journalist) zu widmen. Wer bereits zahlreiche Publikationen vorzuweisen hat, tut daher gut daran, sie in einer Publikationsliste aufzuführen. Je „wichtiger“ der Verlag (ein Kriterium, das leider vollständig auf der Eigenwahrnehmung des Chefredakteurs basiert), desto eher werden solche zusätzlichen Informationen abgefragt.

Die Publikationsliste enthält alle Artikel, die der Journalist bereits geschrieben hat, wobei kleine Meldungen und besonders kurze Texte unter den Tisch fallen. Wer dreizeilige „Artikel“ für erwähnenswert hält, zeigt letztlich nur, dass er offensichtlich noch nie etwas Großes geschrieben hat.

Zu nennen sind der Name der Publikation, der Titel des Artikels, die Seitenzahl in der Druckausgabe und das Datum.

• *Die Themenliste*

Genau, es handelt sich um das Dokument, dass Sie bereits im ersten Kapitel erstellt haben. Falls nicht – spätestens jetzt ist es an der Zeit, die Themenliste umzusetzen.

Während aus der Publikationsliste ersichtlich wird, was Sie bereits veröffentlicht haben, weist die Themenliste in die Zukunft: Hier können Sie mit guten Ideen brillieren, Ihr Potential zeigen und damit vielleicht auch skeptische Redakteure überzeugen. Die sich im Übrigen gerne inspirieren lassen. Warum sollte er sich selber Themen ausdenken, wenn der Freie mit einer ganzen Liste von guten Ideen daherkommt?

Es versteht sich von selbst, dass die Themenliste auf den Adressaten abgestimmt werden muss: Erstellen Sie ein „Master"-Dokument aller Themen, aus dem Sie dann jeweils die aussuchen, die zur Publikation passen.

Persönliche Kontakte

Nein, damit ist nicht gemeint, dass Sie persönlich in der nächstgelegenen Redaktion vorbeischauen sollen. Dafür aber fleißig Branchentermine wahrnehmen. Sei es die Zehn-Jahresfeier einer Touristik-PR-Agentur oder die Verleihung eines touristischen Preises, Veranstaltungen der Fremdenverkehrsämter oder einschlägige Messen: Es geht nichts über den persönliche Handschlag. Dazu gehört natürlich auch eine anständige Visitenkarte in guter Druckqualität, die Sie mit vollen Händen verteilen. Falls Sie einen regionalen oder inhaltlichen Schwerpunkt haben, lassen Sie ihn auf die Rückseite drucken, dann fällt die Zuordnung für den potentiellen Auftraggeber leichter.

Nachfragen erlaubt?

„Schicken Sie's mal rein. Wir melden uns" lautet eine beliebte Antwort auf Artikelanfragen. Und nun? Voller Zuversicht sendet der Anfänger seine Unterlagen ein und prüft fortan stündlich sein E-Mail-Postfach: Vielleicht ist ja schon eine Antwort da? Doch das kann dauern. Tage. Wochen. Allzu oft kommt die Antwort nie. Schlimmer als das harsche „Nein" ist die Ungewissheit. In diesem Fall ist es sinnvoll nachzufragen: Ist meine E-Mail angekommen? Gibt es noch Fragen zum Thema? Ob Sie dies per E-Mail oder Telefon erledigen ist reine Geschmackssache.

Das tägliche Nachhaken, ob denn die E-Mail schon gelesen wurde, ist allerdings kontraproduktiv weil nervtötend. Geben Sie dem Redakteur mindestens eine Woche Zeit. Besser noch: Lassen Sie sich eine „Lesebestätigung" schicken. Dann wissen Sie zumindest, ob und wann die E-Mail geöffnet wurde. Absolut zuverlässig ist diese Funktion jedoch nicht: Manchmal sind Mailserver so eingestellt, dass sie automatische Lesebestätigungen verweigern, so dass der fälschliche Eindruck entsteht, die E-Mail sei nicht gelesen worden.

Auch bei positiven Zusagen ergeben sich Fragen. „Wann kommt er denn nun, der Artikel?" will der gespannte Autor wissen. Bei Zeitschriften gestaltet sich dies noch recht einfach: Meist werden Texte für eine bestimmte Ausgabe gekauft und nur in Ausnahmefällen geschoben, so dass Sie recht sicher sein können, wann er erscheint. Wird er wider Erwarten nicht abgedruckt, ist eine Nachfrage legitim.

Bei Tageszeitungen gestaltet sich die persönliche Kontrolle schon schwieriger: Als Berliner Journalist müsste man sich zum Erscheinungstermin an den Bahnhof begeben, wollte man ganz sicher nicht den Artikel in der bayrischen Tageszeitung verpassen. Da bleibt nur die Hoffnung auf das Belegexemplar und eine dicke Portion Geduld. Denn mehr als zweimal sollten Sie nur in Ausnahmefällen nachhaken.

Marketing per Internet: Die eigene Webpage

Wenn es um Selbstmarketing geht, ist die eigene Homepage eine der kostengünstigsten und besten Methoden – sofern sie ansprechend gestaltet wird. Auch Schreiber, die mit den modernen Medien wenig zu tun haben, sollten sich dieser Herausforderung stellen, denn es spricht eine ganze Reihe von Vorteilen für das Marketing per Internet:

- Für einen symbolischen Grundpreis von wenigen Euro pro Monat bietet das Internet die Möglichkeit, sich einem gigantischen internationalen Publikum zu präsentieren.

- Dank Suchmaschinen und Verlinkungen sind Sie für potentielle Auftraggeber auffindbar. Im Idealfall meldet sich der Auftraggeber selbst.

- Im Gegensatz zu gedruckten Image-Broschüren lassen sich Webseiten ohne Kosten und zeitnah auf den neuesten Stand bringen.

- Probetexte und Eigenprofil sind per Webpage rund um die Uhr verfügbar.

- Neben Texten und Kontaktdaten lassen sich auf der eigenen Homepage auch Bilderstrecken hinterlegen, die Ihre fotografischen Fähigkeiten belegen.

- Mit einer eigenen E-Mail-Adresse im Stil von name@name.de wirken Sie allemal wichtiger.

Welche Informationen gehören auf die Homepage?

Bei der Planung Ihrer Homepage ist ein realistischer Blick auf die eigenen Gestaltungsfähigkeiten angebracht: Es muss keine ausgefallene Lösung sein, aber eine Webpräsenz, die auf den ersten Blick nach Do-it-yourself-Baukasten aussieht, vermittelt sicher keinen professionellen Eindruck.

Die kompletten Grundlagen des Webdesigns lassen sich hier schon aus Platzgründen nicht aufarbeiten. Auch gibt es im Buchhandel eine wahre Flut von Werken zum optimalen Webdesign. Für Journalisten, die per Internet vor allem ihr Schaffensspektrum und Beispieltexte verbreiten möchten, sind jedoch einige Aspekte besonders wichtig:

- Richten Sie die Homepage auf Ihre Zielgruppe aus. Es macht beispielsweise einen Unterschied, ob Sie vorrangig für Reisemagazine oder eher für die Touristikbranche schreiben. Passen Sie sich in Stil und Vokabular an. Werfen Sie einfach einen Blick auf die Seiten der Konkurrenz und lassen Sie sich inspirieren: Wem würde ich auf Anhieb einen Text abnehmen? Warum?

- Definieren Sie Ihr Angebot klar und deutlich: Verzichten Sie auf verschraubte Formulierungen, sondern verwenden Sie kurze Sätze und Wörter, die auch ein Zweitklässler auf Anhieb verstehen würde. Vermeiden Sie Wörter die auf „-ierung“ oder „-ung“ enden: Nicht „Konzeptionierung von Artikeln“ (Was ist das?), sondern „Reisetexte“ oder „Destinationsberichte“ muss es heißen. Wie für den Online-Text, gilt auch für die eigene Homepage: Klare Strukturen, einfache Botschaften erstellen. Es geht hier nicht darum, durch Fremdwort-lastiges Vokabular zu beeindrucken, sondern durch Lesbarkeit und schnelle Orientierung.

- Ein kurzer Lebenslauf mit den beruflich relevanten (!) Daten sollte ebenfalls auf der Webseite zu finden sein, schließlich sollen die potentiellen Auftraggeber nachvollziehen, warum gerade Sie der/die Richtige für den Auftrag sind.

- Beispieltexte müssen optimal lesbar sein. Da bei der Bildschirmdarstellung nur Schriften angezeigt werden können, die beim jeweiligen Besucher auf dem Computer vorhanden sind, empfiehlt es sich, weit verbreitete Schriften zu verwenden. Besonders bildschirmgeeignet sind Verdana und Georgia. Verdana ist eine serifenlose Schrift mit relativ großer Laufbreite, Georgia ist eine der wenigen Serifenschriften, die im Web angenehm lesbar ist. Beide Schriften sind auf den meisten Windows-Rechnern vorhanden.

- Die Spaltenbreite sollte maximal 12 cm betragen, sonst tut sich das Auge schwer, die Zeile zu halten.

- Verwenden Sie keine großen Bilddateien, um die Ladezeit möglichst kurz zu halten. Web-Leser sind meist sehr ungeduldig und klicken schnell weiter, wenn die Seite sich nicht sofort vollständig aufbaut.

- Nutzen Sie den Bildschirm beim Seitendesign nicht voll aus. So bekommen auch Leser mit kleinerem Bildschirm oder großer Bildschirmauflösung noch eine akzeptable Ansicht.

- Rechnen Sie damit, dass Bilder und Texte geklaut werden. Bei Bildern empfiehlt sich eventuell die Verwendung eines Wasserzeichens, bei Texten sollten Sie nur bereits veröffentlichte Werke auf die Seite stellen.

- Geben Sie außer den Kontaktdaten keine sensiblen persönlichen Details preis.

Die obligatorischen Elemente

Bei aller künstlerischen Freiheit gibt es eine Reihe von Elementen, die auf der Homepage unbedingt vorhanden sein sollten:

- *Disclaimer*

Bei Verweisen auf externe Webseiten, also Seiten, auf deren Inhalt Sie keinen Einfluss haben, ist es unerlässlich, darauf hinzuweisen, dass Sie für externe Inhalte keine Haftung übernehmen. Geeignete Formulierungen finden Sie auf der Webseite www.disclaimer.de.

- *Impressum*

Anbieter sogenannter Mediendienste müssen, grob vereinfacht dargestellt, laut Telemediengesetz im „Impressum“ Namen, Adresse, E-Mail-Adresse und Steuernummer auflisten. Ob und wie weit dies auch für private Seiten gilt, ist rechtlich umstritten. Da Sie ohnehin gerne gefunden und von Auftraggebern kontaktiert werden möchten, versteht sich von selbst, dass Sie eine ordentliche Kontakt- und Impressumsseite einrichten.

- *Externe Links*

Externe Links sind ein Service an den Besucher der Webseite, der nur positiv ankommt, wenn Sie regelmäßig überprüfen, ob die Seiten noch existieren und ob sie noch einen vertretbaren Inhalt darbieten.

Wie kommt man an eine eigene Webadresse?

Sogenannte „Provider“ stellen, vereinfacht gesprochen, bezahlenden Kunden einen Platz auf ihrem Server zu Verfügung. Der wiederum ist per Standleitung permanent mit dem Wordwide Web, sprich Internet, verbunden. Welcher Provider der richtige ist, sollte gut recherchiert werden. Achten Sie nicht nur auf die monatlichen Grundpreise, sondern auch darauf, ob eine Kundenservicenummer angegeben wird und ob diese über eine herkömmliche Telefonnummer erreichbar ist. Teils wird mit enorm günstigen Preisen geworben, dafür fallen bei Rückfragen hohe Kosten durch 0190-Nummern an.

Mit (kostenpflichtigen) Programmen wie Adobe GoLive oder Dreamweaver stellen Sie dann Ihre Webpräsenz zusammen. Teils bieten Provider zusammen mit der Anmeldung auch eine Gratisversion dieser Software an. Weniger anspruchsvolle Programme zum Webdesign finden Sie auch als Shareware-Versionen.

Potentielle Auftraggeber

Wenig verwunderlich wenden sich die meisten Reisejournalisten vorrangig an die großen Hochglanz-Reisemagazine. Hier ist auf den ersten Blick offensichtlich, dass Reisetexte gebraucht werden. Zudem locken Prestige und vermeintlich hohe Honorare. Der Markt ist jedoch erheblich breiter und vielfältiger, als es auf den ersten Blick scheint.

Auch wenn Sie davon träumen, eines Tages in der „Zeit“ oder in „Geo“ an prominenter Stelle gedruckt zu werden (oder wenigstens in der lokalen Tageszeitung, wo das gesamte persönliche Umfeld am journalistischen Triumph teilhaben könnte) – vergessen Sie nicht all die unglamourösen Auftraggeber, die in der Öffentlichkeit kaum wahrgenommen werden, dafür aber oft erheblich besser zahlen als Prestige-Adressen. Gerade in den Nischen, die von anderen Autoren gerne übersehen werden, stehen die Chancen, als Anfänger einen Auftrag zu bekommen, erheblich besser. Ob es die Mitteilungen lokaler Wirtschaftsvereinigungen sind oder Branchenmagazine: Hier ist der Druck der Konkurrenz ein gutes Stück geringer. Und auch die Chance, einen Verantwortlichen ans Telefon zu bekommen, der an diesem Tag noch nicht zwanzig Mitbewerber abgewimmelt hat, ist größer.

Hier eine kurze Übersicht über die wichtigsten Auftraggeber-Gruppen:

Reisemagazine und Illustrierte

Die großen Reisemagazine wie „Abenteuer und Reisen“ oder „Geo Saison“ erscheinen fast alle als Hochglanzhefte auf hochwertigem Papier. Sie sind die klassischen Abnehmer für mehrseitige Texte, meist Reisereportagen, Destinationsberichte und Serviceartikel. Sofern der Reisejournalist auch das Fotomaterial liefern soll, herrschen hier hohe Standards in punkto Bildqualität. Ähnlich gestaltet sind auch die Reiseseiten großer Illustrierten: Professionelles Bildmaterial, mehrseitige Artikel und ein Mix aus Reportagen und Service zeichnen die Seiten aus. Für den Anfänger ist es schwer, direkt in diesen etablierten Sektor einzusteigen. Nicht zuletzt, weil es eben alle Schreiber hier zuerst probieren und er deshalb mit einer großen Konkurrenz kämpfen muss.

Reise-Service-Magazine

Eine besondere Ausprägung der Reisemagazine sind die ausgewiesenen Service-Zeitschriften wie „Reise & Preise“ oder „Clever Reisen – Fliegen und Sparen“. Hier liegt der Schwerpunkt klar auf dem Nutzwert, der sich meist in einen finanziellen Vorteil für den Leser übersetzen lässt: Die günstigsten Flüge, die besten Schnäppchen, die schönsten Kurztrips werden hier genauso vorgestellt wie greifbare Ratschläge zur optimalen Urlaubsplanung mit Kind oder Destinationsberichte mit vielen konkreten Servicehinweisen.

Monothematische Magazine

Magazine wie „Merian“, „Geo Special“ oder das „ADAC Reisemagazin“ erscheinen regelmäßig zu einer einzigen Destination. Meist finden sich hier besonders hochkarätige Autoren und sehr gutes Fotomaterial, das oft extra für diese Publikationen in Auftrag gegeben wurde.

Branchenmagazine

Unter den Branchenmagazinen sind vor allem die Touristikmedien für den Reisejournalisten von Bedeutung. Sie richten sich mit Nachrichten und Artikeln zu Trends aus der Reisebranche vorrangig an Touristiker und Reisebüromitarbeiter. Aber auch Destinationsberichte und allgemeine Informationen zu neuen Reiseregionen werden hier gebraucht. Reisejournalisten mit Touristikkenntnissen finden in der Fachpresse gute Abnehmer ihrer Texte. Genauso interessant ist der Geschäftsreise-Sektor. Magazine wie der „Business Traveller“ oder „BizTravel“ beschäftigen sich vor allem mit einschlägigen Service-Aspekten: Welche Airline bietet die besten Business-Flüge, in welcher Airport-Lounge lässt es sich am bequemsten arbeiten, welche Vielfliegerprogramme sind am lohnenswertesten?

Aber auch in anderen Branchen lohnt es sich, einen Blick in die Fachzeitschriften zu werfen: Das Brauerei-Magazin mag vielleicht keine regelmäßige Reiserubrik haben. Der fachkundige Text über den Besuch einer afrikanischen Brauerei samt Fotomaterial ist vielleicht dennoch von Interesse.

Tageszeitungen

Mindestens einmal pro Woche bieten Tageszeitungen ihren Lesern eine Reisebeilage mit Destinationsberichten, Reportagen und Service-Geschichten. Anders als bei den großen Magazinen sind hier allerdings kaum längere Texte zu finden: 2.000 bis 4.000 Zeichen zählen die meisten Artikel, dazu kommen ein oder zwei Fotos. Ausnahmen sind nur hin und wieder in den großen Tageszeitungen wie „Süddeutsche Zeitung“ oder „Frankfurter Allgemeine Zeitung“ zu finden. Aus finanzieller Sicht sind Tageszeitungen oft keine guten Auftraggeber: Bei Zeilenpreisen zwischen 20 und 100 Cent pro Zeile lohnt es sich kaum, für eine einmalige Verwertung tätig zu werden. Die Ansprüche an das Fotomaterial sind hier allerdings oft nicht so hoch wie im Zeitschriftenbereich, da in geringerer Auflösung gedruckt wird. Wer für Tageszeitungen schreibt, sollte sich unbedingt um Zweit- oder Drittverwertungsgelegenheiten kümmern.

Special-Interest-Magazine

Publikumszeitschriften mit einem thematischen Schwerpunkt, der sich in allen Artikeln wiederfindet, werden als „Special-Interest-Magazine" bezeichnet. Einen Artikel über die neuen Wanderwege der italienischen Alpen wird man in einem Motorrad-Magazin daher nicht los. Wohl aber einen Text über die besten Strecken, die lauschigsten Plätzchen für einen Zwischenstopp oder andere Servicegeschichten, die eben irgendwo zwischen Special Interest und Reise angesiedelt sind. Eine gewisse Affinität zur Zielgruppe sollte man allerdings schon haben, um sich dem üblichen Stil samt Fachausdrücken anzupassen.

Veröffentlichen im Web

Stilistisch sind Webtexte nicht immer mit Printartikeln vergleichbar (siehe Kapitel 6: Online-Journalismus). Trotzdem sollten Sie diese Möglichkeit nicht übersehen: Mit durchschnittlichen Preisen von 100 bis 150 Euro pro Artikel (meist 4.000 bis 5.000 Zeichen) liegen die Online-Medien ebenfalls am unteren Ende der Preisskala, eignen sich aber gut als Zweitverwertungsmedien. Und noch ein Aspekt ist hier nicht ganz unwichtig: Wer viel im Web veröffentlicht hat, wird bei einer Google-Suche auch schneller gefunden. Gerade Anfänger, die sich noch mit ihrem Profil abmühen, können sich so einen Namen erschreiben.

Achtung Konkurrentenfalle!

Viele Verlage sind extrem sensibel, wenn es um die Konkurrenz geht. Oft wird es nicht gerne gesehen, wenn Freie regelmäßig für zwei direkt miteinander konkurrierende Magazine schreiben. Jeweils eine Geschichte zum gleichen Thema (wenn auch mit unterschiedlichem Text) zeitgleich an zwei Konkurrenten zu verkaufen mag rechtlich gesehen legal sein – der Text ist schließlich ein anderer –, aber höchst ungeschickt. Im Zweifelsfalle sprechen Sie das Thema direkt an: „Ich arbeite gelegentlich auch für das XY-Magazin. Ist das für Sie ein Problem?" Die Hoffnung „es wird schon keiner merken" ist auf alle Fälle hinfällig: Selbstverständlich werfen Verlage immer auch einen genauen Blick auf die Konkurrenz, schon um sich thematisch zu unterscheiden.

Risiko Themenklau

Hin und wieder stutzt der Reisejournalist bei der Lektüre einschlägiger Reiseseiten: Das Thema kenn' ich doch? Habe ich das nicht selbst erst vor einigen Wochen angeboten?

Eine todsichere Methode gegen Themenklau gibt es nicht. Theoretisch könnte jede Redaktion die ihr angebotenen Themen als Anregung begreifen und sie an einen anderen Journalisten vergeben. Doch warum sollte sie dies tun?

Geschieht es dennoch, gibt es drei mögliche Erklärungen:

1. Das Thema war so allgemein, dass es wahrscheinlich bereits zwanzig weitere freie Journalisten angeboten haben. Ideen wie „Mal was über die Religionen Indiens“ oder ein „Städteportrait Santiago de Chile“ sind nicht wirklich originell und so schwammig formuliert, dass sie weder überzeugen noch als wirklich eigene Idee gelten können.

2. Das Thema war gut, aber der Anbieter konnte die Redaktion nicht von seiner Qualifikation überzeugen. Auch diese, wenig schmeichelhafte, Möglichkeit gilt es in Betracht zu ziehen.

3. Das Thema wurde wirklich geklaut. Zum Beispiel weil es intern billiger produziert werden konnte. Das ist bitter, aber schwer zu beweisen und passiert de facto höchst selten.

Honorare und Zweithonorare

Tagelang hat der hoffungsvolle Einsteiger-Journalist über dem Text gebrütet, im Internet fehlende Details recherchiert, Bilder herausgesucht, Reisetagebücher gewälzt. Von den Kosten der Reise gar nicht erst zu reden.

Dann kommt der Schock: Sicher, der Artikel eignet sich ganz wunderbar für das eine oder andere Reisejournal. Mehr als 150 Euro wird dafür jedoch nirgendwo geboten. Man muss kein Rechengenie sein, um zu ahnen: Dies entspricht einem Stundenlohn, der in jeder gewerkschaftlich organisierten Branche Anlass für einen halbjährigen Generalstreik wäre. Der Reisejournalist jedoch seufzt kurz auf und fügt sich. Meistens.

Wer sich vom Reisejournalismus ernähren will, muss hart im Nehmen sein. Manch ein Chefredakteur verlässt sich darauf, seine Texte notfalls auch gratis zu bekommen. Schließlich gilt es publiziert zu werden, und nur wer gedruckt wird, wird auch wahrgenommen in der Branche.

Gerade Anfänger und Quereinsteiger lassen sich damit nur zu gut ködern. Denn es stimmt schon: Wer noch nie veröffentlicht hat, tut sich erheblich schwerer, Auftraggeber zu finden. Also gut, zähneknirschend willigt der angehende Journalist ein. Schließlich hat auch Karl May anfangs kaum vom Schreiben leben können.

Ob es dabei bleibt und der Job zum Klischee vom bettelarmen Schreiber verkommt, hängt von vielen Faktoren ab. Literarische Schaffenskraft und Professionalität bestimmen nur zum Teil die Marktpositionierung – auch Politik und Zeitgeschichte spielen eine Rolle und manchmal sogar das Wetter: Zerstört ein Zyklon große Teile Burmas, so geschehen im Mai 2008, sieht es für den Burma Spezialisten erst einmal schlecht aus. Bunte Reiseberichte über das Land der Goldenen Pagoden wird er jetzt erst einmal nicht mehr los. Auch die SARS-Krise im Jahr 2003 ließ nicht nur die Betroffenen nach Luft schnappen, sondern auch manch einen Reisejournalisten und die Reisezeitschriften gleich mit.

Wer zahlt was?

Wie weit die Selbstausbeutung geht, muss letztlich jeder selbst bestimmen. Es kann durchaus sinnvoll sein, für kleines Geld interessante Projekte anzugehen oder in einer ansprechenden Zeitschrift zu veröffentlichen, die sich hinterher gut vorzeigen lässt. Wer jahrelang sechsseitige Reiseartikel für 100 Euro verkauft, muss sich natürlich Gedanken um die Wirtschaftlichkeit seines Treibens machen. Da lässt sich auch mit Zweit- oder Drittverwertung kaum ein Lebensunterhalt bestreiten.

Datenbanken wie die Honorarliste von Mediafon auf der Webseite www.mediafon.net (Rubrik „Geld & mehr" aussuchen) oder www.journalismus.com/job/honorare/print.php vermitteln eine grobe Vorstellung, wie viel die diversen Zeitungen und Zeitschriften zu zahlen bereit sind. Auch wenn nicht immer alle Angaben vollständig übertragbar sind – schließlich geht es hier auch um Verhandlungsgeschick –, eine grobe Vorstellung über das Honorarniveau erhält der Besucher allemal. Sind hier für 10.000 Zeichen nur 200 Euro angegeben, mag ein guter Verhandler vielleicht das Doppelte herausholen, auf die zehnfache Summe wird er sicherlich nicht kommen.

Generell zahlen Tageszeitungen ein gutes Stück schlechter als Zeitschriften. Dafür allerdings stehen die Artikel auch fast sofort wieder zur Zweitverwertung zur Verfügung (siehe Kapitel 9). Auch sind die sprachlichen Anforderungen oft nicht ganz so hoch, gleiches gilt für begleitende Bilder. Genauso mager sind die Löhne im Online-Journalismus. Selbst große Magazine und Zeitungen zahlen oft nicht mehr als rund 100 Euro für 4.000 bis 5.000 Zeichen.

Absicherung durch Diversität

Letztlich bleibt nur eine Option: über den Tellerrand schauen. Wenn es trotz der mageren Honorare eine ganze Reihe von hauptberuflichen Reisejournalisten gibt, dann weil sie ihren individuellen Mix gefunden haben, der unter dem Strich dann doch noch ein Auskommen ermöglicht.

Viele Journalisten versuchen sich irgendwann auf dem Buchmarkt, verfassen Reiseführer oder Reisegeschichten, andere wiederum nutzen ihre Kontakte in der Medienwelt und veröffentlichen auch in angrenzenden Ressorts: Gerade Quereinsteiger, die oft über einen besonderen regionalen Bezug im Journalismus landen, können beispielsweise als Mittelamerika-Spezialisten eben auch hier und da etwas fürs Feuilleton oder die Wirtschaftsseiten verfassen.

Achtung Abhängigkeit

Ganz besonders wichtig ist gerade für den freien Reisejournalisten: Machen Sie sich nicht von einigen wenigen Auftraggebern abhängig! Je nach Honoraren und Veröffentlichungsrhythmus sollten es schon mindestens zehn regelmäßige Auftraggeber sein, von denen keiner mehr als ein Viertel des Honorars bestreitet.

„Freie“ und „Feste Freie“

Die meisten Reisezeitschriften und Reiseteile werden überwiegend von freien Journalisten gefüllt. Die sogenannten „Freien“ bieten ihre Texte selbst an und werden von Auftrag zu Auftrag angeheuert. „Feste Freie“ sind schon ein wenig besser gestellt: Der Begriff bezeichnet freie Journalisten, die regelmäßig und in erheblichem Umfang für die Publikation tätig sind, oft auch auf Zuruf – also nicht mehr zwingend aufgrund eigener Marketinganrufe – und teils über Monate hinweg eingeplant werden.

Im positiven Falle sind sie dabei vertraglich abgesichert, theoretisch stehen ihnen sogar Urlaub, Spesenersatz und andere Leistungen zu. In der Realität ist davon wenig zu spüren.

Wer die Redaktion mit seiner Arbeit überzeugt, hat gute Karten, in den Status „Fester Freier" hineinzurutschen. Manch ein Fester Freier ist am Ende nur noch für einen Auftraggeber tätig – und damit mit großer Wahrscheinlichkeit scheinselbständig! Rechtlich existiert der Ausdruck „Fester Freier" übrigens nicht: Verdient ein freier Journalist mehr als ein Drittel seines Einkommens durch einen einzigen Auftraggeber, handelt es sich um einen „arbeitnehmerähnlichen Selbständigen", so der korrekte Ausdruck.

Hin und wieder trifft man auch auf den Begriff „Pauschalisten": Es handelt sich dabei um Journalisten, die gegen einen festen Preis (die Pauschale) bestimmte Arbeiten übernehmen, zum Beispiel festgelegte Seiten füllen. Die Entlohnung ist also zeitunabhängig.

Zweitverwertung

Wer im Journalismus Geld verdienen will, ist meist auf Zweitverwertung angewiesen. Gerade im Reisejournalismus mit seinen extrem niedrigen Honoraren sind fast alle Autoren sehr bestrebt, ihre Artikel mehr als einmal zu verkaufen. Im Kapitel 9 (Recht) finden Sie die wichtigsten rechtlichen Aspekte der Zweitverwertung. Daneben gibt es jedoch auch einige praktische Aspekte zu beachten:

- Je länger Sie im Geschäft sind, desto leichter werden Sie den Überblick verlieren, welcher Text wann, wo und in welcher Version angeboten und gedruckt wurde. Legen Sie daher beizeiten eine Zweitverwertungsliste an: Hier wird jeder Artikel, der bereits veröffentlicht wurde, mit Datum und Verleger aufgeführt. Sobald er wieder zur Zweitverwertung zur Verfügung steht, sollten Sie ihn auch wieder anbieten.

- Ein klassischer Bereich der Zweitverwertung sind die Online-Magazine: Es lohnt sich ob der mageren Honorare oft nicht, eigens für die Internet-Veröffentlichungen einen Text zu verfassen. Einen bereits existierenden noch einmal online auszuschlachten jedoch ist auch bei geringer Entlohnung interessant.

- Auch PR-Magazine, Kundenzeitschriften und all die andere Nischen-Medien eigenen sich gut zur Zweitverwertung.

Die Verwertungsgesellschaften

Ein einzelner Autor kann unmöglich überblicken, wann und in welcher Form seine Veröffentlichungen in Lesezirkeln, als Unterrichtsmaterialien oder in sonst irgendeiner Form vervielfältigt wurden. Die sich daraus ergebenen Vergütungen beziehungsweise Tantiemen kann er also auch nicht einfordern. Dies übernehmen in Deutschland Verwertungsgesellschaften. Für den Bereich Text ist die „Verwertungsgesellschaft Wort", kurz VG Wort, zuständig. Der Journalist schließt mit der VG Wort einen Wahrnehmungsvertrag ab und meldet fortan regelmäßig per Formular, was er wann und wo veröffentlicht hat. Finanzielle Verpflichtungen sind damit übrigens nicht verbunden. Ganz im Gegenteil: Wer fleißig alle seine Beiträge und Bücher meldet, bekommt am Jahresende oder zur jährlichen Ausschüttung oft eine positive Überraschung. Im Jahr 2006 wurden beispielsweise für Bücher rund 350 Euro gezahlt, im Durchschnitt werden jährlich circa 70 Millionen Euro auf rund 120.000 Ausschüttungsteilnehmer ausgezahlt.

Die Meldung der Texte erfolgt seit einigen Jahren bequem online oder per Brief. Unter www.vgwort.de sind weitere Informationen und Vertragsformulare abrufbar.

Nach dem gleichen Prinzip verfährt die Verwertungsgesellschaft BildKunst (www.bildkunst.de). Wie der Name schon andeutet, werden hier nicht Texte, sondern Abbildungen und Fotos gemeldet. Auch dies ist für den Reisejournalisten oft eine lohnende Angelegenheit.

Nach dem Verkauf

Mit dem Verkauf des Artikels ist es nicht getan: Ist das Produkt geliefert, gilt es eine Rechnung zu schreiben. Wann genau dies geschieht, sollten Sie mit dem Auftraggeber abklären. Meist wird die Rechnung erst gestellt, wenn der Artikel erschienen ist. Für den Journalisten erheblich günstiger ist es natürlich, die Leistung gleich nach Abgabe zu berechnen.

Je nach Jahresverdienst sind auch nebenberufliche Journalisten eventuell mehrwertsteuerpflichtig. Die genauen Voraussetzungen finden sich im §19 des UstG: Derzeit gelten Journalisten, deren Jahresumsatz unter 17.500

Euro liegt, als Kleinunternehmer und sind daher nicht verpflichtet, Umsatzsteuer zu erheben.

Obwohl der normale Mehrwertsteuersatz derzeit 19 Prozent beträgt, werden journalistische Produkte in der Regel mit 7 Prozent besteuert: Sie gelten als Leistungen, „deren wesentlicher Inhalt in der Einräumung, Übertragung und Wahrnehmung von Rechten nach dem Urheberrechtsgesetz besteht“[1], und werden daher nur mit dem begünstigten Steuersatz von 7 Prozent versteuert. Dies gilt auch für journalistische Bilder, nicht aber für herkömmliche fotografische Auftragsarbeiten wie Aufnahmen auf Hochzeiten, Werbefotos oder dergleichen. In der Regel wird die Rechnung per Post versandt, etliche Auftraggeber akzeptieren jedoch auch Rechnungen per E-Mail, wenn sie im PDF-Format angehängt werden.

Checkliste

Checkliste: Was gehört auf die Rechnung

Eine Honorarrechnung muss folgende Angaben enthalten:

- Name und Adresse des Journalisten
- Name und Adresse des Empfängers (auf die korrekte Firmenbezeichnung achten!)
- Rechnungsdatum
- Rechnungsnummer
- Zeitpunkt der Leistung (z.B. April 2008)
- Steuernummer oder Umsatzsteueridentifikationsnummer
- Genaue Leistungsbeschreibung, z.B. Artikel „Unterwegs mit Bären“ in der Ausgabe 03/2008 der Zeitschrift Naturreisen
- Das Netto-Honorar und die anfallende Umsatzsteuer

1 Steuertipps für Journalisten, DJV Schriftenreihe Nr. 14, Seite 119

Ein Wort zur Steuer

Eine steuerliche Beratung aller freien Reisejournalisten ginge hier sicher zu weit. Dennoch sei angemerkt: Gewinne aus nebenberuflichen Tätigkeiten müssen natürlich genauso versteuert werden wie hauptberufliche Einkünfte. Auch Reisetexte, selbst wenn sie als kleines Zubrot nur unregelmäßig erscheinen, sind in der jährlichen Einkommensteuererklärung unter „Selbständige Tätigkeiten" aufzuführen. Inwieweit Aufwendungen absetzbar sind, sollten Sie rechtzeitig an fachkundiger Stelle (zum Beispiel beim Steuerberater) erfragen.

Nach der Rechnung: Start in die neue Runde

Das Fußball-Motto „nach dem Spiel ist vor dem Spiel" gilt auch im freien Journalismus: Ist die Rechnung geschrieben, der Artikel abgeheftet, kommt der ideale Moment für die Folge-Akquise: Noch erinnert sich der Redakteur an den gerade erst erschienenen Artikel und den dazugehörigen Autoren. Jetzt haben Sie erste Erfahrungen gesammelt, kennen die Marotten und Vorlieben des Abnehmers, wissen, welcher Arbeitsaufwand auf Sie zukommt. Lassen Sie diese Chance nicht verstreichen! Gelingt es Ihnen, drei oder vier Aufträge in Folge zu verkaufen, rutschen Sie auf der Liste der regelmäßigen Freien gleich ein ganzes Stück nach oben.

Nebentätigkeit anmelden!

Viele Reisejournalisten, vor allem Einsteiger, üben ihre schreiberische Tätigkeit erst einmal nebenberuflich aus. Gerade weil in diesem Segment eher magere Honorare winken, ist es für viele Reisejournalisten überlebenswichtig, noch einen zweiten Beruf zur Absicherung zu wahren. Die meisten Arbeitgeber erwarten jedoch, dass jede Nebentätigkeit angezeigt bzw. eine Genehmigung eingeholt wird. Gerade bei journalistischen Tätigkeiten ist dies empfehlenswert, schließlich werden die Produkte im positiven Falle einem großen Publikum präsentiert. Erfährt die Personalabteilung erst aus der Zeitung anhand der Autorenzeile von den Nebentätigkeiten, kann dies zu Problemen führen, die Sie leicht hätten vermeiden können.

Interview mit Christiane Würtenberger,
Stellvertretende Chefredakteurin des ADAC Reisemagazins

Welche Qualifikationen und Merkmale sind Ihnen bei potentiellen Autoren wichtig?
Unsere Autoren müssen erstklassige Reporter sein und außergewöhnlich gute Schreiber. Wichtigste Textform für unser Magazin ist die Reportage. Wir möchten gern, dass Journalisten, die für uns arbeiten, sowohl in der Planungsphase als auch vor Ort freundlich und kompetent auftreten. Ein eigener Kopf, ein eigener Stil sind dabei jederzeit gefragt. Außerdem wichtig: Vor Ort müssen unsere Journalisten für die Infoteile viele Fakten und Tipps recherchieren. Dabei ist Genauigkeit und eine gewisse Liebe zum Detail gefragt.

Wie wünschen Sie sich die erste Kontaktaufnahme?
Dafür gibt es keine festen Spielregeln: per Mail, am Telefon, schriftlich. Jeder, der für uns schreiben möchte, sollte uns ein paar Texte zum Lesen geben. Natürlich interessieren wir uns dafür, für wen der Autor/die Autorin sonst schreibt, wo Stärken und Fachgebiete liegen.

Was verlangen Sie von potentiellen Autoren?
Probetexte, eventuell einen Lebenslauf, im Idealfall auch Themenvorschläge für geplante Hefte.

Wer liefert die Fotos zu den Artikeln: Autor oder Fotografen?
Der überwiegende Teil unserer Geschichten wird in unserem Auftrag produziert, und meistens schicken wir neben dem Autoren auch einen Fotografen mit oder nach. Andererseits: Doppeltalente sind natürlich herzlich willkommen.

Legen Sie feste Honorarsätze an, oder sind die Honorare individuell vereinbar?
Die Honorare werden individuell mit den Autoren ausgehandelt.

Wie verscherzt man es sich am schnellsten mit dem potentiellen Auftraggeber, also Ihnen?
Wer sich freundlich verhält, verscherzt es sich nicht mit uns. Wir sind eigentlich recht umgänglich.

Interview

Interview mit Peter Pfänder, Chefredaktion Abenteuer und Reisen

Arbeiten Sie mit freien Journalisten?
Ja, wir haben einen großen Pool von Freien für Text und Bild. Sie werden regelmäßig beauftragt.

Welche Qualifikationen und Merkmale sind Ihnen bei potentiellen Autoren wichtig?
Sie schreiben gute, pfiffige Reportagen. Sie sind reisekompetent. Sie schlagen sich überall durch. Sie liefern pünktlich saubere Manuskripte. Sie haben Humor und Esprit.

Wie wünschen Sie sich die erste Kontaktaufnahme?
Eine Mail mit zwei Reportagen als Leseproben und zwei bis drei präzisen Themenvorschlägen als Exposé. Vorzugsweise Themen, die mit der Heftphilosophie harmonieren.

Welche Themen/Regionen/Textarten suchen Sie für Ihre Publikation?
Reportagen gemäß unserer Themenplanung. Servicebeiträge. Interviews mit Reisebezug.

Wer liefert die Fotos zu den Artikeln: Autor oder Fotografen?
Wir setzen auf Qualität. Alle Reportagefotos kommen von Profifotografen. Manche dieser sehr guten Fotografen können auch noch gut schreiben. Das ist der Glücksfall.

Legen Sie feste Honorarsätze an, oder sind die Honorare individuell vereinbar?
Wir haben feste Obergrenzen.

Wie verscherzt man es sich am schnellsten mit dem potentiellen Auftraggeber, also mit Ihnen?
Fade Texte. Schlechte Orthografie. Unpünktlichkeit gepaart mit Sprechdurchfall bei deren Begründung. Unpräzise Themenvorschläge à la „Schlage ich Ihnen hiermit folgende Themen vor: USA, Afrika und Asien“. Blühende Fantasie statt präziser Beobachtung der fremden Welten. Berührungsängste und die Tendenz, sich vorwiegend in Lobby und Spa aufzuhalten und aus dieser Perspektive zu schreiben. Einsendung von gedruckten Manuskripten ohne digitale Datenträger. Tägliches Nachfragen, ob das vorgeschlagene Thema denn schon geprüft und eingeplant sei …

Interview

Interview mit Tinga Horny, Leiterin des Reiseressorts bei Focus Online

Arbeiten Sie mit freien Journalisten?
Ja, wir arbeiten sehr viel mit freien Kollegen, weil wir schmal besetzt sind. Ohne freie Mitarbeiter könnten wir nicht die Themenvielfalt und auch Menge bieten, die Focus Online täglich verlangt (Wir versuchen mindestens dreimal täglich mit einer neuen Geschichte aufzuwarten).

Welche Qualifikationen und Merkmale sind Ihnen bei potentiellen Autoren wichtig?
Am besten: Empfehlungen von Kollegen, mit denen wir bereits zusammenarbeiten. Qualifikationen: gute Schreibe, flüssig und am liebsten „magazinig". Wir schätzen Kollegen, die ein Gespür für unsere Themen haben.

Wie wünschen Sie sich die erste Kontaktaufnahme?
Per Mail.

Welche Themen/Regionen/Textarten suchen Sie für Ihre Publikation?
Grundsätzlich fehlen immer Mitarbeiter, die gut in Nutzwertthemen sind. Servicethemen werden mir nie von freien Kollegen angeboten. Alle wollen immer nur verreisen. Wer aber Geld verdienen will, sollte sich auf Service verlegen. Wir mögen abseitige Feature-Themen, Reportagen an Personen aufgezogen. Wir bekommen: 0815-Geschichten und zum 100. Mal die Mallorca-Finca-Story.

Was verlangen Sie von den potentiellen Autoren (Probetexte, Exposé etc.)?
Ich lese nur die ersten Absätze und den Vorspann. Im Vorspann muss die gesamte Geschichte stehen, und das in einem Satz. Wem das gelingt, der hat eine runde Geschichte. Bei Servicethemen gebe ich in der Regel vor, was ich will. Ich wünschte, es wäre umgekehrt. Es gibt also ein telefonisches Briefing.

Wer liefert die Fotos zu den Artikeln: Autor oder Fotografen?
Egal. Hauptsache, die Fotos sind gut.

Legen Sie feste Honorarsätze an, oder sind die Honorare individuell vereinbar?
Wir haben feste Honorarsätze für Text und Fotos.

Interview

Wie verscherzt man es sich am schnellsten mit dem potentiellen Auftraggeber, also mit Ihnen?
Telefonate nerven am meisten. Freie Kollegen sollten wissen: Hier sitze ich meist alleine und füttere das CMS ständig mit Geschichten, beobachte den Nachrichtenticker, redigiere Geschichten, scheuche meine freien festen Kollegen durch die Gegend, soll noch Konzepte schreiben und selber ein Feature. Dann will der Boss noch was, und die Werbeabteilung schreit nach einer Idee für ein redaktionelles Special. Wenn jetzt jemand anruft und mir eine Geschichte verkaufen will, dann wird er zum Teufel gejagt. Wichtigste Regel, wenn man Redakteure anruft: Ihnen immer das Gefühl zu geben, sie hätten die Wahl, die Kontrolle. Ein feines Ohr dafür entwickeln, wann ein Redakteur in Laune ist zu plaudern. Die meisten Freien, die bei uns anrufen und anbieten, wissen noch nicht einmal, wie unsere Site aussieht. Das ist für mich ein K.o.-Kriterium.

Interview

Interview mit Marc Tügel, Chefredakteur, Business Traveller

Arbeiten Sie mit freien Journalisten?
Ja, aber nur, wenn ich deren Zuverlässigkeit durch eigene Erfahrung oder Referenzen einschätzen kann.

Welche Qualifikationen und Merkmale sind Ihnen bei potentiellen Autoren wichtig?
Sie müssen glaubhaft machen, dass sie sich mit der Materie ausgezeichnet auskennen. Und sie müssen in der Lage sein, ihren Wissensstand in einer gut lesbaren, strukturierten Form an die Leser weiterzugeben.

Wie wünschen Sie sich die erste Kontaktaufnahme?
Per Mail oder Telefon mit konkreten Themenangeboten, die erkennen lassen, dass sich der Kollege schon einmal intensiv mit unserem Magazin beschäftigt hat.

Welche Themen/Regionen/Textarten suchen Sie für Ihre Publikation?
In erster Linie Sachthemen, die für Viel- und Geschäftsreisende von Interesse sind. Destinations- und Hotelgeschichten, die mir angeboten werden, um damit Pressereisen zu rechtfertigen, interessieren mich überhaupt nicht.

Was verlangen Sie von den potentiellen Autoren (Probetexte, Exposé etc.)?
Wenn die erwähnten Parameter stimmen, brauche ich nichts darüber hinaus.

Wer liefert die Fotos zu den Artikeln: Autor oder Fotografen?
Wir arbeiten fast ausschließlich mit honorarfreien Fotos (Fremdenverkehrsämter, Airlines, Hotels). Wenn der Autor begleitend zu seinem Text Bilder organisiert und mir damit Arbeit abnimmt, schafft er sich einen Pluspunkt bei mir.

Legen Sie feste Honorarsätze an oder sind die Honorare individuell vereinbar?
Das Honorar wird von mir mit Anstrich entsprechend der Länge des gedruckten Textes festgelegt. Dabei berücksichtige ich positiv, wenn der Autor viel zusätzliche Arbeit, zum Beispiel durch das Erstellen von Tabellen, hatte. Entsprechend gibt es Abschläge, wenn der Artikel durch Schlamperei und lückenhafte Recherche viel Nacharbeit von mir erfordert.

Wie verscherzt man es sich am schnellsten mit dem potentiellen Auftraggeber, also mit Ihnen?
Schlamperei (Schreibfehler), schlechtes Deutsch, sachliche Fehler durch lückenhafte Recherche, Termintreue und die weit verbreitete Unfähigkeit zuzuhören, was dazu führt, dass ich einen ganz anderen Artikel bekomme als in der Bestellung vereinbart.

Interview mit Matthias Niese, Redakteur Magazin am Wochenende/ Gute Reise, Nürnberger Zeitung und Nürnberger Nachrichten

Arbeiten Sie mit freien Journalisten?
Die samstägliche Beilage „Gute Reise“ von Nürnberger Nachrichten und Nürnberger Zeitung stellen wir aus eigenen Beiträgen, Texten von Kollegen anderer Ressorts, die von uns auf Pressereisen geschickt werden, sowie den Angeboten von Agenturen und freien Autoren zusammen. Diese Mischung kann durchaus unterschiedlich sein: Mal haben wir mehr Eigenbeiträge, mal mehr Texte freier Autoren – das entscheiden wir je nach Qualität und Themenschwerpunkt.

Interview

Welche Qualifikationen und Merkmale sind Ihnen bei potentiellen Autoren wichtig?
Man merkt den Autoren oft an, ob sie eine journalistische Ausbildung hatten oder sich als Quereinsteiger in diesem Metier versuchen – zumindest eine journalistische Schulung ist absolut empfehlenswert. Die Artikel sollten sprachlich sauber, sinnvoll aufgebaut und spannend zu lesen sein. Nicht jede beschriebene Szene ist es wirklich wert, im Text ausgewalzt zu werden. Eine Reisereportage sollte Bilder im Kopf des Lesers entstehen lassen: „Kino im Kopf." Außerdem müssen die Texte fundiert recherchiert sein – wir hatten schon Angebote mit falschen Angaben, die offensichtlich „kalt" oder nachlässig geschrieben wurden. Leider sind viele Reisegeschichten voller ausgelutschter Klischees und Floskeln, zum Beispiel wiegen sich immer die „Palmen über goldgelben Stränden", jede Stadt mit Kanälen ist ein „Venedig des Ostens" etc. Schwulst wird von uns herausredigiert.

Wie wünschen Sie sich die erste Kontaktaufnahme?
Anrufe wollen wir eher nicht – wir verbringen sonst zu viel Zeit am Telefon und raten den Autoren schließlich so oder so, uns den Text per Mail zu schicken. Auch ohne vorherige Ankündigung zugesandte Texte finden unsere Aufmerksamkeit – wir entscheiden dann, ob wir sie in unseren Vorsatz aufnehmen oder nicht.

Welche Themen/Regionen/Textarten suchen Sie für Ihre Publikation?
Es gibt nach wie vor zu wenige Servicegeschichten rund ums Reisen. Thematisch suchen wir nach dem Besonderen im Bekannten oder bislang Unentdecktem, allerdings sollten es Ziele und Reisearten sein, die auch das Interesse der Leser einer regionalen Tageszeitung finden – allzu abseitige Themen sind meist nur für Spezialmagazine geeignet. Gerne nehmen wir Regionen auf, die nicht allzu weit weg sind und sich für Tages- oder Wochenendtrips eignen. Deutschland ist auf alle Fälle ein Themenschwerpunkt. Österreich, die Schweiz und Südtirol sind weitere Schwerpunkte, dann folgen das europäische Ausland und Fernreisen. Textarten sind bevorzugt Reisereportagen, die allerdings am besten auch Hintergrundinformationen über Land und Leute liefern sollten, zum Beispiel Preisniveau, Infrastruktur, soziale Verhältnisse ... Das x-te Wellnesshotel interessiert uns nicht, denn alle Texte müssen einen journalistischen Mehrwert haben und keine Beschreibung einer Journalisten-Lustreise sein.

Interview

Was verlangen Sie von den potentiellen Autoren (Probetexte, Exposé etc.)?
Ideal ist ein Exposé, das uns bei der Sichtung der vielen Texte, die wir täglich erhalten, den Inhalt und den Schreibstil des Autors erschließt. Der Autor sollte möglichst circa fünf aussagekräftige Fotos anhängen, auf denen etwas passiert und die zur Aussage des Artikels passen, für das Ganze stehen. Landschafts- oder Gebäudefotos ohne Menschen sind langweilig. Die Texte sollten in unserem Falle auf die Bedürfnisse einer Tageszeitung hin geschrieben, also nicht allzu lang sein – zwischen 130 und 150 Zeilen à 36 Anschläge.

Wer liefert die Fotos zu den Artikeln: Autor oder Fotografen?
Das ist egal, wichtig ist die Qualität der Fotos – oft entscheiden wir anhand der Güte der Bilder, ob wir einen Artikel nehmen oder nicht. Ein guter Artikel, zu dem wir keine guten Fotos bekommen, hat schlechte Veröffentlichungschancen.

Legen Sie feste Honorarsätze an, oder sind die Honorare individuell vereinbar?
Wir zahlen Honorarsätze nach Zeile, derzeit 61 Cent plus Honorar für eigene Fotos – Auftragsarbeiten werden keine mehr vergeben.

Wie verscherzt man es sich am schnellsten mit dem potentiellen Auftraggeber, also mit Ihnen?
Ständige Nachfragen, wann die Geschichte denn nun endlich kommt, obwohl wir vorher folgende Regelung mit dem potentiellen Autor besprochen haben: Der Text wird uns zugesandt und der Autor erfährt von einer Veröffentlichung durch Honoraranweisung und Belegexemplar. Eine klare Aussage über eine Veröffentlichung und den Termin können wir nicht geben, da wir meist von Ausgabe zu Ausgabe je nach Bedürfnissen planen. Auch bei lange im Voraus geplanten Sonderausgaben machen wir keine Veröffentlichungszusagen. Wir können keine Verwaltungsarbeit leisten und die Autoren über unsere Planungen informieren. Lieblos heruntergeschriebene Artikel oder Texte, die mit auffällig vielen Rechtschreibfehlern auf unserem Schreibtisch landen, werden nicht genommen. Die Autoren sollten uns außerdem zugestehen, dass wir ihre Texte nach unseren Bedürfnissen redigieren. Je weniger Arbeit wir mit Texten haben, umso größer sind die Chancen, wieder einen Text bei uns unterzubringen.

3 Vorbereitung und Umsetzung

Das Thema steht, und mit etwas Glück haben Sie einen potentiellen Abnehmer in Aussicht. Bleibt die logistische Seite: Es gilt die Reise zu planen, zu finanzieren – und das Reiseziel zumindest auf dem Papier oder Bildschirm besser kennenzulernen.

Crashkurs Recherche

Bei Reisejournalisten spielt die Recherche gleich in doppelter Hinsicht eine große Rolle: Nur wer sich im Vorfeld mit dem Reiseziel vertraut macht, kann vor Ort gezielt nach Informationen, Inspirationen und Kontakten suchen. Schmerzlich ist es, nach der Rückkehr festzustellen: Zweihundert Meter neben dem Hotel hätte ein interessanter Tempel gelegen, im gleichen Viertel wohnte der letzte Schmied von Samurai-Schwertern, vom Bahnhof aus gab es einen günstigen Shuttle-Bus zum Hotel. Wenn man's gewusst hätte ... Genauso wichtig ist die Recherche für den Aufbau eines spannenden Artikels: Die reine Reisebeschreibung allein genügt oft nicht, sie bietet dem Leser nicht ausreichend neuen Gedankenstoff. Er will die mentale Reise nicht nur erleben, sondern auch unaufdringlich erklärt bekommen. Um die kulturellen Hintergründe zu erläutern, Gebäude zu identifizieren und ihre historische Bedeutung zu erkennen sowie den politischen Hintergrund potentieller Interviewpartner zu verstehen, muss sich der Autor intensiv mit der beschriebenen Destination auseinandersetzen. Vor und nach der Reise.

Recherchevorbereitungen

Wer Antworten auf Fragen sucht, muss die Fragen erst einmal genau definieren: Was suche ich eigentlich? Liegen mir bereits verlässliche Informationen vor? Worauf kann ich aufbauen?

Lauernd kreist der Journalist sein Thema ein, damit ihm kein Aspekt entwischt: Von allen Seiten wird es betrachtet, gedreht und gewendet, auf offene Fragen abgeklopft. Mit ein wenig Glück findet er eine unausgesprochene Annahme, die es sich zu hinterfragen lohnt. Erst nach dieser ausführlichen Inspektion stellt sich heraus, welche Art der Recherche am vielversprechendsten scheint.

Recherche im Web

Die Zeiten, in denen man sich zur Vorrecherche ausgefallener Themen noch mühsam durch die Karteikartensammlung der Bibliotheken blättern musste – jüngere Schreiber kennen dieses Martyrium nicht einmal mehr! –, sind dank Internet vorbei. Von den indischen Zugfahrplänen bis zur Tageszeitung aus Papua-Neuguinea erlaubt das Internet direkten Zugriff auf aktuelle Informationen. Mit ein bisschen Glück gelingt es dem Websurfer dank Zeitverschiebung sogar, schon die Zeitung von morgen zu lesen.

Suchen mit System

Ob Sie den deutschen Marktführer Google, seinen Konkurrenten Yahoo oder eine der hundert anderen Suchmaschinen benutzen, ist Geschmacksache. Sie alle funktionieren nach dem gleichen Prinzip. „Webcrawler", kleine Programme, wandern durch das Internet und melden der Suchmaschine die gefundenen Seiten zurück, die dann dank Index bei der individuellen Suche gefunden werden können.

Die reine Anzahl der Treffer ist heute bei der Auswahl einer Suchmaschine kaum mehr das ausschlaggebende Kriterium: Ob Sie nun eine oder zwei Millionen Treffer theoretisch auswerten könnten, macht wenig Unterschied. Wichtiger ist: Wie viele relevante Treffer sind unter den ersten 500? Viel weiter kommen auch geduldige Surfer kaum. Die Nutzung mehrerer Suchmaschinen lohnt sich nur bei ausgefallenen Begriffen, die kaum Treffer erzeugen.

Wichtig ist, die Auswahl der Suchbegriffe genau zu planen: Je mehr relevante Wörter auftauchen, desto größer ist die Chance, das Gesuchte zu finden, aber auch das Risiko, verwandte Bereiche zu übersehen. Die Suche nach „politische Geschichte Argentiniens" erzeugt andere Treffer als „Politik und Geschichte Argentiniens". Sogar der kleine Unterschied zwischen „Geschichte Argentiniens" und „Geschichte Argentinien", also ohne den Genitiv, macht sich in der Trefferliste bemerkbar.

Besonders vielversprechend ist die Suche mit den Boolschen Operatoren: Durch Anführungszeichen werden Begriffe kombiniert, die nur in genau der Formulierung und Kombination gefunden werden sollen, mit + und – (teils auch als ausgeschriebene Wörter „plus" und „minus") werden Begriffe ein- oder ausgeschlossen. Je nach Suchmaschine gibt es kleine Syntaxunterschiede, die unter „Hilfe" oder „Erweiterte Suche" erläutert werden.

Wer auf Anhieb nicht fündig wird, sollte also mit den Suchbegriffen spielen, verschiedene Kombinationen ausprobieren – und natürlich auch auf Englisch und in anderen Fremdsprachen suchen, sofern er sie beherrscht. Gerade fremdsprachige Quellen versprechen einen Zugewinn an Information, die auf dem deutschsprachigen Markt noch nicht verwertet wurde. Originalquellen aus anderen Kulturkreisen sind per deutscher Suche kaum auffindbar.

Skeptisch bleiben

Problematisch bleibt: Informationen aus dem Internet sind nicht immer verlässlich. Jeder Computerbesitzer mit Internetanschluss kann theoretisch eine Website erstellen und seine ganz persönlichen Ansichten verbreiten. Oder gleich eine ganze Handvoll von Webseiten, so dass fälschlich der Eindruck entsteht, sie verbreiteten eine gängige These oder Meinung.

Der Blick auf das Impressum ist daher unerlässlich: Wer steckt dahinter? Gibt es Quellenangaben? Hat der Webseiten-Inhaber vielleicht ein eigenes Interesse, bestimmte Informationen zu verbreiten? Wer länger im Internet spaziert, stößt auf hanebüchene Verschwörungstheorien, diffamierende Webseiten und viele schlichtweg falsche Daten. Nicht immer sind diese inhaltlich dubiosen Seiten am Design zu erkennen – professionelle Aufmachung suggeriert schnell falsche Verlässlichkeit.

Wenn das Impressum keine verwertbaren Informationen bietet oder am Ende gar nicht vorhanden ist, lässt sich trotzdem feststellen, auf wessen Namen die Seite eingetragen ist: Bei DE-Domains schaut man unter www.denic.de. Weitere sogenannte „Who-is"-Adressen sind:

Adresse	Domain
www.internic.org/whois.htm	.com, .net
www.uwhois.com/domains.html	alle Länder-Domains
www.afilias.info/cgi-bin/whois.cgi	.info
www.information.aero	.aero
www.registry.asia/cgi-bin/whois.cgi	.asia
www.whois.biz	.biz
registrar.verisign-grs.com/whois/	.com, .net, .edu
https://whois.nic.name/	.name
www.pir.org	.org

Linksammlungen wissenschaftlicher Institute und Universitäten sind ein guter Startpunkt für die Adressensuche, denn die Webadressen sind vorselektiert. Die Gefahr, an dubiose Seiten zu geraten, verringert sich damit enorm. Doch auch die vermeintlich sicheren Daten und Fakten sollten im Web unbedingt gegengeprüft werden. Die beste Versicherung gegen Nepp und Fehlinformation bleibt eigenes Wissen.

Neben der Datenverlässlichkeit stellt auch die schiere Flut an Informationen den Suchenden vor ein Rechercheproblem: Wie selektiert man Relevantes? Welche Informationen sind es wert, gelesen zu werden? Auch hier gibt es keine sichere Methode der Selektion, hilfreich ist es jedoch, erst mit konventionellen Methoden zu suchen und dann, auf einem höheren Wissensstand, die Internetsuche gezielt anzugehen.

Konventionelle Recherche

Anbetracht der Datenmenge im Internet und ihrer bequemen Verfügbarkeit scheint der Gang zur Bibliothek kaum mehr nötig. Doch viele Informationen sind bisher nicht digitalisiert worden. Reiseberichte aus dem 19. Jahrhundert, Spezial-Wörterbücher, vergriffene Auflagen gedruckter Werke: Das Netzwerk der Bibliotheken in Deutschland ist nicht nur ausnehmend gut bestückt, sondern dank Internet auch leicht zu durchforsten. Der Zugang ist einfach: Beantragen Sie in der nächstgelegenen Universität oder Fachhochschule einen Bibliotheksausweis und den Online-Zugang. Im Web lässt sich dann bundesweit der Bestand der großen Bibliotheken einsehen und bestellen. Mit einem Ausweis der Universitätsbibliothek Frankfurt beispielsweise geht es direkt auf die Seite des Hessischen Verbundkatalogs www.hebis.de, über den wiederum nicht nur alle hessischen Bibliotheken, sondern auch die anderer Bundesländer einsehbar sind. Gegen derzeit 1,50 Euro Gebühr wird das gewünschte Buch bestellt und in der Ausleihe der Universitätsbibliothek hinterlegt. Derartige Dienstleistungen sind bundesweit verfügbar.

Persönliche Recherche

Internet, Bücher oder Zeitschriften vermitteln indirektes Wissen. Für einen lebendigen Artikel sind direkte Begegnungen jedoch essentiell. Nicht immer muss es dabei ein Originalzitat aus dem Munde eines einheimischen Bauern oder Taglöhners sein. Wenn es um Wirbelstürme in Mittelamerika geht oder die Schneeverlässlichkeit eines österreichischen Skiortes – warum nicht einfach einen Experten kontaktieren? Über eines der meteorologischen Institute lässt sich schnell ein Fachmann finden, der in der Regel mehr über diese Phänomene weiß, als es der Journalist aus den bunt gewürfelten Internet-Informationen je selbst zusammensuchen könnte. An diesem Punkt kommen die E-Mails ins Spiel: Noch nie war es so einfach, völlig fremde Menschen unabhängig von Bürozeiten oder Aufenthaltsort zu kontaktieren, von der Kostenersparnis gar nicht zu reden.

Auch wenn die E-Mail keinen persönlichen Kontakt ersetzen kann, bei der Vorbereitung und Terminabsprache ist sie eine enorme Unterstützung. Internationale Netzwerke wie Xing (www.xing.de) können ebenfalls helfen, interessante Gesprächspartner ausfindig zu machen. In kontrollierten Foren besteht zudem die Möglichkeit, Fragen zu stellen und kontroverse Themen zu diskutieren.

Touristische Informationen

Wenn es um handfeste Tipps und aktuelle touristische Informationen geht, greifen viele Journalisten ganz zu Recht zum Reiseführer. Doch auch die Fremdenverkehrsämter der jeweiligen Länder halten oft ein überraschend dickes Paket an Informationen bereit. Gibt man sich als Reisejournalist zu erkennen, legen die Mitarbeiter oft noch allerhand Zusatzbroschüren obendrauf. Zugegeben, allzu kritische Einblicke in die lokale Kultur wird man hier nicht bekommen. Dafür aber viele kostenlose und aktuelle Informationen und mit etwas Glück sogar brauchbares Kartenmaterial. Je nach Land variiert der Umfang vom kleinen Faltblatt bis zum schweren Postpaket. Und wenn Sie ohnehin das Fremdenverkehrsamt kontaktieren, bietet es sich an, sich gleich auch noch auf den Presseverteiler setzen zu lassen, um auch nach der Reise auf dem Laufenden zu bleiben.

Vom Umgang mit Statistiken und Zahlen

Zahlen verleihen jedem Text die Aura von Glaubwürdigkeit und Wissen. Aha, hier wurde recherchiert, freut sich der Leser und stellt mit Erstaunen fest, dass die größte Stadt der Welt nicht Tokio, Mexiko-City oder Bombay heißt – sondern Chongqing im Südwesten China. Was natürlich ausgemachter Blödsinn ist, denn die Stadt Chongqing selbst hat rund 4,5 Millionen Einwohner. Nur wenn man das eingemeindete rurale Umfeld von der Größe Österreichs mit dazuzählt, kommt man auf die stolze Zahl von mehr als 32 Millionen Stadtbewohnern, die uninformierte Journalisten immer wieder mal in der Welt verkünden. Ganz davon abgesehen, dass in China ein riesiges Heer von illegalen Wanderarbeitern unterwegs ist. Wie viele von ihnen wurden mitgezählt? Die Lehre daraus: Zahlen und Statistiken sollte man immer mit Vorsicht genießen und mehrere Quellen befragen – sofern möglich. Gerade im Reisejournalismus greifen Autoren gezwungenermaßen auf ausländische Statistiken zurück, die nicht selten aus dubioser, weil nicht überprüfbarer Quelle stammen. Hier hilft nur eines: Gesunder Menschenverstand und die Frage: Wem nützt welche Zahl? Ungesicherte statistische Angaben sollten als solche gekennzeichnet werden. Oder gleich unter den Tisch fallen.

Normalfall und Ausnahme unterscheiden

Wenn gestandene japanische Geschäftsleute zum Dontosai-Festival nur mit dem Lendenschurz bekleidet durch das Zentrum der Großstadt Sendai prozessieren, dann ist das auf alle Fälle berichtenswert und Stoff für eine gute Reportage. Aber eben kein Normalfall, der die Kleidersitten Japans illustriert. Hier kommt wieder die Wissens- und Recherchefrage ins Spiel: Nur wer ein derartiges Festival richtig einsortieren kann, weiß, dass viele der Teilnehmer gar nicht freiwillig teilnehmen (von Ekstase gar nicht erst zu reden), sondern von der Firma geschickt werden, und dass es den Teilnehmern in der Tat kalt ist. Richtig kalt, denn das Fest findet Mitte Januar bei Minusgraden statt! Doch selbst Wissen schützt nicht vor der Versuchung, die Ausnahme als Normalfall zu verkaufen – schließlich ist es schmeichelhaft für den Autor, als Entdecker einer so spannenden Geschichte zu gelten. Wer ihr erliegt, der blamiert sich früher oder später gewaltig. Weil es auffliegt. Garantiert.

Die optimale Ausstattung

Ist die organisatorische Seite erst erledigt, sind die Flüge und Unterkünfte gebucht, bleibt noch die Tasche zu packen. Eine triviale Herausforderung. Doch was gehört außer Wechselsocken und Zahnbürste ins Gepäck – und was nicht?

Aus journalistischer Sicht ist klar: Schon unterwegs gilt es zu dokumentieren, solange die Erlebnisse noch frisch im Gedächtnis sind. Bleibt die Frage, in welcher Form: Dank Mobiltelefon, Laptop, Digitalkamera und mobiler Festplatte lässt sich heute theoretisch aus jeder noch so abgelegenen Ecke live berichten. Ob das sinnvoll ist, ist eine andere Frage. Puristen fahren auch heute noch mit Notizblock und Kugelschreiber um die Welt.

Bei der Entscheidung, auf welchem technischen Niveau die Reise stattfinden soll, spielt nicht nur die Kostenfrage eine Rolle. Viel wichtiger noch: Lässt sich die teure Ausstattung unterwegs auch sinnvoll nutzen? Wer sich im westeuropäischen Ausland bewegt, dürfte kaum mehr Regionen ohne Mobilempfang finden, und auch Strom und Internetanbindung sind meist kein Problem. Für viele Länder der Zweiten und Dritten Welt gilt dies nur bedingt. Auch sollte man nicht jeder Steckdose bedingungslos trauen: Plötzliche Stromausfälle und Spannungsschwankungen bereiten dem Schreiber viel Freude, vor allem wenn nicht nur der gerade getippte Text verschwindet, sondern auch noch das Betriebssystem des Laptops irreparable Schäden davonträgt. Kurzum: Die regionalen Gegebenheiten halten nicht immer mit den theoretisch-technischen Möglichkeiten mit. Papier und Kugelschreiber sind in diesem Falle eine echte Alternative. Wer sichergehen will, dass die Notizen nicht unterwegs verschwinden, fotografiert die Seiten einfach digital ab und sendet sie von Zeit zu Zeit per Internet nach Hause.

Nicht zuletzt ist Diebstahl eine echte Gefahr. Wer mit dem Zug quer durch Indien fährt und gar aus Kostengründen immer in der untersten Kategorie nächtigt, braucht sich nicht zu wundern, wenn die Ausrüstung im Wert eines bäuerlichen Fünf-Jahreslohns eine enorme Versuchung darstellt. Ständig darauf aufzupassen ist eine ungeheure Belastung. Und leider nicht immer von Erfolg gekrönt.

Kamera

Unter allen technischen Ausrüstungsteilen ist die Kamera sicher das wichtigste: Ohne Bilder lassen sich Berichte nun mal schwer verkaufen (siehe Kapitel 7). Doch auch hier gilt: Wägen Sie ab, welcher Einsatz der richtige ist. Die anstrengende Trekkingtour im Himalaya lässt sich mit 10 Kilo Fotoausrüstung sicher nicht leichter absolvieren, andererseits reißen die Fotos einer 50-Euro-Leichtgewicht-Kamera den Chefredakteur selten vor Begeisterung aus dem Sessel. Wer digital fotografiert kommt am Ende nicht nur günstiger weg, sondern muss auch nicht mehr beim Anblick der vermeintlich filmsicheren Durchleuchtegeräte drittklassiger Provinzflughäfen erschaudern. Sie können dem Chip wenig anhaben. Wichtig sind in diesem Fall jedoch alle erforderlichen „Ersatzteile“: Speicherkarten beziehungsweise Speichermedien sind unabdingbar.

Entscheiden Sie sich für eine mobile Festplatte, sollten Sie schon zuhause testen, ob der Transfer der Bilder von der Kamera problemlos abläuft. Generell muss auf der Festplatte eine Software installiert sein, die die Fotos „ansaugt“. Oder die Kamera verfügt über eine Funktion, die die Bilder auf ein externes Medium „schubst“. Ob Filter sinnvoll sind, muss jeder Fotograf selbst entscheiden. Sicher ist aber: Eine Objektivdeckel-Halterung gehört unbedingt dazu. Sonst können Sie Ihrem Objektivdeckel zuschauen, wie er in Nepal fröhlich die Felsschlucht herunterhopst, während der Ersatz frühestens in 500 Kilometern besorgt werden kann. Ein weiteres Muss ist der Ersatz-Akku: So bleiben Sie einsatzfähig, während der erste Akku wieder aufgeladen wird.

Handy

Ein Mobiltelefon gehört mittlerweile eigentlich in jede Reisetasche. Bleibt die Frage, ob das Handy unterwegs auch funktioniert: Es gibt sie durchaus noch, die Regionen ohne Empfang. Zum anderen kann es erstaunlich teuer werden, wenn sich alte Freunde partout nicht abwimmeln lassen und trotz der ruinösen Kosten eines mobilen Telefonats nach Gujarati (für den Empfänger versteht sich) noch die eine oder andere lustige Geschichte zum Besten geben möchten. Diese Gefahr lässt sich einfach umgehen: vor Ort eine lokale Prepaid-Karte erwerben. Damit bleiben Sie erreichbar, die Mehrkosten gehen jedoch zu Lasten des Anrufers, so dass in der Regel nur noch wirklich wichtige Anrufe eingehen. Ob diese Alternative auch für Sie in Frage kommt, hängt unter anderem vom deutschen Vertrag ab. Sind sie noch an einen bestimmten Provider gebunden, wird das Gerät wahrscheinlich keine fremde Karte akzeptieren.

Laptop

Wer träumt nicht davon, abends auf der lauschigen Terrasse eines Cafés fernab der touristischen Routen zu sitzen und im Licht der Abenddämmerung noch einige aufregende Abenteuer in Worte zu fassen. Direkt vor Ort, quasi mittendrin zu schreiben, das hat natürlich Vorteile, nicht nur atmosphärischer Art. Das Klischee des Reiseschriftstellers lässt sich jedoch nur auf einem gewissen Luxusniveau aufrechterhalten. Bewegen Sie sich auf

3–4-Sterne-Niveau, ist der Laptop der ideale Begleiter. Low-Budget-Reisende der Rucksack-Klasse sehen sich da schon anderen Herausforderungen gegenüber: Umringt von 30 faszinierten Mitreisenden in der Hardseater-Klasse der chinesischen Eisenbahn tippt es sich schon weniger souverän. Zumal triviale Fragen wie „wohin mit dem Laptop, wenn der angehende Hemingway mal aufs stille Örtchen muss?“ durchaus eine brennende Aktualität entfalten können. Kurzum: Laptops sind für jeden Dieb eine lohnende Beute, gehen schnell kaputt und sind zudem auch noch an Stromzufuhr gebunden. Wer unterwegs ernsthaft schreibt, sollte daher in regelmäßigen Abständen Backups ziehen und diese per Internet nach Hause schicken.

Notizbuch

Muss man das noch erwähnen? Wahrscheinlich schon: Im Zeitalter der Elektronik ist die Versuchung groß, Dinge perfekt zu erledigen. Warum mit Bleistift und Papier durch die Gegend ziehen, wenn man Text auch gleich weiterverwertbar in den Laptop oder Organizer eingeben kann? Wer je versucht hat, im strömenden Taifunregen die Öffnungszeiten einer Bank oder eines Museums zu notieren, wird schnell verstehen, dass Elektronik ihre Schwachstellen hat (die Abneigung gegen Nässe ist nur eine von vielen. Auch Wüstensand und feuchte Luft tun dem Gerät nicht gut). Auch ist die Gefahr, dass das zerfledderte Notizbuch die Aufmerksamkeit eines Taschendiebes auf sich zieht, erheblich geringer.

Diktiergerät/Audioaufnahmen

Abgesehen vom Radiojournalisten, sind Aufnahmegeräte für die meisten Reisejournalisten kein absolutes Muss. Andererseits: Heute bieten die meisten Handys eine passable Aufnahmefunktion an. Warum also nicht davon profitieren und zuhause schon ein wenig mit der Gebrauchsanleitung üben? Vielleicht ergibt sich unterwegs doch die Chance auf ein interessantes Interview. Wichtig ist das Format, in dem die Audiodaten letztlich verfügbar sind. MP3s haben den unschlagbaren Vorteil, dass man sie auch auf dem Computer abspielen kann, was wiederum beim Übertrag später von Vorteil ist.

Checkliste

Checkliste Ausstattung

- Stift und Notizblock nicht vergessen?
- Brauchen Sie unterwegs Kamera und Handy?
- Welche Spannung und welcher Steckdosentyp sind am Reiseziel verbreitet?
- Wie stabil ist die Stromversorgung? Gibt es überall Strom?
- Wie sieht es mit der Internetanbindung aus?
- Was kosten ausgehende und ankommende Handy-Anrufe mit deutscher SIM-Karte?
- Wie groß ist die Diebstahlgefahr unterwegs?
- Haben Ihre Unterkünfte einen Zimmersafe?
- Haben Sie für die Kamera Ersatzakku, Ladegerät und externe Speichermöglichkeiten vorgesehen?
- Falls keine externe Speicherplatte vorhanden: Lässt sich eventuell das Handy als Speicher benutzen?

Der Presseausweis

Es gibt eine ganze Reihe von Institutionen, die gegen Aufnahmegebühr ihren Mitgliedern einen Presseausweis versprechen. De facto sind viele davon nutzlos, denn nur die Ausweise des Deutschen Journalistenverbandes und seiner Landesverbände, des Fachbereichs Medien der Gewerkschaft Verdi, des Bundesverbands Deutscher Zeitungsverleger sowie des Bundesverbands Deutscher Zeitschriftenverleger sind de facto überall anerkannt. Für Teilzeit-Journalisten sehr bedauerlich, kommen nur hauptberufliche Journalisten in den Genuss eines solchen „echten“ Presseausweises.

Weitere Informationen gibt es unter www.presseausweis.de.

4 Finanzierung und Unterstützung

Gut vorbereitet bleibt noch ein kleines Detail: Irgendwie muss der Reisejournalist das geplante Reiseziel erreichen. Möglichst kostengünstig versteht sich, denn die Honorare im Reiseressort sind mager. Selbst bei erfolgreichen Journalisten verschlingen die Reisekosten einen großen Teil des Gewinns. Den Idealfall einer von der Redaktion komplett finanzierten Reise samt dickem Honorar lernen freie Journalisten höchst selten kennen. Der Versuch, die Kosten unterwegs durch spartanische Lebensführung zu verringern, ist nur begrenzt möglich: Flug, Übernachtungs- und Verpflegungskosten lassen sich auch bei extremer Sparsamkeit nicht endlos senken. Und wer will schon immer und bis ins hohe Alter ausschließlich aus dem Milieu der Rucksacktouristen berichten? Auch schicke Lokale, Gourmet-Restaurants, Museen, derzeit angesagte und daher oft teure Diskotheken gehören hin und wieder in den persönlichen Erfahrungsschatz, will man ein Land aus möglichst vielen Perspektiven kennenlernen.

Die Tourismusbehörden, Hotels und andere touristische Dienstleister sind sich dieser Problematik natürlich bewusst. Fast alle verfügen daher über ein Budget zur Unterstützung von Journalisten. Ganz uneigennützig ist dies natürlich nicht: Es ist durchaus im Interesse der Tourismusindustrie, dass in den Medien möglichst oft und möglichst gut über potentielle Reiseziele berichtet wird. Ob als „Sponsoring“ oder „Unterstützung“ deklariert, gehört die Journalistenförderung zum Standardinstrumentarium des Marketings.

Die Palette der Unterstützung reicht dabei von der kompletten Kostenübernahme bei einer offiziellen Pressereise bis zu ausgewählten Einzelleistungen.

Im Gegenzug erwarten die touristischen Sponsoren natürlich, möglichst prominent erwähnt zu werden, schließlich soll sich die Investition lohnen. In der Frage, was genau unter „erwähnt werden“ zu verstehen ist, klaffen die Vorstellungen oft auseinander: Unterstützt das Fremdenverkehrsamt eines Landes einen Journalisten, wird es zufrieden sein, wenn in den Monaten nach der Reise mehrere Artikel zur Destination in der deutschen Medienlandschaft erscheinen, vorzugsweise natürlich Texte, in denen das Gastgeber-Land möglichst positiv dargestellt wird. Den nationalen touristischen Behörden geht es vor allem um allgemeine Medienpräsenz, die beim breiten Publikum Interesse an ihrer Destination als mögliches Reiseziel weckt. Bei Fluggesellschaften und Hotelgruppen kann es schon schwieriger sein, auf einen gemeinsamen Nenner zu kommen: Wie soll der Journalist bloß eine Airline oder ein einzelnes Hotel hervorheben, ohne Schleichwerbung zu betreiben? Handelt es sich um Ikonen der Touristik, wie beispielsweise das Vier-Jahreszeiten in Hamburg, das Raffles in Singapur oder das Peninsula Hotel in Hong Kong, mag es noch genug Stoff für einen Artikel oder Kasten geben, bei kleineren Häusern tut sich der Schreiber schwerer. Reicht es eventuell, das Hotel bei Gefallen im Infokasten unterzubringen? Eine universelle Antwort gibt es auf dieses Dilemma nicht, wohl aber die Möglichkeit, derartige Fragen im Vorfeld mit den Sponsoren zu diskutieren.

Bei internationalen Kontakten und Sponsoren kann auch die Frage, was denn nun „positive Berichterstattung" konkret bedeutet, ungewollt für Spannungen sorgen. Besonders Ironie und Sarkasmus kommen in vielen Kulturkreisen extrem schlecht an. Was in Deutschland noch als freundliche Kritik, ja vielleicht als besonders lesenswerter, weil kontroverser Artikel gilt, mag in vielen Ländern geradezu als Verrat an der Landeskultur erscheinen.

Sponsoring und Ethik

Die grundlegende Frage, ob denn Sponsoring und freier Journalismus überhaupt zusammenpassen, wird immer wieder heftig diskutiert. Die Grenze zwischen Unterstützung und Käuflichkeit ist natürlich fließend – wie bei allen Journalistenrabatten.

Wer diesem Dilemma aus dem Weg gehen will, muss entweder sehr erfolgreich sein (und damit in der Lage, seine kompletten Ausgaben selbst zu bestreiten und dennoch einen soliden Gewinn zu erwirtschaften) oder genau hinschauen. Jedes Mal. Wer den Verdacht hegt, dass sich hinter der Unterstützung eine direkte Einflussnahme verbirgt, muss abwägen, inwieweit er bereit ist, sich auf die ausgesprochenen oder unausgesprochenen Erwartungen einzulassen. Direkte Abmachungen im Stil von „Pressereise gegen positive Berichterstattung" sind inakzeptabel.

Generell gilt: Redaktion und Werbung sind eindeutig zu trennen. Gekaufte redaktionelle Inhalte wie beispielsweise PR-Texte müssen eindeutig als Anzeige gekennzeichnet sein. Aus gutem Grund: Würde die Grenze verwischt, wären die meisten Medien schnell unglaubwürdig. Wer Werbung als redaktionellen Beitrag tarnt, verstößt gegen das Gesetz des unlauteren Wettbewerbs und kann mit Geldstrafen geahndet werden.

In der Realität ist diese hehre Regel nicht immer einfach einzuhalten. Ein ausnehmend kritischer Artikel über den Haupt-Werbekunden einer Zeitschrift – das wird sich fast jede Redaktion gut überlegen, egal wie moralisch hochwertig der Inhalt ist. Trotzdem: Gerade freie Journalisten sollten sich nicht gleich mit der Schere im Kopf an den Computer setzen. Spannende Artikel leben nun mal von Ehrlichkeit, präzisen Beschreibungen und den kleinen Brüchen, die Sponsoren oft nicht so gerne lesen.

Bei allen potentiellen Konflikten: Hinter jeder Leistung von touristischer Seite eine versuchte Einflussnahme zu vermuten, ginge zu weit. Ohnehin verteilen die touristischen Anbieter die Gratisleistungen nicht mit vollen Händen. Manch ein freier Journalist würde sich gerne dem moralischen Dilemma einer bezahlten Reise stellen, gäbe man ihm die Chance. Wer je versucht hat, als noch unbekannter Journalist in den Genuss von Sonderpreisen zu gelangen, weiß, wie schwer es sein kann, überhaupt ernst genommen zu werden, besonders wenn noch nicht feststeht, in welcher Publikation die geplanten Texte erscheinen sollen.

Wer sponsert?

Bei der Planung einer eindeutig journalistisch motivierten Reise empfiehlt es sich, die einzelnen Stationen aufzulisten und auf eventuelle Sponsoren abzuklopfen. Allzu hohe Erwartungen sollten Sie freilich nicht haben: Wer eine völlig kostenfreie Reise anstrebt, wird höchstwahrscheinlich enttäuscht. Realistisch sind Preisnachlässe und kleine Zusatzleistungen, die dem Journalisten vor Ort helfen, sein Projekt optimal umzusetzen. Für Menschen, die auf diesem Wege lediglich einen günstigen Urlaub anstreben, haben die touristischen Anbieter einen guten Riecher.

Fremdenverkehrsämter und PR-Agenturen

Auf der Suche nach Unterstützung sind die Fremdenverkehrsämter die erste Anlaufstelle: Sie kennen alle relevanten Anbieter, wissen meist, wo es sich lohnt anzuklopfen, und verfügen oft über einen eigenen Etat für Pressereisen. Kleinere Länder unterhalten nicht überall auf der Welt Fremdenverkehrsämter, sondern beauftragen PR-Agenturen mit der Öffentlichkeits- und Pressearbeit.

Auch wenn die Fremdenverkehrsämter nicht jeden Journalisten komplett finanzieren können, bieten sie oft auch unbekannten Schreibern Einzelleistungen vor Ort an: beispielsweise die Unterstützung eines lokalen Guides vor Ort oder selektive Übernachtungen.

Fluggesellschaften und andere Verkehrsmittel

Fluggesellschaften lassen sich bei guter Begründung zu Rabatten hinreißen und legen hin- und wieder auch andere Extras dazu, wie mehr Freigepäck. Gratisflüge werden nur sehr selten vergeben. Die Anfrage gestaltet sich in punkto Flug meist recht einfach, denn es gibt in Deutschland garantiert immer einen Vertreter, der für Pressearbeit zuständig ist und daher in diesen Fragen weiterhelfen kann. Für lokale Transportunternehmen im Ausland gilt dies oft nicht: Wer bei der Bahn in Japan oder einer Fährgesellschaft in Indonesien um einen Rabatt ersuchen möchte, sieht sich sprachlichen und kulturellen Herausforderungen gegenüber: Warum sollte man hier einem völlig unbekannten Ausländer, der am Ende für ein völlig unbekanntes Blatt schreibt (und das ist noch der positive Fall!) entgegenkommen? In diesen Fällen lohnt es sich, während der großen Tourismusmessen, allen voran die ITB in Berlin, Kontakt zu suchen. Wer sein Anliegen persönlich vortragen kann, hat auf einmal wieder richtig gute Chancen, doch noch Unterstützung zu finden.

Hotels

Große Hotelgesellschaften sind ebenfalls gute Kandidaten für Sponsorenpreise. Neben einer Reduktion des Zimmerpreises legen sie hin und wieder einen Upgrade in die Business-Etage dazu oder bieten besonders freundliche Check-in und Check-out-Zeiten an. Gratisübernachtungen sind generell möglich, allerdings meist auf eine oder zwei Nächte beschränkt. Wer sich zu Messezeiten oder in der bereits ausgebuchten Hochsaison auf den Weg macht, sollte besser nicht mit Sonderpreisen rechnen: Kaum ein Hotelier würde einen zahlenden Gast abweisen, um einen Journalisten unterzubringen. In Zeiten mit niedriger Auslastungsrate sind die Chancen erheblich besser: Die Zimmer sind schließlich ohnehin da, und es geht dem Hotel kein Profit verloren, wenn für kurze Zeit ein Journalist darin nächtigt. Kleine und extrem billige Hotels sind bei der Pressearbeit erheblich vorsichtiger. Zum einen ist die Gewinnspanne von Budget-Häusern nicht sehr hoch, zum anderen sind kleine Hotels oft darauf angewiesen, möglichst jedes Zimmer mit einem zahlenden Gast zu besetzen. Paradoxerweise kann es daher einfacher sein, in einem 4-Sterne-Haus günstig unterzukommen als in einem 1-Sterne-Hotel.

Pressereisen

Die einfachste Variante der Unterstützung ist die Pressereise: Ohne jeglichen Eigenaufwand an Organisation verspricht sie ein pralles Programm. Fast alle Fremdenverkehrsämter und viele andere touristische Anbieter veranstalten regelmäßig Pressereisen, um ihre jeweiligen Länder zu promoten. Meist handelt es sich um sehr kompakte Reisen, die möglichst viele Sehenswürdigkeiten beinhalten, interessante lokale Kontakte vermitteln und auch aus kulinarischer Sicht einen guten Eindruck hinterlassen wollen.

Vorrangig feste Redakteure großer Zeitungen und Zeitschriften kommen in den Genuss einer Einladung – welches Fremdenverkehrsamt möchte nicht groß in den Reiseseiten einer auflagenstarken Zeitschrift erscheinen? Doch die sind nicht immer in der Lage, die Einladungen anzunehmen, manch einem passt der Termin nicht in den Kalender, der nächste ist schlichtweg nicht interessiert. Und so rutschen freie Journalisten nach. Genau an diesem Punkt macht sich der gute Kontakt zu den touristischen Behörden bezahlt. Wer sich rechtzeitig auf den Presseverteiler setzen lässt und den Behörden seine vollen Kontaktdaten, ja vielleicht sogar einige bereits gedruckte Artikel zur Destination zukommen lässt, hat durchaus Chancen, eines Tages auf der Liste der Teilnehmer zu erscheinen.

Wer sich auf Pressereise begibt, muss jedoch wissen: Dies ist kein Erholungsurlaub. Pressereisen sind interessant, manchmal turbulent und überraschend, sicher aber immer geprägt von Gruppendynamik. Der Tagesablauf strotzt nur so von Programmpunkten, Hotelbesichtigungen und Sehenswürdigkeiten und lässt wenig Zeit für Introspektion. Nicht minder wichtig ist der Verkaufsaspekt: Alle Teilnehmer haben nach der Reise genau dieselben Geschichten im Programm, schließlich ergeben sich wenige Möglichkeiten für individuelle Ausflüge. Man muss schon sehr innovativ und kreativ an eine Destination herangehen, um unter diesen Umständen noch einen großen Unterschied zur Konkurrenz herauszuschinden. Gerade dem Anfänger wird dies nicht immer gelingen. Auch in punkto

Fotomaterial und Informationen sind alle Teilnehmer erst einmal gleichgestellt. Lädt das Fremdenverkehrsamt Macau zu einer Pressereise, gibt es in den darauf folgenden Monaten eine wahre Angebotsflut von Macau-Texten auf dem deutschen Zeitschriftenmarkt. Wer bereits einen festen Stamm von Abnehmern gefunden hat, dürfte darunter weniger leiden, alle anderen tun sich in dieser Zeit schwer, die Destination in den Medien unterzubringen.

Pauschalveranstalter

Pauschal auf Recherche gehen? Das klingt paradox. Doch wer sagt, dass die Teilnehmer einer Pauschalreise die angebotenen Termine wahrnehmen und in Begleitung der Gruppe ausschwärmen müssen? Auf Anfrage bieten viele Reiseunternehmen Presserabatte, meist sind es 10 Prozent gegen Vorlage des Journalistenausweises, und mit ein wenig Glück liegt der Reisende damit schon unter den Kosten einer billigen Individualreise. Gerade Städtereisen lassen sich so einfach und günstig arrangieren.

Sponsoren suchen: So geht's

Um potentielle Sponsoren zu identifizieren, heißt es wieder Recherche betreiben: Welche Fluggesellschaft fliegt die Destination an? Gibt es lokale oder internationale Feiertage, an denen die Strecke wahrscheinlich bereits gebucht ist? Welches Hotel kommt wo in Frage? Und warum?

Für den ersten Kontakt empfiehlt sich ein Telefonat, um den korrekten Ansprechpartner zu finden und die Situation grob einzuschätzen. Ernten Sie schon am Telefon ein klares „Nein", lohnt es sich kaum, Arbeit in eine schriftliche Anfrage zu investieren.

Im positiven Fall heißt es meist: „Schicken Sie mir Ihre Wünsche einfach nochmal per E-Mail und schreiben Sie noch etwas über sich und Ihre anvisierten Publikationen dazu." Es ist daher sinnvoll, das Anschreiben in groben Zügen bereits vor dem Gespräch vorzubereiten. Schließlich sollen zwischen Telefonat und Anschreiben keine langen Zeitspannen vergehen.

Das Anschreiben an einen potentiellen Sponsor ist pures Eigenmarketing. Wer keine festen Abnehmer oder Veröffentlichungstermine versprechen kann (erfahrungsgemäß sind solche Zusagen im Vorfeld eher schwer zu bekommen), sollte zumindest erläutern, wo er bereits veröffentlicht, welche Art von Bericht geplant ist und in welcher Sparte er angeboten werden soll. Dabei versteht sich von selbst: Je professioneller das Anschreiben gestaltet ist, desto eher überzeugt es den Adressaten von der Förderungswürdigkeit des Absenders. Fluggesellschaften und Fremdenverkehrsämter erhalten eine Unmenge derartiger Anfragen und müssen selektieren. Ähnlich wie bei Bewerbungen um einen neuen Arbeitsplatz sind flapsige Formulierungen und Tippfehler der direkte Weg in den Papierkorb. Gerade bei der Kontaktaufnahme per E-Mail, die mittlerweile gängige Form der Kommunikation, ist es unerlässlich, den richtigen Ansprechpartner zu kennen. Eine Mail an die „info@“-Adresse einer großen Hotelkette oder Fluggesellschaft zeigt vor allem eines: Hier war der Journalist nicht willens, den fünfminütigen Aufwand zur Adressrecherche zu betreiben. Wie wird er dann erst seine Artikel recherchieren?

Signalisiert beispielsweise die Fluggesellschaft am Telefon Interesse, heißt es, Tacheles zu reden: Um welche Flugstrecke geht es? Und wann? Gibt es Ausweichtermine? Letztlich entscheidet nicht nur das Renommee des Journalisten, sondern auch die Art der Unterstützung: Ein Flug auf einer ohnehin nicht ausgelasteten Maschine in der Nebensaison wird oft bereitwilliger gesponsert.

Des Weiteren ist eine kurze Vorstellung hilfreich: Wieso führt die Reise gerade in dieses Land? Geht die Reise beispielsweise nach Argentinien, ist es sicher sinnvoll, auf eventuelle Spanischkenntnisse, vielleicht sogar ein Studium der Ibero-Romanistik hinzuweisen. Dies untermauert die Erfolgschancen des Unternehmens und die Wahrscheinlichkeit, dass am Ende ein wirklich interessanter Beitrag herauskommt, der sich von seinen Konkurrenten abhebt.

Nicht ganz unerheblich ist die Sprache, in der das Anschreiben abgefasst wurde: Englisch empfiehlt sich fast immer, sofern man nicht der Landessprache mächtig ist. Nicht zuletzt, weil Sponsoring-Gesuche oft erst in die Heimat gesandt werden müssen und es der deutschen PR-Abteilung eine Menge Zeit und Arbeit erspart, die Korrespondenz nicht aus dem Deutschen übersetzen zu müssen.

Kontaktpflege für Anfänger

Wer in den Genuss von Sponsoring geraten möchte, braucht gute Kontakte. Und die stellen sich nicht per Zufall ein. Besonders Reisejournalisten, die sich auf eine bestimmte Region spezialisiert haben, profitieren von guten Verbindungen zu den jeweiligen touristischen Anbietern. Es ist daher sinnvoll (und überhaupt nicht peinlich!), sich mit einem kurzen Anschreiben vorzustellen und auf den Presseverteiler setzen zu lassen. Oft pflegen die Fremdenverkehrsämter eine kleine Datei relevanter Pressevertreter, aus der sie sich bei Einladungen bedienen. Besonders schöne oder lange Artikel zu einer Destination sollte man ruhig per Fax oder E-Mail samt PDF-Anhang den besagten Tourismusämtern zukommen lassen – nur so kann man sich einen internationalen Namen erschreiben.

Checkliste

Checkliste Sponsoring

- Welche Veranstalter und Fluggesellschaften bieten Ihre Destination an?
- Ist der Reisetermin optimal gewählt? Kollidiert die Reise mit lokalen oder internationalen Feiertagen?
- Haben Sie jede Teilstrecke notiert und auf potentielle Teil-Sponsoren abgeklopft?
- Haben Sie einen guten Grund, genau die anvisierten Sponsoren zu kontaktieren?
- Haben Sie ein Anschreiben vorbereitet, aus dem die Themen und eventuellen Veröffentlichungen klar hervorgehen?
- Kennen Sie den richtigen Ansprechpartner?

Interview

Interview mit Peter Hook,
General Manager Communications Asia Pacific, Accor Hotels

Unterstützen Sie Journalisten?
Sponsoring und Pressereisen sind ein integraler Teil unserer Strategie. In der Reisebranche gilt: „Sehen heißt glauben“. Egal wie viele Pressemitteilungen man über das wunderbare eigene Produkt aussendet, der Journalist muss es selbst erleben, um es zu beurteilen.

Nach welchen Kriterien unterstützen Sie?
Der Ruf spielt eine sehr wichtige Rolle. Wir arbeiten eher mit Reisejournalisten, die wir kennen oder die eine überzeugende Publikationsliste vorlegen können. Sprich gute Journalisten, die für angesehene Medien tätig sind, in der Gruppe reisen können (wenn wir sie auf eine Gruppen-Pressereise einladen) und die, alles in allem, unserem Produkt zuträglich sind.

Was erwarten Sie im Gegenzug?
Das ist eine Schlüsselfrage: Ich glaube, was wir bei Accor Asia Pacific Asien anders machen, ist, dass wir eher daran denken „Welchen Blickwinkel können wir anbieten, der den Leser interessieren könnte?“. Ich denke, die meisten Hotels und Destinationen bergen eine gute Geschichte, aber man muss sie präsentieren. Wenn man einen Journalisten einlädt, ihn dann aber völlig ignoriert und ihm nichts gibt, womit er arbeiten kann, dann kann man nicht viel zurückerwarten. Aber gerade die Hotels, die dies tun, beschweren sich hinterher, dass sie keine Berichterstattung bekommen. Wir führen Pressereisen durch oder unterstützen individuelle Medienreisen, wenn wir denken, es gibt eine Geschichte, die es wert ist, erzählt zu werden. Es liegt dann an dem jeweiligen Hotel, dem Journalisten Themen und Inhalte zu präsentieren, das Hotel in einen integralen Teil der Destination zu verwandeln.

Aus dieser Sicht erwarten wir mehr als eine Erwähnung in der Rubrik „Unterkünfte“. Je außergewöhnlicher ein Hotel ist – ein historisches Hotel, ein neues 5-Sterne-Cityhotel oder ein Strandressort –, desto einfacher ist es, zu einem Teil der Geschichte zu werden. Aber es gibt durchaus auch Methoden, ein ziemlich einfaches Hotel in einen Teil der Geschichte zu verwandeln, wenn man es gut organisiert.

Interview

Womit vergrätzt man Sponsoren?
Dass jemand, der für ein besonders bekanntes Magazin arbeitet, automatisch Gratiszimmer bekommt, und zwar selbstverständlich die Top-Suite, ist ein Trugschluss. Wir arbeiten mit einer ganzen Anzahl von Freien, die beide Seiten der Gleichung verstehen: Die Journalisten brauchen eine gute Geschichte, die sich verkaufen lässt. Gleichzeitig sollten sie aber verstehen, dass die Sponsoren ihre Hilfe als Investition sehen. Die Welt der Touristik ist klein, wir bekommen früher oder später immer mit, wenn jemand die Runde macht und seine Behauptung „Ihr seid die ersten auf meiner Liste" im Grunde nur eines meint: Er hat alle Konkurrenten schon abgeklappert und verzweifelt langsam. Schlimmer noch, manche vergessen bei der schriftlichen Anfrage, die Hotelnamen auszutauschen, und senden uns Mails mit dem Titel „Anfrage an Hyatt".

Wie berühmt muss man sein, um umsonst zu übernachten?
Nicht berühmt, nur effektiv. Berühmte Journalisten sind oft viel zu verwöhnt und in ihrer eigenen Denkweise so verhaftet, dass sie es schwierig finden, die Welt einmal aus einer anderen Perspektive zu betrachten. Organisiert man ihnen ein Gratisflugticket mit der Möglichkeit eines Upgrades, dann erwarten sie dieses Upgrade, egal wie voll das Flugzeug ist. Die etwas bodenständigeren Journalisten, vor allem Freie, erweisen sich da meist als verständnisvoller. Ihnen ist eher klar, dass es nicht in der Macht des Gastgebers liegt, alles zu kontrollieren – Flugverspätungen, Regen, Staus etc. Meist sind sie erheblich dankbarer und positiver eingestellt.

Organisieren Sie Pressereisen? Wir kommt man auf die Teilnehmerliste?
Wir organisieren eine breite Auswahl von Pressereisen. Dabei arbeiten wir eng mit den Airlines zusammen, schließlich brauchen wir deren Unterstützung für den Flug. Die Journalisten suchen wir deshalb zusammen mit den Airlines und teils auch den Fremdenverkehrsämtern aus. Wir haben einen großen Pool von Journalisten, die mit uns bereits unterwegs waren, und wir laden meist Leute aus dieser Gruppe ein, da wir wissen, dass sie gruppenfähig sind. Es gibt nichts Schlimmeres als Gruppenreisen, in denen ein oder zwei Teilnehmer Ärger machen und die gesamte Gruppendynamik zerstören. Hin und wieder haben wir schwierige Teilnehmer, die dann von der Liste gestrichen werden.

Interview

Manche unserer Partner bestanden in der Vergangenheit darauf, ausschließlich Redakteure einzuladen, da hier Berichterstattung garantiert wird. Wir haben jedoch die Erfahrung gemacht, dass Freie lohnenswerter sind, da sie ihre Reise bis zu zehnmal verkaufen, anstatt sich mit einem Bericht zu begnügen. Wenn man beispielsweise eine Gruppe von Australien nach Europa bringt, dann erhoffen wir uns schon mehr als eine Veröffentlichung, egal wie gut sie ist. Und da sind wir auch schon wieder am Startpunkt: Wer Pressereisen organisiert, muss sichergehen, dass den Teilnehmern viele Blickwinkel präsentiert werden, damit daraus viele Texte werden können.

Haben Sie ein Sponsoring-Budget? Wer entscheidet darüber? Gibt es eine Firmenpolitik zu diesem Thema?
Normalerweise lassen wir die Tickets von den Fluggesellschaften sponsern und die Hotels werden von uns zur Verfügung gestellt. Hin und wieder arbeiten wir beim Programmarrangement auch mit Tourismusbehörden zusammen, meist jedoch versuchen wir, die Reisen selbst zu organisieren, um uns auf unser Produkt zu fokussieren.

Es gibt keine großen Budgets für Pressereisen und Sponsoring: Wir müssen jedes Mal bei den Hotels anfragen. Die meisten Hotels jedoch wissen um die positiven Auswirkungen, wenn sie Journalisten unterstützen. Das ist der Knackpunkt: Journalisten „anlocken“ und sicherstellen, dass sie einen wirklich guten Grund bekommen, über das Hotel zu schreiben.

Interview mit Venus Tan,
Leiterin des Philippinischen Fremdenverkehrsamts in Frankfurt

Sponsern Sie Journalisten? Falls ja, in welcher Form?
Wir sind gegenüber Journalisten sehr offen, Pressearbeit ist ein wichtiger Teil unseres Destinationsmarketings. Wir unterstützen daher seit langem Einzelprojekte und organisieren seit vielen Jahren Pressereisen.

Nach welchen Kriterien suchen Sie förderungswürdige Journalisten/Projekte aus?
Bei Einzelprojekten wünschen wir uns ein ausführliches Exposé, welche Themen in welchem Umfang geplant sind. Und natürlich genaue Angaben, wo veröffentlicht oder gesendet werden soll. Es ist uns wichtig, dass diese Veröffentlichungen zumindest teilweise von den Redaktionen bereits fest eingeplant wurden. Wenn wir nicht die komplette Reise sponsern, können wir oft auch in Teilaspekten hilfreich sein, zum Beispiel bei den Unterkünften oder beim Arrangement von Interviews vor Ort.

Die Pressereisen finden zweimal jährlich statt. Die erste im Frühjahr, die zweite im Spätherbst. Dies hat vor allem mit den klimatischen Gegebenheiten zu tun: Wir möchten, dass die Journalisten, die ja meist auch als Fotografen tätig sind, optimale Arbeitsbedingungen vorfinden. Im Frühjahr und Herbst spielt das Wetter garantiert mit. Die Teilnehmer der Pressereisen werden von unserer PR-Agentur ausgesucht.

Was erwarten Sie im Gegenzug von den Journalisten?
Auch wenn man keinen 100-prozentigen positiven Bericht garantieren kann, wünschen wir uns natürlich eine wohlwollende Berichterstattung im vereinbarten Rahmen.

Womit verprellt man Sponsoren?
Journalistenanfragen sind uns immer willkommen. Als weniger bekannte Destination sind wir auch auf die Aufmerksamkeit der Medien angewiesen. Wenn sich nach der unterstützten Reise jedoch herausstellt, dass es sich um eine reine Urlaubsreise handelte, die in keinerlei Berichterstattung mündet, dann ist das schon enttäuschend. Bei gemischten Vergnügungs- und Arbeitsreisen sollte der Charakter der Reise von Anfang an klar dargestellt werden.

Interview

Interview mit Petra Schwert, Marketing Officer bei China Airlines Deutschland

Sponsern Sie Journalisten? Falls ja, in welcher Form?
Umfangreiche Rechercheresen mit großem Mehrwert für China Airlines unterstützen wir auch schon mal mit Freitickets – oder laden den Journalisten auf eine unserer Pressereisen ein. Dies wird pro Projekt ganz individuell evaluiert.

Bei allgemeinen Rechercheresen mit China Airlines und Nennung in der Infobox entscheiden wir auch individuell: Hier erlassen wir zum Beispiel schon mal die Bearbeitungsgebühr für Buchung und Ticketing oder gewähren die Nutzung von PEP-Angeboten[2], soweit vorhanden.

Nach welchen Kriterien suchen Sie förderungswürdige Journalisten und Projekte aus? Wie viele werden pro Jahr gefördert?
Wir limitieren die Projekte nicht, da die Anzahl der Projekte von Jahr zu Jahr variiert. Jedes uns sinnvoll erscheinende Projekt wird forciert, das ist dann eher von unserem internen Budget abhängig.

Organisieren Sie Pressereisen?
Ja. Im Schnitt zwei pro Jahr.

Was erwarten Sie im Gegenzug von den Journalisten?
Artikel, die zum Reisen mit China Airlines in das von der Pressereise bereiste Land einladen.

Womit verprellt man Sponsoren?
Vorab: Wir haben gute Erfahrungen mit Journalisten gemacht. Im Allgemeinen ist es wichtig, dass das Projekt so gut vorbereitet ist, dass der Journalist bei der Kontaktaufnahme mit uns den Mehrwert für China Airlines darlegen kann, kurz „make us want it".

2 PEP-Angebote = Verbilligte Tickets für Touristiker, meist circa 50 Prozent des normalen Reisepreises.

Interview

Unsere Tipps:

1. Bitte keine Reiseanfragen für Sommer- und Weihnachtsferien, denn da sind Flüge meist zu voll.

2. Bitte vorab die Flugverbindungen und Verfügbarkeiten via www.china-airlines.de checken. So geht alles schneller.

3. Presserabatte gelten nicht für nichtjournalistische Begleiter.

4. Offen sein. Da wir kein starres Regelwerk haben, sollten die Journalisten variabel sein.

Interview

Interview mit Jean-Claude Conter, Pressereferent im Landesverkehrsamt Luxemburg

Sponsern Sie Journalisten? Falls ja, in welcher Form?
Das Landesverkehrsamt Luxemburg lädt Redaktionsmitglieder sowie freie Journalisten, die über einen Auftrag mindestens einer Redaktion verfügen, zu ein- bis dreitägigen Pressereisen ins Großherzogtum Luxemburg ein. Wir unterstutzen Reisejournalisten und stehen ihnen mit Rat und Tat vor und während ihrer Recherchen im Land zur Seite. In der Regel werden Übernachtungs- und Verpflegungskosten übernommen. Die Pressereisen werden oft in Zusammenarbeit mit unseren Partnern aus der Hotellerie und von der nationalen Fluggesellschaft Luxair ausgearbeitet, die unsere Initiativen je nach Interessengebiet unterstützen. Im Vorfeld klären wir auch mit den Journalisten, ob das Format des Beitrags es überhaupt ermöglicht, Hoteltipps und Anreisemöglichkeiten am Ende des Beitrags zu erwähnen.

Nach welchen Kriterien suchen Sie förderungswürdige Journalisten/Projekte aus? Wie viele werden pro Jahr gefördert?
Ausschlaggebend sind die Reichweite, die Auflage und die Qualität der Medien, aber auch das Profil, das Alter oder die Kaufkraft der zu erreichenden Leser.

Interview

Für jeden Markt wird mindestens eine Pressereise pro Jahr für sechs bis zehn Teilnehmer unterschiedlicher, ausgewählter Medien zu einem festgelegten Termin angeboten. Darüber hinaus schnüren wir maßgeschneiderte Pressereisen für Special-Interest-Magazine. Radioreportern und Fernsehjournalisten vermitteln wir die geeigneten Gesprächspartner zu gewünschten Themen. Gesponsert wird gegebenenfalls auch mal ein Wochenendaufenthalt für Gewinner einer Aktion, die im Rahmen einer Reisesendung über Luxemburg stattfindet.

Was erwarten Sie im Gegenzug von den Journalisten?
Wir erwarten, dass freie Reisejournalisten eine schriftliche Anfrage für eine Pressereise stellen und bereits im Besitz eines Auftrags für eine Luxemburg-Reportage sind. Der Name des Ansprechpartners in den genannten Medien sollte auf jeden Fall erwähnt werden, damit wir uns gegebenenfalls dort bestätigen lassen können, dass unser Reiseziel auf der Wunschliste der Redaktion steht. Es stimmt, dass feste Mitarbeiter es dabei etwas leichter haben als die freien, vor allem wenn diese am Anfang ihrer Karriere stehen.

Nach der Pressereise erwarten wir uns eine der erbrachten Leistungen entsprechende, redaktionelle Berichterstattung über das Reiseziel Luxemburg. Dabei ist der Journalist selbstverständlich frei, seine eigenen Eindrücke von der Reise zu verarbeiten, und nicht gezwungen, alle Verkaufsargumente der Sponsoren zu wiederholen. Die Worte des Reisejournalisten kommen aber beim Leser mit großer Wahrscheinlichkeit objektiver und glaubwürdiger an als die Texte jeder Werbeanzeige.

Womit verprellt man Sponsoren?
Bei der ersten Kontaktaufnahme sollte klar und deutlich erwähnt werden, in welchen Medien der Journalist mit Garantie berichten kann und was er als Gegenleistung vom Sponsor erwartet. Unklar formulierte Wünsche können für beide Seiten zu unangenehmen Missverständnissen führen. Wenn es keinen dringenden Grund gibt (ein Aktualitätsthema zum Beispiel), sollte er auch dem Pressereferenten genug Zeit lassen, um die Pressereise vor Ort wunschgemäß zu organisieren.

Interview

Auch, aber nicht nur aus finanziellen Gründen ist der Wunsch, die Pressereise mit Partner oder Familienmitgliedern anzutreten, ein heikles Thema für den Pressereferenten. Vor allem wenn dieser Wunsch urplötzlich 24 Stunden vor dem Reiseantritt – vielleicht sogar als Bedingung für die Teilnahme – geäußert wird. So schnell wie möglich sollte klargestellt werden, ob der Sponsor dies überhaupt akzeptiert oder nicht. Bei Pressereisen in der Gruppe wird es von den andern Teilnehmern als ungerecht empfunden, wenn nicht allen die Möglichkeit angeboten wurde, mit Begleitperson anzureisen. Das kann zu Unstimmigkeiten in der Gruppe führen. Bei individuellen Pressereisen ist diese Frage rechtzeitig zu klären und zu rechtfertigen.

Interview

Interview mit Jürgen Drensek,
1. Vorsitzender der Vereinigung Deutscher Reisejournalisten (VDRJ)

Welche Rolle spielt Sponsoring im Reisejournalismus?
Ich würde erst einmal den Begriff „Sponsoring" so nicht verwenden wollen: Es handelt sich hier im Grunde genommen nicht um Sponsoring, sondern um Unterstützung durch die Reiseindustrie für journalistische Recherche. Sponsoring erwartet eine klare Gegenleistung. Das ist ein wichtiger Unterschied. Ohne Unterstützung ist Reisejournalismus schlicht unmöglich, auch wenn ich das als Vorsitzender der VDRJ nur ungern sage. Kaum eine Redaktion ist heute noch bereit, den Reisejournalismus komplett aus eigenen Mitteln zu finanzieren, das heißt Themen zu entwickeln und das Honorar für einen völlig unabhängigen Bericht zu zahlen. Für freie Journalisten sind Recherchereisen anbetracht der Honorare kaum zu finanzieren.

Sind dadurch nicht zwangsläufig alle unterstützten Berichte im Reich der Schleichwerbung angesiedelt?
Nein, das wäre unredlich. Brächte eine Zeitung einen Bericht über ein touristisches Produkt ohne Nennung alternativer Angebote, würde sie gegen die journalistische Neutralitätspflicht verstoßen und wäre damit ein Fall für den Presserat. Bei einem Artikel, beispielsweise über Urlaub in El Arenal, wäre es nicht zulässig, nur über ein einziges Hotel zu berichten, es sei denn, es handelt sich um ein außergewöhnliches Produkt. Ansonsten müsste auch die Konkurrenz vergleichend erwähnt werden. Der Leser braucht objektive Informationen.

Interview

Welchen guten Rat würden Sie angehenden Reisejournalisten zum Umgang mit Sponsoren mitgeben?
Wichtig ist: Nichts zusagen, was man nicht einhalten kann. Zum Beispiel, weil die journalistische Ethik dagegen spricht. Genauso gilt, keine Exklusivnennungen für ein bestimmtes Produkt versprechen. Wenn man sich auf Unterstützung einlässt, muss man damit leben, dass der Unterstützer ein eigenes Interesse hat, sprich erwähnt werden will. Trotzdem darf ich als freier Journalist keine Gegenleistung für eine Redaktion vereinbaren, die am Ende nicht einmal davon weiß. Grundsätzlich sollte man dieses Thema immer mit der Redaktion besprechen, also offenlegen, welche Art der Unterstützung gewährt wurde. Viele Zeitungen haben in dieser Hinsicht ganz klare Richtlinien, teils wird am Ende des Artikels erwähnt, aufgrund welcher Förderung er erstellt wurde.

Viele Sponsoren erwarten vor der Reise klare Zusagen, wann und wo welche, natürlich positive, Artikel erscheinen werden.
Die VDJ vertritt in dieser Hinsicht eine ganz klare Position: Jede Unterstützung dient in erster Linie zur Recherche. Der Journalist muss hinterher frei sein in der Entscheidung, ob das Thema einen Bericht wert ist. Die Unterstützung ist nicht gekoppelt an das Recht auf eine Berichterstattung und schon gar nicht an das Recht auf eine positive Berichterstattung, auch wenn es moralisch gesehen durchaus verständlich ist, dass der Unterstützer sich eine Berichterstattung erhofft.

In der Öffentlichkeit wird immer wieder nach unabhängiger Berichterstattung im Reisejournalismus gerufen.
Als Vorsitzender der VDJR ist mir jeder Beitrag Gold wert, der von der Redaktion unabhängig und ohne jeden Einfluss von außen redigiert wird. Viele Redaktionen sind dazu jedoch finanziell nicht in der Lage oder nicht willens, dies zu leisten. Wer nichts zahlt, kann nicht fordern, dass eine Reise ohne Unterstützung entsteht. Das finanzielle Dilemma kann nicht auf dem Rücken der freien Journalisten ausgetragen werden. Das Wesentliche ist ja, dass die Redaktion die Hoheit hat, einen Beitrag zu redigieren und zu bewerten. Es bleibt die Verantwortung der Redaktion, darauf zu achten, dass letztlich ein redaktioneller Beitrag und kein PR-Artikel ins Blatt gehoben wird. Allein die Tatsache, dass eine Reise aufgrund von Unterstützung realisiert wurde, verwandelt den daraus resultierenden Bericht nicht unbedingt in Schönfärberei.

5 Der Text

Für einen guten Artikel bedarf es mehr als nur eines interessanten Inhalts. Der Text muss zum Lesen einladen, den Leser packen und nicht mehr aus den Fängen lassen. Nur wenn er bis zum Schlusspunkt durchhält, ist der Artikel gelungen. Doch wie schafft es der Reisejournalist, dem Leser nicht nur eine Chronologie der Reise zu präsentieren, sondern ihn wirklich zu begeistern?

Wie ein Künstler malt der Reisejournalist ein Bild seiner Reiseziele. Nur zeichnet er mit Worten anstatt mit dem Pinsel. Verschiedene Techniken helfen ihm dabei, das Bild genau so zu entwerfen, dass es die Stimmung und Botschaft trägt, die er an den Leser richten will.

In diesem Kapitel geht es daher nicht nur um die verschiedenen Textarten und Genres, sondern auch um die einzelnen Textkomponenten. Darüber hinaus werden Stilfragen ebenso behandelt wie grundlegende Fragen zur Textqualität.

Welche Textarten gibt es?

Wer professionell schreibt, bedient sich vieler verschiedener Textarten. Meist fühlt sich der Schreiber im einen oder anderen Genre ganz besonders zuhause und wird es öfter nutzen. Die einzelnen Elemente müssen später nicht immer in ihrer Reinform verwendet werden – trotzdem sollte man alle kennen und beherrschen. Nicht zuletzt weil jede von ihnen Vor- und Nachteile birgt und, wie die unterschiedlichen Pinsel eines Malers, sich für die eine oder andere Darstellung ganz besonders eignen.

Nicht zuletzt interessiert sich auch der potentielle Käufer in der Redaktion für das Genre des ihm angebotenen Textes. „Was über Bangkok" lässt sich sicher schlechter verkaufen als eine „schnelle Reportage über die Shoppingwelt Bangkoks mit großem Serviceteil zu den besten Einkaufs- und Spaßadressen der Stadt".

Sie ist der klassische Reisetext schlechthin. Die Reisereportage holt die Ferne ganz nah herbei und macht sie auch für die Daheimgebliebenen erlebbar: Sie nimmt den Leser mit, lässt ihn den feucht-moderigen Duft des Regenwalds riechen oder die Nässe eines belgischen Herbsttages am eigenen Leib spüren, ihn für einige Minuten oder Stunden an einem fremden Ort verweilen. Auf dieser mentalen Reise lernt der Leser Menschen und Situationen kennen, die er selbst wahrscheinlich nicht erlebt hätte. Der Journalist begibt sich zusammen mit dem Leser auf die Reise. Er fährt nicht vor und berichtet in der Retrospektive. Reportagen sind daher meist in der ersten Person geschrieben und spielen in der Gegenwart.

Eines der wichtigsten Merkmale der Reportage ist die Authentizität: Der Autor beschreibt genau und detailliert, spricht alle Sinne an: Betritt der Leser mit dem Autor eine schiefe, gammelige Hütte, dann sieht er nicht nur die moderigen Balken, sondern riecht auch den Muff, den Hauch von Schimmel, hört vielleicht den Wind an den dünnen Wänden rütteln, hat Schwierigkeiten, im Dämmerlicht der Hütte etwas zu erkennen.

Zitate mit viel Lokal- oder Sozialkolorit spielen in der Reportage eine große Rolle. Der Journalist beschreibt nicht nur, er lässt die Hauptfiguren selber zu Wort kommen. Das ermöglicht ihm auch, Unflätiges, Schockierendes und Erschreckendes in seinen Text einzuweben, wie in folgendem Beispiel:

> „Cazzo caldo" ist ein italienischer Ausruf der Verzweiflung, klingt in Dantes Sprache schön lyrisch, lässt sich allerdings unmöglich mit Anstand übersetzen und bedeutet ungefähr, dass es sehr sehr warm ist. „Cazzo caldo" hört man oft, wenn man in diesem Winter die Menschen am Monte Rosa fragt, wie es denn so geht ..." (F.A.Z. vom 25.01.2007, S. R1, „Fürchtet Gottes Zorn und rührt den Drachenschatz nicht an", von Jakob Strobel y Serra)

Auch Wertungen nimmt der Schreiber nicht unbedingt selbst vor: Seine Beschreibungen von Armut und Elend, politischen Ausrichtungen oder Ereignissen basieren zwar auf eigenen Eindrücken, sind aber erst einmal frei von Urteilen. Der Wertung überlässt er den Betroffenen im Zitat. Und dem Leser: Anhand der geschilderten Details muss er geradezu zwangsläufig auf Rückschlüsse kommen, die ihm der Autor aber nicht vorwegnimmt. Die Reportage ist damit besonders glaubwürdig.

Eine Sonderform ist die Fotoreportage, die ihre Geschichte quasi im Bild erzählt. Ein kurzes Intro umreißt das Thema in wenigen Worten, der Rest der Geschichte besteht aus besonders repräsentativen oder bewegenden Aufnahmen. Die Bildunterschriften dürfen in diesem Fall durchaus ein wenig länger ausfallen als üblich, denn sie sind die einzige textliche Informationsquelle.

Feature

Kein Genre wird so unterschiedlich definiert, kein Begriff im Redaktionsalltag so leichtfertig gebraucht wie dieser. Ihm haftet etwas Buntes an, eine Art Freifahrtschein für alle Eskapaden des Autors.

Ursprünglich und im korrekten Sprachgebrauch handelt es sich um eine erweiterte Form der Nachricht: Hier werden Fakten präsentiert, die aber durch einen Reportage-ähnlichen Einstieg aufgelockert werden. Es reduziert komplexe oder abstrakte Sachverhalte auf eine verständliche Ebene, auf nachvollziehbare Beispiele. Der Unterschied zwischen Reportage und Feature ist daher oft verschwommen: Reportagen erfassen eher Einzelschicksale, Features dagegen zeigen anhand mehrerer Beispiele Allgemeingültiges auf. Der Vorteil des Features: Hier ist sehr viel mehr Platz für Hintergrundinformationen.

Im Redaktionsalltag werden als Feature oft auch die lockeren Geschichten und unterhaltsamen Texte bezeichnet, in denen ein wenig von allen Genres vorkommt. Aus Zurufen wie „Du warst doch in Tokio, mach mal was über Japan“ werden in der Regel Features: ein bunter Mix aus Atmosphäre, ein wenig Hintergrund, ein paar Szenetipps und peppige Fotos, fertig ist die klassische Destinationsgeschichte, wie sie immer wieder zu finden ist. Gerade weil der Schreiber in der Zusammensetzung völlig frei ist, Perspektive und Dichte selbst wählen kann (bei der Reportage geht er nah ran und bleibt nah), verführt das Feature manch einen Schreiber dazu, Halbwissen schnell noch zu einem Artikel zu verwerten. Im positiven Fall entsteht solide Kost, im negativen Fall eine halbherzige Präsentation. In diesem Zusammenhang hat sich auch das Verb „anfeaturen“ durchgesetzt, dessen Bedeutung sich mit „einen szenigen Einstieg wählen“ übersetzen lässt.

Hintergrundartikel

In einem klassischen Journalismus-Lehrbuch werden Sie dieses Genre wahrscheinlich nicht finden: Der Hintergrundartikel würde wohl, nicht ganz grundlos, dem Feature zugerechnet. Trotzdem soll er hier erwähnt werden, denn de facto können viele Redaktionen mit diesem Begriff erheblich mehr anfangen als mit dem Feature, das zwar die Form des Textes beschreibt, nicht aber seinen Inhalt.

Die Gelegenheit, ja sogar Notwendigkeit, einen Hintergrundartikel zu schreiben, ergibt sich immer wieder: Dem interessierten deutschen Reisenden fällt es nicht immer leicht, die politischen und kulturellen Hintergründe seiner Reiseziele zu verstehen. Der Hintergrundartikel hilft ihm dabei und eröffnet neue Horizonte.

So eignet sich beispielsweise der Bau des Drei-Schluchten-Staudamms in China ganz wunderbar für einen reisejournalistischen Hintergrundartikel: Da sich die Hebung des Wasserspiegels auch auf die touristischen Sehenswürdigkeiten entlang der Route auswirkt und der Damm aus ökologischer Sicht heftig diskutiert wird, interessiert sich der Reisende dafür. Ein guter Hintergrundartikel zu diesem Thema erklärt nicht nur die genauen Auswirkungen der Flutungen, sondern auch die mythologischen und politischen Hintergründe, die einen solchen Bau überhaupt erst erstrebenswert machten: Seit Jahrtausenden sind die hydraulischen Arbeiten an den großen Flüssen Chinas von großer Bedeutung für die wirtschaftliche Entwicklung des Reichs. Nur die Dynastie, die auch die Flüsse beherrschen kann, gilt als Träger des „Mandat des Himmels“. Kein Wunder, dass es seit gut 100 Jahren Pläne für einen Yangzi-Staudamm gibt. Dass es der jetzigen Regierung gelang, diese umzusetzen, hatte (vereinfacht gesprochen) auch den Führungsanspruch der Kommunistischen Partei gestärkt.

Während es für die gelungene Reportage vor allem viel Sprachgefühl und Beobachtungsgabe braucht, lebt der Hintergrundartikel von solidem Wissen und der Fähigkeit, dieses in gut verdaulichen Häppchen an den Leser weiterzugeben. Vor allem Schreiber mit regionaler Vorbildung, sprich Amerikanisten, Indologen und all die anderen Regionalwissenschaftler, profitieren hier von ihrer Ausbildung.

Bericht (Report)

Auch diese Mischung aus Fakten, Dokumenten und deren Deutung ist eng mit dem Feature verwandt. Der Bericht widmet sich vorrangig komplexen Problemen, deren Einschätzung für den Leser eher schwierig ist. Ob es sich um den Nahost-Friedensprozess, den Pauschaltourismus in die Dritte Welt oder die Auswirkungen der Tsunami-Katastrophe 2004 handelt: Dem

Leser werden verschiedene Standpunkte präsentiert, historische und politische Hintergründe und, falls vorhanden, verschiedene Lösungsansätze. Alles das muss natürlich leserfreundlich aufgearbeitet werden. Der Bericht bietet dem engagierten und gebildeten Reisejournalisten die Chance, nicht nur über Palmen und Strand zu schreiben. In seiner Reinform ist der Bericht selten zu finden: Beim sogenannten „bunten Bericht" lockern Reportage-Elemente vor allem den Einstieg auf und helfen, den Leser zur Lektüre zu verlocken.

Portrait

Reisetexte müssen nicht immer von Regionen oder Städte handeln. Hin und wieder lohnt es sich, ganz nah heran zu gehen und eine einzelne Person in den Mittelpunkt zu stellen. Weil sie typisch ist für eine Gegend. Oder eben ganz und gar nicht, weil sie allen Stereotypen widerspricht und damit ein neues Licht auf eine vermeintlich bekannte Kultur wirft.

Liegt der Fokus auf einem einzelnen Menschen oder einer klar definierten Gruppe, wie beispielsweise einer Familie oder Arbeitseinheit, dann handelt es sich meist um ein Portrait.

Das Portrait lädt zur Identifikation ein: Nichts interessiert uns im Grunde mehr als andere Menschen. Wie leben Sie? Welche Probleme haben sie? Und wie sieht der Alltag in einer anderen Kultur aus? Der Leser erfährt persönliche Details, lernt den oder die Portraitierte kennen. Es handelt sich also um eine, wenn auch einseitige, Begegnung. Gerade das macht den Reiz des Portraits aus.

Die meisten Portraits folgen einem einfachen, aber erprobten Strickmuster: Sie beginnen mit einer Besonderheit, einem einmaligen Merkmal. Und sie starten mittendrin. Die Grenzen zur Reportage sind dabei oft fließend. Erst im Hauptteil werden die Hintergründe beschrieben, die eigentliche Aussage gemacht. Das Portrait holt den Portraitierten in einer typischen Situation ab, die anschließend erklärt wird. Ansonsten ist das Portrait frei, sich bei allen Genres zu bedienen.

Gerade fremde Kulturen, deren Alltag sich grundsätzlich vom Leben des Lesers in Deutschland unterscheidet, lassen sich durch Portraits gut erfassen. Dass die Anden ein ganz besonders karger Lebensraum sind, kann man lang und breit beschreiben, geographische Daten bemühen und erläutern – oder das Portrait eines typischen bolivianischen Bauern bringen, der es kaum schafft, mit den Erträgen seiner Äcker die Familie zu ernähren. Das passende Datenmaterial muss deswegen nicht gelöscht werden. Es findet im Hintergrundteil seinen Platz und erläutert in diesem Fall, warum es für den Bauern so schwer ist, ein Auskommen zu finden.

Interview

Obwohl Interviews im Reisejournalismus keine herausragende Rolle spielen, ergibt sich auch in diesem Ressort immer wieder die Möglichkeit oder Notwendigkeit, interessante Personen direkt zu befragen. Egal ob es sich um den Tourismusminister einer interessanten Destination handelt oder den Veranstalter eines revolutionär neuen Reiseangebots – es versteht sich von selbst, dass Sie sich die Fragen vorher zurechtlegen. Besonders wichtig ist hierbei die gesunde Mischung: Neben den allgemeinen Fragen, deren Antwort nicht nur der Fragende voraussehen kann, sondern auch ein Großteil der Leser, gehören auch „echte" Fragen dazu: Informationen, die dem Leser eben nicht bei einer fünfminütigen Recherche im Internet sowieso zur Verfügung gestanden hätten. Damit der Gesprächsfluss erhalten bleibt, dürfen nicht zu viele geschlossene Fragen dabei sein: Lässt sich quasi jede Frage mit einem kurzen Ja oder Nein beantworten, dürfte es schwer sein, neue interessante Aspekte zu finden. Bei der Redaktion der Fragen sollten Sie wieder den Leser vor Augen haben: Was würde er fragen wollen, hätte er die Gelegenheit zu einem direkten Gespräch? Ergeben sich im Verlauf des Interviews interessante Entwicklungen, ist der Fragende natürlich frei, von der Liste abzuweichen.

Eine besondere Form ist das Experteninterview: Gilt es den Leser in einer fachlich schwierigen Frage zu informieren oder einen besonderen Service zu leisten, steht nicht die befragte Person im Vordergrund, sondern ihr Fachwissen. Der Interviewte ist damit theoretisch austauschbar. Meteorologen, Geologen und Reisemediziner gehören beispielsweise zu dieser Gruppe: Immer wenn Naturkatastrophen, wie das das verheerende Erdbeben in der chinesischen Provinz Sichuan 2008 oder die Tsunami-Katastrophe 2004, den Tourismus in bestimmten Regionen beeinträchtigen, will der Leser informiert werden, ob er betroffen ist.

Beim Experteninterview kann es sinnvoll sein, dem Befragten die wichtigsten Fragen im Voraus zukommen zu lassen. Hier geht es schließlich nicht darum, Sachverhalte aufzudecken, sondern zu erklären. Auch dem Fachmann mag dies aus dem Stehgreif schwerfallen, so dass man ihm zumindest die generelle Richtung vorher ankündigen sollte.

Eines ist jedoch bei allen Interviews gleich: Klären Sie schon im Vorfeld, in welcher Form der Text vor dem Druck freigegeben werden soll. Verzichten Sie auf diese Maßnahme, kann es im Fall eines Rechtsstreits schwer werden, die Aussagen zu belegen (siehe auch Kapitel 9 „Rechtliche Fragen“).

Essay

Das Essay ist eine knappe Abhandlung zu einem kontroversen Thema. Der Autor ist dabei ganz bewusst subjektiv: Er vertritt eine eigene Meinung. Im Gegensatz zum Bericht ist das Essay nicht neutral oder objektiv. Das Essay ist immer knapp, bringt die Argumente auf den Punkt. Es polarisiert, polemisiert, rüttelt den Leser wach. Ein gutes Essay kann man nicht indifferent lesen: Manche Leser klatschen innerlich vor Zustimmung in die Hände, anderen schäumt die Galle über. Doch das ist gewollt. Obwohl das Essay argumentiert, darf das Fazit auf einen persönlichen Standpunkt hinzielen. Beispiele für ein Essay wäre zum Beispiel das Thema „Burma: Nutzt ein touristischer Boykott der Bevölkerung?“.

Der Einstieg des Essays orientiert sich meist an einer aktuellen Begebenheit oder einem konkreten Ereignis. Dabei kann es sich genauso um einen historischen Jahrestag handeln wie eine persönliche Begegnung auf der Reise oder eine Begebenheit, die dem Leser vorgetragen wird. Im Folgenden wird die Argumentation entwickelt. Zum Schluss rekapituliert der Autor noch einmal den oder die wichtigsten Punkte und rundet so das Essay ab.

Und was ist für den Leser drin? Er bekommt Denkanstöße, die Gelegenheit, einen Sachverhalt in einem anderen Licht zu betrachten. Stilistisch ist das Essay eine eher gehobene Übung: Soll es souverän wirken, dann muss es leicht zu lesen sein, ohne dass die Qualität der Argumente leidet.

Glosse

Die Königsdisziplin! Sie ist subjektiv, witzig, provoziert, verspielt. Kurzum, sie ist verteufelt schwer zu schreiben. Wer beherrscht schon den Witz ohne Plattitüden und ohne abgedroschene Wortspiele. In der Glosse vertritt der Schreiber explizit eine eigene Meinung zu einem kontroversen Thema. Seine Argumentation muss kurz und knackig sein, von Expertise zeugen und immer auf den Punkt formuliert sein. Er darf polemisieren, ironisch und satirisch argumentieren, solange es sich gefällig liest und den Leser unterhält. Die Glosse ist daher meist kurz gehalten und nur in seltenen Fällen länger als eine Druckseite. Besonders bissige Texte lassen sich gen Ende abpuffern, indem der Schreiber mit einer versöhnlichen Note schließt. Dies empfiehlt sich besonders, wenn es im Text nicht um eine Sachfrage, sondern um Menschen geht, seien es einzelne Personen oder ganze Gruppierungen.

Wenn dieses Genre in den meisten Reisezeitschriften allzu selten vorkommt, dann liegt es nicht nur daran, dass die Grenze zwischen Glosse und Beleidigung eine sehr kulturabhängige ist (und damit ein riskantes Unterfangen für eine Zeitschrift, die auf internationale Werbekunden angewiesen ist), sondern auch, weil nicht jeder Schreiber sie so gut beherrscht, dass sich die Redaktion auf guten Nachschub verlassen könnte. Oft taucht die Glosse auch als Kolumne auf: Dann erscheint sie in regelmäßigem Turnus und stammt immer aus der Feder desselben Autors. Da die Glosse als besonders schwierig gilt und ihrem Autor den Nimbus von Souveränität verleiht, übt sich in vielen Redaktionen auch die Chefetage gerne in diesem Genre.

Meldungen

Fast alle Reisemagazine und Reisebeilagen lockern ihr Angebot durch Meldungen auf, meist auf speziell dafür reservierten Seiten. Sie sind wenige Zeilen lang, teils durch ein Foto illustriert und immer aktuell. Aus der touristischen Meldung zieht der Leser oft einen Mehrwert: Sie hilft ihm, gute Angebote zu erkennen oder seine Reiseplanung zu verbessern.

Im Grund genommen handelt es sich dabei um Nachrichten, deren Aufbau wenig flexibel ist. Die wichtigsten Aspekte stehen zuerst: Was, wann, wo, warum? Danach nimmt die Wichtigkeit der Information mit der Länge des Textes ab. Stilistisch ist die Meldung schnörkellos, denn sie besticht nicht durch literarische Qualität, sondern ihren Informationsgehalt. Trotzdem lässt sich hier noch kreativer Spielraum herausholen. Zum Beispiel durch die Auswahl der Meldungen über besonders spannende Entwicklungen oder einfach schwer erhältliche Informationen.

Typische Meldungsthemen sind beispielsweise:

- Änderungen von Visumsbestimmungen
- Neue Grenzübergänge (inklusive genauer Informationen, wann sie wem offenstehen)
- Neue Flugrouten, Hotels, Sprachkurse und andere touristische Produkte

- Günstige Flugangebote
- Gratisangebote wie beispielsweise Stadtrundfahrten bei Stopover
- Interessante neue Produkte für den Reisenden
- Aktuelle Termine
- Neue Bucherscheinungen

Servicetexte (Nutzwertartikel)

Von Reportagen und Features allein kann keine Reisezeitschrift leben. Der Leser erwartet von ihr nicht nur, dass sie ihm Lust auf Reisen macht und neue Destinationen vorstellt, er will auch einen konkreten Nutzen aus der Lektüre ziehen. Nutzwertartikel, auch Servicetexte genannt, nehmen daher einen wichtigen Platz ein. Egal welchem Thema sich der Servicetext letztlich widmet, der Leser bekommt einen klar definierten Mehrwert geboten, der sich entweder in finanzieller oder praktischer Hinsicht bemerkbar macht. In punkto Spannungskurve sind diese Texte eher flach gehalten: Bereits am Titel kann (muss!) der Leser erkennen, welche Erkenntnis ihm geboten wird.

Generell gibt es zwei große Kategorien von Servicetexten:

Vergleiche und Übersichten

Flugpreis- und Hotelvergleiche oder die Gegenüberstellung verschiedener Internetbuchungsmaschinen gehören dazu, genauso wie Texte der Sorte „Die besten Reisedestinationen mit Kind/für Senioren/Singles etc.“. Im Grunde laufen sie immer auf denselben Punkt hinaus: Dem Leser wird der zeitraubende Vergleich verschiedener Serviceanbieter abgenommen. Die Redaktion bzw. der Autor verhilft dem Leser auf einem schwer zu durchschauenden Markt zu mehr Durchblick und nimmt eine Empfehlung vor.

Das Schlaglicht

Hier geht es vor allem darum, einen einzelnen Aspekt oder eine neue Service-Idee zu beleuchten: Artikel zum Reiserecht (Was tun, wenn der Flieger Verspätung hat? Was, wenn der Koffer verloren geht?) fallen genauso darunter wie Texte zur günstigen Krankenversorgung im Ausland (Zahnersatz im Urlaub etc.). Auch neue Hotels mit besonderem Service oder ausgefallene Sprachreisen können so vorgestellt werden.

Wer Serviceartikel schreibt, muss sich gut auskennen, verlässliche Daten veröffentlichen und die Schlussfolgerungen nachvollziehbar machen. Mehr noch als die anderen Genres basiert der Servicetext auf solidem Wissen und intensiver Recherche. Hier lässt sich keine Schwachstelle stilistisch umschiffen. Schließlich stehen die Chancen gut, dass der Leser die Fakten selbst überprüft. Wehe, wenn der Text vor Fehlern strotzt oder auf den ersten Blick dem Fachmann offenbart: Hier waren Stümper und Dilettanten am Werk. Wenn es um Urlaub und Reisen geht, versteht der Leser keinen Spaß, hier geht es um die wichtigsten Wochen des Jahres! Genauso wichtig ist die Objektivität des Schreibers: Kein Veranstalter, keine Fluggesellschaft darf bevorzugt behandelt werden. Schneidet im Vergleich ausgerechnet der größte Werbekunde besonders negativ ab, manövriert sich der Reisejournalist schnell in ein Dilemma: Journalistische Freiheit gegen finanzielle Interessen ...

In literarischer Hinsicht scheinen Nutzwertartikel auf den ersten Blick anspruchslos. Und erweisen sich doch oft als überaus schwierig. Denn es ist gar nicht so einfach, komplexe Sachverhalte in knappe Worte zu fassen und damit einer breiten Masse verständlich zu machen. Ohne logische Strukturierung verliert sich der Leser im Text. Hinzu kommt: Serviceartikel sind sehr Recherche-intensiv. Erst wenn der Autor den Markt, die Situation komplett überblicken kann, hat er die Möglichkeit, für den Leser die geeignete Auswahl zu treffen, also festzulegen, welche Fakten wissenswert sind und welche getrost unter den Tisch fallen können. Wer die schönsten Strände Afrikas zusammenstellen will, wird sich zum Vergleich auch manch einen hässlichen anschauen müssen, ein Aufwand, der meist nicht honoriert wird. Tröstlich ist daher für viele Schreiber: Servicetexte lassen sich gut verkaufen. Fast alle Redaktionen klagen über einen Mangel an derartigen Texten.

Checkliste

Checkliste Serviceartikel

- Ist der Nutzen für den Leser klar definiert? Kann der Leser auf den ersten Blick erkennen, welcher Service ihm hier geboten wird?
- Ist der Artikel übersichtlich aufgebaut? Kann der Leser sofort das Gesuchte finden, ohne alles lesen zu müssen?
- Sind Sie objektiv an das Thema herangegangen und haben Sie, zum Beispiel in einer Übersicht, alle relevanten Anbieter in den Vergleich aufgenommen?
- Haben Sie alle Daten und Fakten überprüft?

Was ist ein guter Text?

Woran erkennt man nun einen guten Text? Und wer legt die Maßstäbe fest, an denen Qualität gemessen wird? Wichtiger noch: Wie erkenne ich selbst, ob mein Text gut ist oder nicht?

Auch wenn die Beurteilung eines Textes de facto nicht nur vom Text selbst, sondern auch von Geschmack und Laune des Beurteilenden abhängt, gibt es eine ganze Reihe von Methoden, die es ermöglichen, einen Text qualitativ aufzuwerten. Stil und Aufbau sind zwei davon. Sie werden deshalb in diesem Kapitel auch ausführlich behandelt.

Am wichtigsten jedoch ist es, eine ganz simple Wahrheit nicht aus den Augen zu verlieren: Der Leser entscheidet, ob der Text gut ist.

Schlaglicht auf den Leser

Irgendwie wird er immer übersehen. Der Endkonsument der Texte, und letztlich, wenn auch nie sichtbar, die wichtigste Person im gesamten Schreibprozess. Die Chance ist groß, dass man ihm nie von Angesicht zu Angesicht begegnen wird. Trotzdem: An ihn denkt der Chefredakteur, wenn es darum geht, neue Autoren zu finden oder Texte zu kaufen. Wie gut oder schlecht ein Artikel ist, bleibt einfach zweitrangig, solange sich für ihn kein Leser erwärmen kann.

Gerade deshalb ist es wichtig, sich den Leser von Anfang an vorzustellen. Vielleicht eignet sich ein Bekannter als Visionsobjekt, vielleicht muss er aber auch abstrakt bleiben. Auf jeden Fall sitzt er mit am Schreibtisch, wenn geschrieben wird. Besser noch, er nimmt schon während der Reise oder Recherche unsichtbar auf der Rückbank platz und schaut zu.

Genauso wichtig ist: Man muss ihn mögen! Wer Pauschaltouristen im tiefsten seines Herzens hasst, darf auch nicht für sie schreiben; wer Luxustouristen insgeheim für Zivilisationsweichlinge hält, sollte sich an eine andere Klientel wenden. Nichts hasst der Leser mehr, als wenn ihm durch die Blume Herablassung widerfährt. Lautet das Fazit eines Abenteuer-Artikels „Ich habe alle die Dinge erlebt, für die Du zu feige bist“, dann mag das sogar stimmen. Verkaufen lässt sich so etwas aber nicht.

Soll ein Text besonders vielen Menschen gefallen, dann muss er einfach sein. Was nicht „schlecht“ bedeutet (wie viele fahrlässig annehmen), sondern lediglich: gut verständlich für möglichst viele Menschen. Dies gilt übrigens auch für komplexe Themen. Wenn wissenschaftliche Abhandlungen oder intellektuell schwere Kost oft sehr kompliziert geschrieben sind, dann liegt dies nicht unbedingt an der Materie oder gar der immensen Kompetenz der Autoren: Es ist ungleich schwieriger, komplexe Sachverhalte auf allgemein verständliches Niveau herunterzubrechen. Damit sich ein Text locker liest, braucht es Zeit, viel Zeit, und viele Korrekturgänge.

Der Autor als Kritiker

Der zweitwichtigste Kritiker für das eigene Werk wird gleichfalls oft vergessen: Es ist der Autor selber. Dies jedoch nicht fünf Minuten, nachdem die Endversion gespeichert wurde, sondern einige Tage später. Im Ausdruck. Jetzt springen dem Schreiber nicht nur die Fehler schier ins Gesicht, er liest den Text nun auch mit mehr Abstand und stolpert über die eigenen schiefen Bilder und logischen Lücken. Wann immer es die Zeit erlaubt: Lassen Sie den Text liegen und lesen Sie ihn später noch einmal mit Muße und Abstand! Genauso wichtig: Beschleicht den Schreiber das ungute Gefühl, der Text könnte noch nicht ganz vollkommen sein: Unbedingt darauf hören und den Text noch einmal überarbeiten!

Die Kleintexte

Vorspann, Überschrift und Zwischenüberschriften, die sogenannten Kleintexte, nehmen im Vergleich zum wortgewaltigen Haupttext wenig Platz ein und sind doch ausschlaggebend, wenn es darum geht, den Leser zur Lektüre zu verführen. Dies übrigens gleich zweimal: Nicht nur der Leser als Endkonsument, sondern auch der Redakteur, der den Text kaufen soll, wird ihm wenig Beachtung schenken, gelingt es dem Schreiber nicht, in wenigen Worten Interesse zu wecken. Viel Zeit haben Sie als Journalist dazu nicht: Die Aufmerksamkeitsspanne ist kurz geworden in den Zeiten der Überinformation und des medialen Überangebots, niemand hat die Muße, ausnahmslos alle Artikel einer Zeitschrift von vorne bis hinten zu lesen. Rund drei Sekunden bleiben dem Schreiber in der Regel Zeit, den Leser zu überzeugen. Bietet sich in dieser kurzen Zeitspanne kein guter Grund, den Artikel zu lesen, wandert der Leser weiter zum nächsten. Und die Chance, ihn auf die mentale Reise mitzunehmen, ist erst einmal vertan.

Ob die Kleintexte vor oder nach dem Haupttext geschrieben werden, ist eine Geschmacksfrage. Wenn Vorspann und Titel oft zuletzt entstehen, dann nicht weil sie unwichtig wären, sondern weil der Journalist erst hinterher genau weiß, warum es sich lohnt, den Artikel zu lesen. Und weil ein gutes Intro Zeit zum Reifen braucht!

Die Überschrift – Was ist ein guter Titel?

Verständlich müssen Überschriften sein, knackig und kurz. Vor allem aber müssen sie den Leser betören, Interesse wecken und zur Lektüre verleiten. Anders als im Nachrichtenjournalismus ist die Überschrift im Reiseressort pures Lockmittel: Sie soll nicht schnell informieren, sondern den Leser neugierig machen. „Lies mich! Komm mit mir mit" lautet die versteckte Botschaft. Wohin genau, das verrät oft erst der Vorspann.

Ist Schreiben in vielerlei Hinsicht eine Frage von Handwerk und Sitzfleisch, kann der Journalist beim Titel wahre Kreativität beweisen. Wortspiele und sprachliche Bilder sind dabei ausdrücklich erlaubt. Nur dürfen sie nicht zu abgedroschen sein. Irgendwann, lange ist es her, da war die Überschrift „Kairo zwischen Tradition und Moderne" (wobei der Städtename beliebig mit jeder anderen Großstadt dieses Planeten zu ersetzen ist) ein guter Titel. Beim ersten Mal. Seither haben Abertausende diesen griffigen Satz ihren Texten vorangestellt und signalisieren damit sowohl Redakteuren als auch Lesern mangelnde Vorstellungskraft (siehe zu den „Plattitüden" auch 128f.). Im Zweifelsfalle hilft es, die potentielle Überschrift im Internet zu googeln. Der Satz „…zwischen Tradition und Moderne" beispielsweise produziert circa 155.000 Treffer. Auch die Überschrift „Im Übermorgenland" (Sonntag Aktuell, 26.03.2006, Helge Sobik) ist ein schöner und aussagekräftiger Titel, dem allerdings das Schicksal der Floskel „zwischen Tradition und Moderne" bevorsteht: Lässt man ihn per Suchmaschine im Internet suchen, folgt die Ernüchterung: Kaum eine große Zeitung, die ihn noch nicht verwendet hätte. Und dies nicht nur für Dubai, sondern auch andere Orte des Orients. Erstmals erschien der Ausdruck in einer Schweizer Publikation, 2006 wurde er auch in Deutschland verwendet. Dann folgt eine schnelle Abfolge vieler großer Medien, denen das Wortspiel wohl allzu gut gefallen hatte.

Abgesehen von allen kreativen Aspekten gibt es noch ein wichtiges Kriterium für die Überschrift: Sie muss inhaltlich passen! Der Titel verspricht, der Text löst ein. Trifft diese Regel nicht zu, wird der Leser im Regen stehen gelassen, ist er zwangsläufig enttäuscht. Schon aus diesem Grund ist es gefährlich, erst den Titel zu entwerfen und dann den Text anzugehen.

Handelt es sich um einen sehr praxisorientierten Text wie beispielsweise einen Serviceartikel, dann darf die Überschrift etwas nüchterner ausfallen: Schließlich soll der Leser sofort erkennen, welchen Nutzen er aus der Lektüre ziehen kann. Auch sollten ihm keine literarischen Höhenflüge vorgegaukelt werden, wenn der Text des Artikels schlicht formulierte Reisetipps gibt. „Billig fliegen, so geht's" wäre ein eher platter, aber nicht schlechter Titel: Er lässt keine Fragen offen und verspricht einen leicht verständlichen Nutzen.

Der Vorspann

Der Vorspann oder das Intro, im Online-Journalismus auch Teaser genannt, hat eine ähnliche Funktion wie die Überschrift: Er muss Lust auf den Text machen, den Leser einführen, ohne ihm alles zu verraten. Er reißt den Artikel an, macht neugierig. Direkt oder indirekt werden Fragen gestellt, die das Interesse des Lesers aufgreifen, der gerade so viel erfährt, wie er wissen muss, um weiter lesen zu wollen.

Überschrift und Vorspann gehen Hand in Hand: Ist die Überschrift besonders kryptisch, dann muss der Vorspann Klarheit bringen: Worum geht es genau? Besonders im Reiseressort bestehen Überschriften oft aus Wortspielen, an denen der Blick des Lesers hängenbleibt. Gerade weil er sie nicht wirklich versteht. Doch der Charme des Unverständlichen reicht nicht weit: Auf den zweiten Blick muss deutlich werden, worum es im Text geht. Wie sonst könnte der Leser sich zur Lektüre entscheiden? Hin und wieder wird auch durch Gegensätze Spannung erzeugt: Der Titel hinterlässt einen ersten Eindruck, dem der Vorspann wieder gegensteuert.

Inhaltlich darf der Vorspann Fragen aufwerfen, wenn sie später im Text beantwortet werden. Zahlen haben im Vorspann dagegen eher wenig zu suchen, es sei denn, sie sind so spektakulär, dass sie allein schon einen Anreiz zur Lektüre darstellen. Oft ist der Vorspann aber eine schlichte Inhaltsangabe. Je größer und beeindruckender das Aufmacherfoto, so scheint es, desto weniger geben sich viele Autoren Mühe, einen knackigen Anreißer zu finden.

In punkto Länge gilt: Kurz und übersichtlich bleiben! Je nach Magazin variiert der Vorspann von einem bis zu fünf oder sechs Sätzen. Meist zieht sich ein Muster durch das gesamte Heft. Werfen Sie vor dem Schreiben ein Blick auf bereits erschienene Texte und übernehmen Sie Stil und Länge der

Vorspanne. Zu lang darf er schon aus einem simplem Grund nicht werden: Kann ihn der Leser nicht mehr mit einem kurzen Blick erfassen, ist er nicht gewillt, den Vorspann zu Ende zu lesen.

Die meisten Journalisten tun sich mit Vorspann und Überschrift recht schwer. Will Ihnen partout nichts dazu einfallen, helfen diese Fragen:

- Warum lohnt es sich, diesen Text zu lesen?
- Was steht drin?
- Was ist das Besondere daran?

Fällt selbst Ihnen als Verfasser beim besten Willen kein guter Grund ein, warum der Leser sich Ihrem Text widmen sollte, dann sollten Sie ihn noch auf die unschmeichelhafteste Möglichkeit überprüfen: Vielleicht gibt es keinen Grund, ihn zu lesen – weil Sie das Besondere vergessen haben?

Hier einige interessante Beispiele für das Zusammenspiel aus Überschrift und Vorspann.

Die klassische Variante

Überschrift und Intro dieser Destinations-Features gelten als klassisch. Wie in einer kurzen Inhaltsangabe erfährt der Leser, was ihn im Artikel erwartet:

„Albanien – so nah, so unbekannt

> Gerade hat die Nato beschlossen, Albanien neu aufzunehmen. Das geheimnisvolle Balkanland ist aber nicht nur militärisch interessant, sondern auch touristisch – dank weiter Strände, unberührter Landschaft und malerisch verfallener Städte. WELT ONLINE ist schon mal vorausgereist.“ (14.04.2008, Welt Online, von Volker Mehnert)

„Lion & Dragon. Chinatown in Afrika

> In der senegalesischen Hauptstadt Dakar wird immer öfter mit Stäbchen gegessen. Die chinesischen Einwanderer haben in den letzten fünf Jahren ein ganzes Stadtviertel übernommen. Anyway folgte einer ungewöhnlichen Völkerwanderung.“ (Anyway Juli/August 2007. S. 52, von Caitlin Fitzsimmons)

Die nüchterne Variante

Knapp erklären Überschrift und Vorspann, welcher Nutzen dem Leser geboten wird. Sie ist vor allem bei serviceorientierten Texten und konkreten Reisevorschlägen zu finden:

„Wo das Wochenende zum Erlebnis wird: 30 Mal hin und weg

> Singen in Klein-Tokio, radeln bei den Pappenheimern, feiern auf schwäbischen Parkhausdächern, malen im Kloster. Für den ersten Teil unserer Serie „Deutschland neu entdecken“ haben wir die Ausflugstaschen gepackt und uns aufgemacht in die exotische Bundesrepublik. Staunen und reisen Sie mit!“ (Geo Saison 4/2008, S. 29)

„Radfahren im bayrischen Norden: Auf der Bierroute durch die Fränkische Schweiz

> Okay, liebe Freunde jenseits des großen Teichs. Kaugummi, Hula-Hoop-Reifen und das TV-Duell der Präsidentschaftskandidaten stammen von euch. Aber, dass die USA das Land mit den meisten kleinen Brauereien – den so genannten „micro-breweries“ sein soll, fällt unter die Rubrik PR-Gag. Diese Ehre gebührt einzig und allein uns Bayern. Genauer gesagt der Fränkischen Schweiz. Denn im Städtedreieck Bamberg, Nürnberg und Bayreuth konzentrieren sich 71 Brauereien auf einer Fläche von 2000 Quadratmetern. Das ist Weltrekord!“ (Tours 04/2007, S. 32, von Norbert Eisele-Hein)

Spannung erzeugen durch Gegensätze

Der Gegensatz lässt sich am besten durch das folgende Beispiele verdeutlichen:

„Aufbau West

> Der Osten boomt, nun soll es auch der Westen. Die Regierung will die rückständigen Provinzen, immerhin drei Viertel des Landes, in einem beispiellosen Kraftakt erschließen: mit neuen Transportwegen, neuen Industrien, neuen Städten – und neuen Wäldern.“ (Geo Special China August 2003, S. 57, von Janis Vougioukas)

Für den deutschen Leser ist der Titel erst einmal verblüffend: Aufbau – hat das nicht eher mit dem Osten zu tun? Erst später wird klar: Wir sind in China. Und schon ergibt der Titel einen Sinn.

Ähnlich funktioniert diese Kombination:

„Binnenland mit Meerhafen

> Fünfhundert Meter Donauufer besitzt die Republik Moldau. An ihnen hängt die Hoffnung der Wirtschaft.“ (Du-Zeitschrift für Kultur Nr. 777, Die Donau, S. 74, von Martin Heule)

Auch hier lässt der Gegensatz aufhorchen. Der Vorspann erklärt sogleich, wie es sich in Wirklichkeit verhält.

Das Wortspiel

Die Überschrift kommt dem Leser sofort bekannt vor. Sie erinnert an einen bereits bekannten Ausdruck oder Titel:

„Es muss immer Kaviar sein

> Verglichen mit ihrer braungebrannten Klientel scheinen die Köche blass und vergeistigt. So sehen Menschen aus, die in schlaflosen Nächten kreative Beziehungen zwischen marinierten Barbarie-Enten und Blätterteig mit Ingwer stiften.“ (Du-Zeitschrift für Kultur Nr. 768 Mythos St. Moritz, S. 42, von Margit Sprecher)

„Schwer in Ordnung

> Sie sind gefeierte Stars. Doch vor dem Erfolg kommen Dulden und Dienen, Gehorsam und das ewige Hoffen auf Siege. Sumo-Ringer sind Japans Helden. Sie stehen für Traditionen – mit der vollen Wucht ihrer Körper.“ (Merian Japan, Seite 113)

„Jurassic Park in echt

> Als die Seychellen vom Urkontinent Gondwana abbrachen, brach auch die Verbindung zum Rest der Welt ab.“ (Abenteuer und Reisen Spezial „Trauminseln“, S. 54)

„Nur über meine Eiche!

> Wer auf Reisen etwas für den Klimaschutz tun will, kauft eine Waldaktie und pflanzt ein Bäumchen. Burkhard Straßmann war auf Usedom dabei." (Zeit 15.05.2008 Nr. 21)

Die skurrile Überschrift

Seltsame Überschriften sind oft amüsant und wecken Interesse. Ohne die weitergehenden Erläuterungen des Vorspanns bleiben sie für den Leser völlig unverständlich:

„Alter Schwede!

> Der Göta-Kanal feiert seinen 175. Geburtstag. Die Fahrt durch das grüne Land ist so entspannend, dass man nervös werden kann." (Die Zeit, 21.07.2007, Monika Putschögel)

„Die letzten Zeugen

> Sie sind die Letzten ihres Volkes. Die Efe-Pygmäen leben im Verborgenen, tief im Inneren des zentralafrikanischen Regenwalds. Die meisten von ihnen hatten noch nie einen Weißen gesehen – bis es dem Arzt und Fotografen William F. Wheeler gelang, sie aufzuspüren und ihr Vertrauen zu gewinnen. Seine Bilder geben tiefe Einblicke in das Leben eines der letzten Urvölker Afrikas." (Horizonte 02-2004, S. 68, von William F. Wheeler)

„Scharfe Sache

> In den Küchen von Mauritius und Rodrigues herrscht täglich Weltkochtag." (Abenteuer und Reisen Spezial „Trauminseln", S. 52, von Helmut Kuhn)

„Nichts für Flaschen

> Um Bekanntschaft mit der berauschenden Unterwasserwelt des Indischen Ozeans zu schließen, brauchen Sie keine Tauchausrüstung! Es genügen Schnorchel, Maske und Flossen. Wie Sie am besten in die Tiefe kommen? Wir verraten es Ihnen." (Abenteuer und Reisen Spezial „Trauminseln", Seite 78, von Claus-Peter Stoll)

„Ein Land wartet auf seine Zukunft

> Seit 45 Jahren herrscht Fidel Castro auf Kuba. Doch jetzt stellen sich immer mehr Menschen die Frage: Wie sieht das Land in der Zeit nach ihm aus? Welche Gedanken, Hoffnungen und Pläne knüpfen sich an Kubas Zukunft? Eine Reise durch ein Land zwischen Gestern und Morgen." (Horizonte 02-2004, S. 94, von Sylvia Nause)

Checkliste

Checkliste: Die wichtigsten Grundregeln für Überschrift und Vorspann

- Verwenden Sie keine abgedroschenen Phrasen.
- Überprüfen Sie im Internet, ob Ihre Überschrift wirklich noch neu ist.
- Werden im Titel oder Vorspann Fragen gestellt, müssen sie im Text beantwortet werden.
- Achten Sie darauf, dass der Vorspann nicht zu lang wird: Der Leser muss den Inhalt schnell erfassen können.

Zwischenüberschriften

Sie werden nicht in jeder Publikation verwendet. Obwohl einiges für sie spricht: Sie strukturieren den Text und setzen Leseanreize. Neben der Überschrift und den Bildunterschriften helfen auch Zwischenüberschriften dem Leser bei der Entscheidung für die Lektüre. Viele Journalisten entwerfen Zwischenüberschriften nach der Regel, dass sie, zusammen gelesen, einen knappen Überblick über die Geschichte geben müssen.

Wie bei der großen Überschrift schadet ein Hauch Skurrilität den Zwischenüberschriften nicht: So wird der Text „Beijing Doggys" (in Asien 02-2007, S. 88-89, von Stefan Höhle) über die neue Mode der Hundehaltung in China von den Zwischenüberschriften „Pampers unterm Schwanz", „Gekaufte Hundebräute" und „... wo Menschen versagen" unterbrochen. In punkto Übersichtlichkeit weniger stark, dafür aber voller Anreiz, das Rätsel hinter den kryptischen Sätzen zu lösen. Fast ahnt es der Leser schon: Die werden doch dem Hund nicht etwa Windeln ...

Bei Servicetexten sind die Zwischenüberschriften dagegen oft sehr einfach gehalten, damit sich der Leser schnell im Text orientieren kann: Geht es beispielsweise um einen Ländervergleich, dann unterteilen die Ländernamen den Text. Hier geht es nur noch darum, den Leser schnell an die gesuchte Stelle zu führen. Ob und wie viele Zwischenüberschriften hinein gehören, klärt ein Blick in bereits erschienene Texte der Publikation.

Der Haupttext

Der Einstieg

Wer es nicht schafft, seine Leser von der ersten Sekunde an zu fesseln, hat wenig Chancen, gelesen zu werden. Doch wie genau zieht man den Leser in die Geschichte? Unter den zahlreichen Methoden, einen Text zu beginnen, gibt es eine Handvoll bewährter Einstiegsmethoden. Welche die richtige ist, hängt nicht nur vom persönlichen Geschmack ab, sondern auch vom Charakter des gesamten Textes: Wer sich für einen rasanten Beginn entscheidet, muss auch im Rest des Artikels Tempo vorlegen. Hier die wichtigsten Einstiegsarten:

- *Eine These aufstellen*

Wer dem Leser erst einmal eine Behauptung vor die Füße wirft – eine möglichst starke, auf den ersten Blick nicht immer haltbare –, der provoziert. Zum Weiterlesen. Denn der Leser will wissen: Wie kommt der Autor nur darauf?

> „Vermutlich haben die Chinesen die Statistik erfunden, ihre schiere Zahl gibt ihnen immer Recht. Millionen Radfahrer können sich nicht irren." (Merian Chinas Norden, „Peking per Pedal", S. 52, Lorenz Schröter)

So beginnt der Artikel über eine Radtour durch die chinesische Hauptstadt. Die dreiste, sicher nicht ganz ernst gemeinte Behauptung, die Chinesen haben die Statistik erfunden, weckt Interesse. Gekonnt auch der weitere Übergang: „Ich bin auch einer von Ihnen." Und schon radelt der Leser mit, quer durch Peking, inmitten der Menge.

- *Das Rätsel*

Der rätselhafte Einstieg lockt den Leser mit Spannung: Wie mag es weiter gehen?

> „Beinahe hätten die Chinesen die ältesten Relikte ihrer uralten Sprache aufgegessen. An einem Sommertag des Jahres 1899 kaufte der Schriftsteller und Forscher Liu E für seinen Freund Yang Yirong in der Apotheke „Drachenknochen", ein seit dem Jahr 500 gebräuchliches Mittel gegen Malaria. Liu E schaute beim Zermahlen der Knochen zu – und entdeckte plötzlich Inschriften darauf, die wie chinesische Zeichen aussahen." (P.M. Perspektive Nr. 37 Geheimnisvolles China, „1,2 Milliarden können Chinesisch – kann diese Sprache so schwer sein?", vom Thomas Gonschior)

Dem Autor dieser Zeilen gelingt es ganz vorzüglich, Neugier zu wecken: Kann man Relikte essen? Aus Versehen? Wichtig ist bei dieser Art des Einstiegs: Es muss eine gute Geschichte folgen. Wird der Leser nach dem spannenden Beginn mit Banalitäten abgespeist, dann fühlt sich der Leser betrogen.

Eine vergleichbare, aber entschärfte Variante wäre beispielsweise der Beginn eines Textes über eine Europareise per Nachtzug:

> „Meine Reise durch Europa ist eine Zugfahrt auf dem eisernen Gleis der Erkenntnis. Dazu muss ich sagen, dass ich gern das Schöne an den Dingen sehe – selbst dann, wenn es anders kommt als erwartet. Nun bin ich also für eine Woche im Nachtzug unterwegs." (Geo Saison, 10/2007, „Nachtzug: Völlig abgefahren", von Bjørn Erik Sass)

Wie der Einstieg schon andeutet, kommt alles anders als erwartet. Und weil der Leser dies ahnt, aber nach den ersten Zeilen noch nicht genau weiß, was denn nun anders ist, wird er weiterlesen.

- *Das Bild*

Wäre der Text ein Film, dann entspräche dieser Anfang einem Standbild: Ausführlich und in aller Ruhe kann sich der Leser an den Start begeben, die Atmosphäre kosten, sich darin niederlassen. Erst dann führt der Schreiber weiter durch den Text.

„Die dunklen Tische. Die abgewetzten Thonetstühle. Die durchgesessenen, schäbig wirkenden Bänke. Alles wie eh und je. Die Wände mit Veranstaltungsplakaten beklebt, die Stuckdecke rauchgebeizt. Als würde es immer so bleiben. Da ist das Aroma von Mokka und abgestandener Luft, wenn man durch die Schwingtüre kommt. Vorne die vergilbten Spitzengardinen, hinten röchelt und keucht die Kaffeemaschine, dazwischen das gekrümmte Ofenrohr. Und über allem Zigarettenqualm und Melancholie." (ADAC Reisemagazin Wien, „Melange & Co", von Gerhard Waldherr)

So steigt der Autor in einen Artikel über die Wiener Kaffeehaus-Szene ein. Dass er gerade diese gemächliche Art des Einstiegs wählt, scheint kein Zufall: Mit dem Kaffeehaus verbindet der Leser Gemütlichkeit und Ruhe. Schon allein deshalb wird er den langsamen Beginn als passend empfinden.

- *Die Überraschung*

Eine oder zwei Zeilen wähnt sich der Leser in Sicherheit. Er liest und glaubt zu wissen, worum es geht. Dann folgen Überraschung und Neuorientierung. So zum Beispiel in einem Artikel über den freiwilligen Urlaubsarbeitseinsatz in einer australischen Forschungseinrichtung:

„Olivia schläft. Und schläft. Und schläft. Um drei Uhr nachts frisst sie zwei Blätter. Um halb vier kratzt sie sich. Dann rollt sie ihren Körper wieder zu einem Fellbündel. Seit Mitternacht beobachten wir das Koalaweibchen, das in zehn Meter Höhe in der Krone eines Eukalyptusbaumes hockt, den Kopf gegen einen Ast gelehnt, die Augen geschlossen. Alle fünf Minuten leuchten wir es mit einer Rotlichtlampe an und notieren, was es tut. Das ist recht einfach, knapp 100-mal kreuzen wir an: Olivia schläft." (Geo Saison, 01-2008, „Australien: Einsatz für eine bessere Welt", von Juliane von Mittelstaedt)

- *Der schnelle, szenische Einstieg*

Blitzschnell wird der Leser vom Sessel gerissen und direkt in die Ferne katapultiert. Besonders für die Reportage ist der szenische Einstieg quasi ein Muss. Doch auch Features und andere Genres bedienen sich dieser Methode besonders gerne. Wie in diesem Text über Hong Kongs grüne Lunge Saikung:

„Es keucht im Gebüsch, schnauft und hustet: Dann trabt eine schweißüberströmte Gruppe Jogger vorbei. Ein kerniges ‚Jou San‘ zum Morgengruß, dann herrscht wieder Stille. Leises Vogelzwitschern.“ (in Asien 02-2007, S. 22)

Oder der Fahrt über kambodschanische Landstraßen:

„Straße wäre eine bodenlose Übertreibung. Bodenlos trifft es schon eher. Der Highway ‚No. 1‘ von Phnom Penh nach Vietnam ist streckenweise nicht mehr da, vom Mekong einfach weggespült. Oft stecken wir fest zwischen meterhoch in den Boden gefrästen Schlammfurchen. Unentwirrbar verkeilt mit Ochsenkarren und russischen Tanklastern, unter Schweinen und Hühnern begrabenen Mofas. … Die Kambodschanerin hinter mir kotzt in meine Ikeatüte.“ (Abenteuer und Reisen 11-2001 „Ohne Fleiß kein Reis“, S. 36, von Martina Miethig)

Damit der szenische Einstieg gelingt, muss er mehr als einen Sinn bedienen: Riechen, fühlen, hören oder schmecken gehören genauso dazu wie die optische Wahrnehmung.

- *Der sachliche Einstieg*

Unterstellt man dem Leser ausreichend Interesse, geht es im Text vor allem um Hintergründe und Fakten, dann darf es auch einmal ein nüchterner Einstieg sein. Wie in „Wunderwelten fürs Auge“, einem Text über die japanischen Anime-Filme:

„Bildergeschichten haben in Japan eine lange Tradition. Schon im sechsten Jahrhundert zeichneten buddhistische Mönche satirische Bildgeschichten, erst auf Papierrollen, später auch als Holzschnitte. Der Schritt zum modernen Comic ist da nur ein kleiner.“ (in Asien 04-2006, S. 38–41, von Bernd Zywietz)

Wenig verwunderlich, ist auch der Rest des Textes eher sachlich gehalten.

- *Die Frage*

Wer sich für die Frage als Einstieg entscheidet, kann sich zumindest eines Vorteils sicher sein: Er holt den Leser dort ab, wo er sich befindet. In der Unkenntnis. Mit etwas Glück horcht der Leser auf: „Das wollte ich schon immer mal wissen …“

> „Mir wölle bleiwe, wat mir sin“ sagt der Luxemburger. Was er nicht sein will, verrät er auch: weder Franzose noch Belgier, geschweige denn „Preise“, wie die Deutschen hier noch genannt werden. Was dann?“ (Merian Luxemburg, „Das Land der Schlichter und Banker“, S.14–15, Marcus Stölb)

So fragt der Autor eines Textes über die Identität der Luxemburger. Und gibt später im Text natürlich eine angemessene Antwort.

Noch direkter ist der folgende Einstieg eines Artikels über die multikulturelle Gesellschaft in Malaysia:

> „Ist Malaysia mit seinem Völkergemisch wirklich so offen und tolerant, wie es sich gerne präsentiert?“ (in Asien 04-2007, S. 54, „Malaysia, Apartheid oder Assimilation?“, von Christine Liew)

Auch in diesem Fall gilt: Der Leser will im Text eine konkrete Antwort auf die Frage finden!

- *Das Zitat*

Das Originalzitat gilt als besonders authentisch und wird daher gerne für den Einstieg verwendet. Doch Vorsicht! Geraten die Zitate zu lang, steigt der Leser aus. Noch kennt er den Sprecher nicht, weiß nichts über den Hintergrund und kann sich ergo noch nicht für seine Aussage erwärmen. Es müssen daher besonders kraftvolle oder bemerkenswerte Worte sein, die das Interesse des Lesers sofort wecken. Allerweltszitate wie „No problem“, „Willkommen!“ (auch in allen lokalen Ausprägungen wie „Ayubowan!“ oder „Mabuhay!“) sind kein guter Einstieg, da wenig aussagekräftig. Wäre es ein „Scher Dich zum Teufel“, läge der Fall anders: Das sind harte Worte, die den Leser wachrütteln.

Besser noch, der Autor nimmt sich eine inhaltliche Aussage vor:

> „Ein Tag, an dem wir zwei Scherben finden, die zusammenpassen, ist ein guter Tag.“ (Merian Chinas Norden, „Aufmarsch für die Ewigkeit“, S. 72, von Hans-Wilm Schütte)

Mit diesen Worten beginnt der Text über die Ausgrabungen der chinesische Tonarmee von Xi’an. Noch weiß der Leser nicht, worum es sich handelt. Wohl aber, dass dies kein lustiger Job sein kann. Mit einer scheinbar skurrilen Aussage zu beginnen, sichert die Aufmerksamkeit des Lesers zumindest über die nächsten drei oder vier Sätze hinweg.

Vorsicht jedoch bei allzu kryptischen Sätzen: Versteht der Leser überhaupt nichts mehr, kann sich keine Spannung aufbauen. Die Konsequenz: Er legt den Text beiseite oder blättert weiter. Vor allem Zitate aus mythischen Texten oder alten Büchern mit gestelzter, unverständlicher Sprache fallen unter diese Kategorie, genauso wie Schöpfungsmythen mit unaussprechlichen und daher nicht merkfähigen Namen.

- *Gegensätzliche Bilder malen*

Kurz aufeinander folgende Gegensätze rütteln den Leser wach. Besonders Texte zu schwer erfassbaren Destinationen profitieren von dieser Methode, betonen sie doch gleich von Anfang an die Zwiespältigkeit, die Spannweite der Erfahrungen. Kein Wunder, dass die meisten Beispiele für diese Art des Einstiegs aus Texten zu Japan und anderen fernen Destinationen stammen:

> „Wie nett, dachte ich und staunte: Mitten in Tokio pfeift ein Vögelchen. Es war aber nur das Signal einer Ampel, die auf Grün geschaltet hatte." (Merian Japan, „Comic-Kosmos", Seite 94, von Ruedi Leuthold)

Ähnlich polarisierte Erfahrungen macht der niederländische Schriftsteller Cees Noteboom zu Beginn seiner Pilgerreise in ein buddhistisches Kloster:

> „Irdischer geht es nicht: Auf dem Weg zum Himmlischen habe ich mich im Kinki Area Rail System verfangen, einer gedruckten Doppelseite mit einem Netz unabhängiger Eisenbahnlinien rund um Osaka und Kyoto, das aussieht, als sei es von einer volltrunkenen Spinne gewebt worden, die ihre Arbeit zudem nichtmal beendet hat …" (Merian Heft Japan 54, „Reise in die Stille", Seite 71)

Der Textkörper

Während der erste Absatz des Haupttextes dem Leser noch zum Einstieg verhelfen soll, geht es im Textkörper – also der langen Passage zwischen Einstieg und Ende – zur Sache. Und dies am besten mit Struktur: Gleich zu Anfang sollten Sie sich die Frage stellen „Was ist die Kernaussage des Textes?". Die Antwort darauf kann ganz banal sein: „Die Insel Ko Samui ist ein schönes Urlaubsziel", „Die österreichischen Alpen sind spannender als man denkt" oder „Tauchen ist gar nicht so schwer". Diese Grundbotschaft muss keine philosophisch überfrachtete Botschaft sein, sie wird in dieser Form nie explizit im Text erscheinen. Als mentale Vorbereitung fürs Schreiben jedoch ist dies eine gute Übung – gerade für Anfänger. Wer sich hierbei schwer tut, sollte einem Freund in wenigen Sätzen versuchen zu erzählen, worum es im anvisierten Artikel geht. Ganz nebenbei könnten Sie sich diese Sätze auch noch für das spätere Verkaufsgespräch notieren ...

Danach geht es an die Struktur: Keine noch so spannende Reise lässt sich in ihrer Gänze als journalistischer Artikel verwerten. Sammeln Sie also Szenen, Erlebnisse und Fakten, die im Text unbedingt auftauchen sollen, die ihre Botschaft illustrieren. Falls Sie sich an diesem Punkt schwer tun: Müssten Sie die Geschichte in fünf Bildern darstellen, welche Szenen würden Sie malen? Genau diese sollten Sie beschreiben.

Schon während Sie die wichtigsten Punkte zusammenstellen, sollten Sie über das passende Genre nachdenken. Eine klare Grundregel, wann welches passt und wann nicht, gibt es nicht. Viele Themen lassen sich genauso gut zur rasenden Reportage wie zum gründlichen Hintergrundartikel verwerten. Viele Gemeinsamkeiten dürften die beiden Texte dann allerdings nicht haben. Außer natürlich dem einen, allerwichtigsten Punkt: Sie sollen im Kopf des Lesers einen Film erzeugen, ihn mental mitreisen lassen.

Klassisch ist es, mit Rahmenhandlung zu arbeiten: Der Leser steigt szenisch ein, wird anhand des Erzählfadens durch die Geschichte geführt und nach und nach mit Unbekanntem gefüttert, quasi nebenbei. Kleine historische Exkurse oder statistische Daten zum Beispiel, die die gefühlte Szene untermauern. Geht es im Rahmentext beispielsweise um Slumbewohner oder den harten Alltag der Bauern, ist es für den Leser interessant, die passenden Zahlen zu erfahren. Was verdient so ein Mensch? Wie alt werden sie im Durchschnitt?

Der Text darf daher keine logischen Lücken aufweisen, egal für welches Genre Sie sich entscheiden: Nie soll der Leser stutzen, ohne dass seine Verwunderung später aufgelöst würde. Tauchen im Text Fragen auf, müssen sie auch beantwortet werden. Gleiches gilt für Menschen: Wer immer den Text betritt oder verlässt, er muss kurz vorgestellt werden, so dass sich der Leser ein Bild machen kann.

Alles Weitere ist Inspiration, Kunst – und Handwerk! Natürlich gibt es die eine oder andere Methode, den Text interessant zu machen. Hier die zehn wichtigsten.

1. Mit Nähe und Ferne spielen

Sie haben unterwegs so viel gesehen, so viel erlebt. Wie soll das alles nur in einen einzigen Artikel passen? Gar nicht! Schreiben ist die Kunst, den passenden Ausschnitt zu wählen – und die richtige Fokussierung: Wie nah ran will ich gehen? Wie bei einem Fernglas gilt es die richtige Entfernung einzustellen, die es dem Leser ermöglicht, so viel Weite zu erfassen, dass er den Kontext erkennen und verstehen, aber auch soviel Nähe, dass er teilhaben und die Details erkennen kann. Oder Sie drehen kräftig am Rädchen und holen das Geschehen ganz nah ran, blicken wenig später von oben herunter, wechseln zwischen den verschiedenen Distanzstufen. Wie schon bei der Themenfindung, sind dem Nähe-Distanz-Spiel wenig Grenzen gesetzt.

Entscheiden Sie sich für die Makroaufnahme einer Ferienanlage in Sri Lanka, könnte einer der Angestellten im Mittelpunkt stehen: Wie und wo wohnt der freundliche Kellner? Und wie verbringt er seine Freizeit? In der Kleinteiligkeit der Nahaufnahme liegt die Chance, am Beispiel des Kleinen auch das Große nachvollziehbar zu machen. Emotional mitreißender ist sie allemal: Wer die Probleme des heutigen Ruanda zeigen will, kann mit Armutsstatistiken arbeiten – oder eben mit dem Portrait einer Bäuerin, und an ihrem Schicksal die aktuelle Situation verdeutlichen.

2. Neue Betrachtungsweisen finden

Wenn der Schreiber bei der Fokussierung am Rädchen des Fernglases spielt und das Zentrum mal näher heranholt, mal wieder in die Ferne rückt, dann dreht er das Fernglas bei der veränderten Betrachtungsweise einfach um: Wie deutsche Touristen China sehen, lässt sich vielfach nachlesen. Doch wie sieht es andersherum aus? Wie reisen Chinesen in Deutschland, und wie sehen sie unser Land? Vielleicht lassen sich auch beide Seiten miteinander verbinden?

Eine Gruppenreise durch Amerika lässt sich aus Sicht der Gruppe beschreiben. Oder aus der Perspektive des Reiseleiters, der bis spät in die Nacht zur Verfügung stehen muss und oft ungewollt tiefe Einblicke in die Seelen seiner Mitreisenden bekommt.

Das Prinzip ist im Grunde einfach: Widmen Sie sich explizit nicht dem Aspekt, den schon alle anderen Journalisten zur Genüge behandelt haben. Wenn sich alle für einen Berggipfel interessieren, schauen Sie sich im Tal um – oder blicken auf den Nachbarberg, den alle übersehen.

3. O-Töne und echte Dialoge verwenden

Authentizität entsteht vor allem, wenn Menschen vor Ort mit Originalzitaten zu Wort kommen. Wenn sie etwas zu sagen haben, wohlgemerkt. Platte Floskeln oder gar einfache Grußformeln wie „Hello" oder „Good Morning" braucht der Leser nicht als Dialog, die stellt er sich ohnehin vor.

Dialoge müssen knackig und kurz sein. Das Gesagte muss den Sprecher knapp charakterisieren, mit wenigen Worten einen ganzen Menschen umreißen. Wichtig ist, dass er in diesem Zusammenhang kurz vorgestellt wird. Nur wenn sich der Leser den Sprecher vorstellen kann, bekommt das Zitat eine Bedeutung.

Neben der erwünschten Authentizität ermöglichen O-Töne dem Autor auch, Unflätiges, Provozierendes oder sonstwie gegen die guten Sitten Verstoßendes einzubinden: Er dokumentiert schließlich, unabhängig von den eigenen Höflichkeitsvorstellungen.

4. Starke Bilder malen

Mit wenigen Worten eindeutige Bilder zu malen ist eine Kunst, die nur wenige Schreiber beherrschen:

> „An der Haltestelle Sihui East geht es zur gleichen Zeit weniger geordnet zu. Hier beginnt die U-Bahn-Linie 1, nur mit Mühe können die Helferinnen den Pulk zurückhalten, der sich in die alle zweieinhalb Minuten einfahrenden Züge drängelt. Als würden sie ‚Reise nach Jerusalem' auf Leben und Tod spielen, stürzen sich die Fahrgäste auf die leeren Sitzplätze. Schließlich ist der Waggon voll, die Uniformierte hält die nächsten Fahrgäste auf, die auch brav stehen bleiben. Gegen die Neuankömmlinge, die vorne an der Gruppe vorbei in die Bahn springen, ist sie jedoch machtlos. Passagier-Tetris auf Chinesisch: Einer geht immer noch rein." (Spiegel Online 11.04.2008, „Manieren für Millionen", von Stephan Orth)

so heißt es in einem Artikel über die Passagiere der Pekinger U-Bahn-Linie 1. Das kräftige Bild lässt keine Zweifel offen, löst sofort Kopf-Kino aus.

Genauso bildhaft arbeitet P.J. O'Rourke in „Wild Karma" (The Best American Travel Writing 2000, S. 148):

> „Wir verließen Pakistan auf ganz normale Dritt-Welt-Art. Ein Grenzbeamter erklärte uns das gesamte System des pakistanischen Zollwesens und der Passkontrolle, indem er seinen Daumen gegen den Zeigefinger rieb. ‚Fünfzig Dollar', sagte ich. Ich öffnete mein Portemonnaie, und gab dummerweise zwei Fünfzig-Dollar-Scheine preis. ‚Hundert Dollar', sagte er."

Anstelle von langatmigen Erläuterungen über Korruption, Politik und Zollfragen steht hier ein starkes Bild, das alles dies beschreibt, ohne dass auch nur ein Hauch von Theorie vonnöten wäre.

Kleine Detail-Beobachtungen sind oft viel hilfreicher als große Hintergründe. Nestelt der Interviewpartner nervös am Taschentuch, streicht sich eine Bekanntschaft kokett die Haare hinters Ohr, folgen neugierige Kinder dem Fremden kichernd durch das halbe Dorf, dann sprechen diese kleinen „Bild-Details" oft mehr als alle Erläuterungen über kulturelle Hintergründe. Nicht die Schlussfolgerung gehört in den Text, sondern die ursprüngliche Sinneswahrnehmung, auf der sie basiert. Wer schreibt, „das Stadtviertel hatte schon bessere Tage gesehen", nimmt dem Leser das Bild. Beschreiben Sie lieber das Autowrack am Straßenrand, den abblätternden Putz alter Jugendstilgebäude, den Müll in der Gosse.

5. Überraschende Fakten und Hintergründe finden

Wer eine neue Destination vorstellt, den Leser mitnimmt in eine fremde Stadt oder Kultur (meist sogar beides), tut gut daran, mehr als nur eine Reisebeschreibung abzuliefern. Geschichtliche Hintergründe, unerwartete Fakten oder einfach nur ein Abriss der Eckdaten helfen dem Leser, sich das Reiseziel vorstellen. Wie viele Menschen wohnen hier? Und seit wann? Wichtig ist in dieser Hinsicht: Servieren Sie dem Leser einige grundlegende Fakten und gehen Sie dann unbedingt zu spannenden, neuen Tatsachen über. Findet der Leser im Text nur bereits Bekanntes, wird ihn die Lektüre kaum zufrieden stellen. Auch hier gilt daher: Schauen Sie sich die Zielgruppe an und richten Sie den Informationsgehalt an ihr aus.

Doch was, wenn keine Fakten vorhanden sind? Wenn das kleine andalusische Dorf auch nach stundenlangem Googeln nirgendwo zu finden ist und Fachleute mit dem Kopf schütteln? Dann bleibt nur noch die ehrliche Frage: Weiß ich genug, um einen Artikel daraus zu machen – oder ist es schneller und weniger schmerzvoll, sich gleich einem anderen Thema zu widmen? Ein möglicher Ausweg aus diesem Dilemma wäre, den Leser an der Suche zu beteiligen, ihn zum Komplizen zu machen: Gemeinsam auf der Suche nach dem Goldenen Gral kann durchaus noch ein spannender und amüsanter Text daraus werden.

6. Die Idylle aufbrechen

Der Reisejournalist mag die Idylle. Der Leser auch. Präsentiert man sie ihm jedoch ohne Brüche, wird sie schnell langweilig. Bilder von weißen Sandstränden, Palmen und blauem Meer, dazu ein paar lächelnde Kinder, die Kokosnüsse anbieten, hinterlassen einen seltsam unbefriedigten Leser. Und nun? Passiert da nichts? Da bietet man ihm das Paradies, und er will es nicht. Es sei denn, es muss gerettet werden, birgt schwarze Geheimnisse oder wartet um die Ecke mit etwas ganz und gar Unüblichen auf. Einem Bruch eben, etwas, was das paradiesische Bild in die Schieflage rückt. Wohl auch deshalb ist der perfekte Urlaub kein Thema für den nächsten Reisetext. Ohne besondere Ereignisse lässt er sich bestenfalls in einen Serviceartikel verwandeln, der es dem Leser ermöglicht, in dieselbe Idylle einzutauchen. Der Idylle-Check ist einfach: Wenn der Unterschied zwischen Artikel und Werbung nur noch am Layout zu erkennen ist, dann hat der Autor etwas falsch gemacht.

7. Texttempo kontrollieren

In der Regel haben Reisetexte eine eigene, variable Geschwindigkeit: Es gibt Texte, die plätschern gemütlich wie ein kleiner Bach durch die Gegend, lassen Zeit zum durchatmen, entspannen den Leser. Andere wiederum packen ihn, reißen ihn mit einem resoluten Handgriff auf den Rücksitz eines kambodschanischen Motorradtaxis und lassen ihm den warmen Fahrtwind um die Nase wehen. Doch auch die rasanten Texte brauchen hin und wieder eine Verschnaufpause. Lesen Sie einen Ihrer Lieblingstexte und achten Sie auf die Verwendung von Zeit: Manche Minuten werden ausführlich beschrieben, ganze Stunden ausgelassen, und Jahre in wenigen Sätzen abgehandelt. Weil in ihnen nichts passiert ist. Ein Text, der für den Handtaschenraub vor dem Bahnhof genauso wenig Worte braucht wie für die langweilige Polizeiprozedur hinterher, kann keinen Leser bis zum Ende fesseln, es sei denn, er ist mit dem Autor verwandt oder verheiratet.

Die undifferenzierte Verwendung von Zeit ist einer der wichtigsten Anfängerfehler: Als gäbe es eine Quote von 10 oder 15 Wörtern für jede in Echtzeit vergangene Stunde, werden lange Zugfahrten beschrieben, in denen nichts passiert, ja nicht einmal das Nichtstun spektakulär ist, während wirklich interessante Stellen nur im Vorbeifahren gestreift werden. Zeit ist relativ, und genauso wird sie in einem guten Text dargestellt.

8. Amüsant schreiben

Es gibt nichts Besseres als Humor, um den Leser zu halten. Und nichts Schlimmeres, wenn es nicht klappt. Ganz ehrlich: Gibt es etwas Peinlicheres als einen witzigen Text, der nicht witzig ist, als verpasste Pointen und ausgeleierte Anspielungen?

Wer amüsant schreiben will, greift meist zu Ironie und Übertreibung. Eine allgemeingültige Art, den Leser zum Lächeln zu bringen, gibt es nicht, genauso wenig wie eine Lagebeschreibung des schmalen Grats zwischen Schenkelklopfer und feinsinnigem Humor. Trotzdem scheint es so etwas wie einen Konsens zu geben. Erfolgreiche Reiseautoren wie Bill Bryson oder Paul Theroux schreiben mit einer guten Portion Humor. Ihnen gemein ist: Sie nehmen sich selbst nicht allzu ernst. Lange bevor über andere gelacht wird, nehmen sich die Autoren selbst aufs Korn. Sind sie nicht selbst Ziel des Spotts, dann werden meist Klischees aufs Korn genommen: Tauchen einzelne Menschen im Fokus ihrer spöttischen Beschreibungen auf, dann nicht aufgrund ihrer selbst willen, sondern weil sie exemplarisch für eine bestimmte Gruppe stehen, ein Stereotyp. Übertreibungen sind so deutlich überzeichnet, dass sie (fast) jeder Leser versteht. Stilistisch also alles kein leichtes Spiel. Wer sichergehen will, hat nur eine Wahl: Vorlesen und an Unbeteiligten testen. Schauen Sie, ob es Ihnen gelingt, ein echtes Lächeln zu ernten. Und verzichten Sie unbedingt auf alte Sprüche, Witze aus der Jugend und andere abgekupferte Pointen.

Gelingt es Ihnen jedoch, wirklich amüsante Texte zu schreiben, dann dürfte es kaum mehr schwierig sein, sie auch gedruckt zu sehen. Will sich der lustige Artikel so ganz und gar nicht verkaufen, dann vielleicht weil er eines nicht ist: amüsant eben.

9. Auf Belehrungen verzichten

Reisejournalismus ist in vielen Fällen eine höchst politische Angelegenheit: Wer sich außerhalb der ersten Welt bewegt, begegnet Armut, Aggression, Diktaturen, religiösen Fanatikern und korrupten Beamten. Wie viel er davon seinem Leser zumuten möchte, bleibt dem Schreiber überlassen. Sicher ist jedoch: Die dazu passende politische Haltung sollte er ihm nicht aufdrängen. Wer mit dem erhobenen Zeigefinger herumfuchtelt, dem fehlt ein ganzer Finger zum Schreiben.

Der Leser will informiert werden, mit dem Autor über die Grenzen schauen, den Alltag der Menschen vor Ort miterleben und am besten noch die geschichtlichen und kulturellen Grunddaten erfahren. Bewerten möchte er sie jedoch selbst. De facto lässt sich der Leser natürlich per Informationsselektion zum einen oder anderen Schluss drängen. Nur allzu offensichtlich darf dies nicht geschehen. Lediglich Essay und Glosse können von dieser Regel abweichen. Weil sie gewollt polarisieren und ganz bewusst das Risiko eingehen, manch einen Leser zu verprellen.

10. Keine Vorurteile oder Stereotypen bedienen

Welche Begriffe fallen Ihnen spontan bei „Südamerika" ein? Cocablätter, Indios, handgewebte Ponchos und Lamas? Tauchen sie in Ihrem Text unreflektiert auf oder machen Sie sich die Mühe, die Klischees zu überprüfen, vielleicht geradezurücken? Vielleicht ist es Ihnen gelungen, einen Text zu schreiben, der ohne die typischen Szene-Accessoires einer südamerikanischen Inszenierung auskommt. Das wäre ein Grund zu gratulieren, denn Klischees und Stereotype sind im Reisejournalismus weit verbreitet.

Ganz ohne sie kommt auch der beste Schreiber nicht aus: Zum einen weil ihnen oft, wenn auch auf verquere Weise, eine Realität zugrunde liegt. Zum anderen, weil der Leser gerne an seinen Vorstellungen festhält. Der Leitsatz „den Leser da abholen, wo er steht" bedeutet in diesem Fall, dass man ihn oft mit Bekanntem locken muss. Erst wenn der Schreiber die Bilder im Kopf des Lesers aufgreift, kann er sie verändern. Dies darf durchaus auch ironisch geschehen.

So beginnt ein Artikel über den schwedischen Göta-Kanal der ZEIT mit den Worten:

„Das Schiff schwimmt durchs Klischee. Schäfchen zur Linken, munter bähend, Baumgruppen wie arrangiert zur Rechten. Am sauber gewaschenen Himmel hängen gutmütig dicke weiße Wolken, olivgrün und unendlich träge ruht das Wasser, das man das blaue Band nennt.“ (Die Zeit Nr. 26, S. 59, „Alter Schwede“, von Monika Putschögl)

Den Leser allein für Stereotype verantwortlich zu machen, hieße, eine wichtige Tatsache zu verkennen: Gerade bei längeren Reisen ist ein Kulturschock kaum zu vermeiden. Auf Seiten des Reisejournalisten, versteht sich. Auch erfahrene Globetrotter brauchen Zeit, sich an die neue Umgebung zu gewöhnen. Nach einer euphorischen Phase – alles so schön anders hier! – folgt eine Zeit der Ablehnung. Das Fremde ist nun bedrohlich, negativ. Je nachdem in welcher Phase ein Artikel entsteht, von welchen Eindrücken man sich leiten lässt, kann daraus eine Traumreise oder eine Horrorgeschichte werden. Wahr sind beide Varianten, der Effekt beim Leser jedoch höchst unterschiedlich. Einen goldenen Weg aus diesem Dilemma gibt es nicht. Doch schon das Wissen um die Kulturschock-Problematik kann helfen, das rechte Maß zu finden, wenn es um die Beschreibung fremder Länder und Gesellschaften geht.

Gleiches gilt für stereotype Vorstellungen. Frei davon ist niemand, auch der erfahrene Reisende nicht. Jeder sieht die Welt durch die Brille der eigenen Vorstellungen und Erfahrungen: Den typischen Inder erkennt der westliche Reisende auf den ersten Blick – schließlich trägt er einen Turban und hat (selbstverständlich!) schwarze Haare. Ob er freilich wirklich typisch für das Land ist oder eben nur typisch für die Vorstellung des Westlers, sei dahingestellt. Unter anderem ist der Turban unter den Sikhs verbreitet, also einer Religionsgemeinschaft mit Lebensvorstellungen, die sich erheblich von der Masse der hinduistischen oder moslemischen Inder unterscheiden. Zu den schwarzhaarigen Indern sei nur soviel angemerkt: Auch blonde Haare und blaue Augen gibt es in Indien. Nur dass wir diese vermeintlich europäischen Menschen einfach nicht mehr als Einheimische identifizieren. Genauso wenig wie die chinesisch anmutenden Bewohner des Nordostens.

Auch in Europa sitzen wir gerne derartigen Täuschungen auf: Roma und Sinti erkennt der gemeine Mitteleuropäer meist nur als solche, wenn sie in Kleidung und Verhalten dem gängigen Stereotyp entsprechen. Anderenfalls sind sie nicht mehr optisch auf den ersten Blick zu erkennen, können also auch nicht unsere Vorstellung vom typischen Roma beeinflussen.

Durch diesen Kreisschluss werden Teile einer Volksgruppe schnell zum vermeintlichen Prototyp.

Stereotype müssen übrigens nicht immer negativer Natur sein: Wer mit dem Bild vom „Guten Eingeborenen" in die Welt reist, macht sich nicht nur zum leichten Opfer aller Taschendiebe und Nepper, sondern verwehrt sich ebenfalls einen Teil des möglichen Wahrnehmungsspektrums. Der Kulturschock räumt freilich schnell damit auf und verwandelt die durchweg sympathischen Menschen am Reiseziel über Nacht in üble Halunken. Doch auch dies nur temporär. Irgendwann scheint dieser Kampf ausgestanden. Bis zur nächsten Reise, zur nächsten Konfrontation.

Das richtige Ende finden

Es gibt viele Arten, einen Text zu beenden. Seltsamerweise werden sie in der journalistischen Literatur kaum kategorisiert. Zugegeben: Man braucht den letzten Absatz nicht mehr, um den Leser zu locken, schließlich hat er offensichtlich bis zum Ende des Textes durchgehalten. Doch auch der Schluss ist wichtig für die Zufriedenheit des „Konsumenten": Er liefert das rundum abgeschlossene Erlebnis, das Titel und Vorspann versprechen. Bei aller künstlerischen Freiheit darf der Leser nicht in der Luft hängen bleiben. Wer ihn mit viel Getöse in ein Abenteuer lockt, spektakuläre Ereignisse durchleben lässt oder einfach nur mitnimmt in die Ferne, muss ihn auch absetzen, zurückbringen in die Realität. Oder zumindest die Episode beenden. Einige klassische Methoden haben sich zu diesem Zwecke durchgesetzt. Hier die wichtigsten:

- *Der Kreisschluss*

Im Laufe des Textes folgt der Leser quasi einem Rundweg und kehrt zum Ausgangspunkt zurück. Dies kann räumlich geschehen, während eines mentalen Rundgangs, oder aber im übertragenen Sinne. In diesem Fall wird das Anfangsthema wieder aufgegriffen, wie beispielsweise in „Zu Besuch bei den Bravehearts". Hier beginnt der Text über Schottland mit einer Badeszene im kühlen Frühlingswetter:

> „Vier pubertierende Jungs hatten sich die Klamotten vom Leib gerissen und standen in Badehosen am Ende des Holzstegs, der hinaus auf den See führte, den Loch Lomond. Glatt wie Öl lag er da."

Das Ende des Textes führt zurück zum See, wenn auch unter geänderter Geisteshaltung:

> „Anschließend schoben wir Annes gälische Lieder in den CD-Player unseres Autos und kurvten stundenlang über die Hügel und durch die Dörfer. Sahen aus der Ferne Bauern beim Torfstechen zu. Atmeten torfig duftende Luft. Standen in der Dämmerung, in diesigem Licht, auf baumlosen Kuppen, euphorisiert vom Blick auf den Nebelkokon, in dem Skye allmählich unsichtbar wurde, als wollte die Natur diese Insel beschützen, indem sie sie versteckte. Hätte sich in der Nähe ein eiskalter See aufgetan, ich schwöre, wir wären hineingesprungen.“ (Air 08/2007, S. 16–32, Frank Lorentz)

• *Die Strukturwiederholung*

Ähnlich wie beim Kreisschluss, zeigt der Autor durch die Wiederholung des Anfangsmotivs in abgeänderter Form, dass ein Abschnitt beendet ist und ein neuer beginnt. Am besten lässt sich dies am Beispiel demonstrieren, wie im Text „Outback ultimativ“. Er beginnt mit den Worten:

> „Andrew ist einer, der für alles die optimale Begleitmusik braucht. Und jetzt steht ihm der Sinn nach etwas Getragenem: Er legt eine CD des Cellisten Yo-Yo Ma ein. Meint, Bachs unbegleitete Cello-Suiten seien die perfekte Musik, um die Stimmung einer Landschaft einzufangen, die der Forscher John Edward Eyre ‚eine endlose, düstere Ödnis‘ nannte.“

Das Ende des Reiseabschnitts und des Textes zugleich sieht dann so aus:

> „In Marree treffen sich Oodnadatta Track und Birdsville Track – unsere Tour aber führt uns südlich des Orts auf das verwitterte Wüstengebirge der Flinders Ranges zu. Andrew schiebt eine neue CD in den Spieler: Ry Cooders spröder Gitarrensound zu ‚Paris–Texas‘ tönt aus den Lautsprechern.“ (Abenteuer und Reisen, 12/2007, S. 84–88, von Don Fuchs)

• *Der Ausblick*

Die Geschichte ist zu Ende, doch wie mag es weitergehen? Was wird wohl aus der Hauptfigur der Reportage? Wie wird sich die beschriebene Situation weiterentwickeln? Im Ausblick gibt der Schreiber dem Leser einige mögliche Szenarien mit – oder lässt die Fragen ganz bewusst offen stehen, wie in „Spurensuche auf dem Ozean", einem Artikel über dic Einwohner Madagaskars:

> „Geheimnisvoll bleiben weiterhin die Motive der ersten Einwanderer. Haben grausame Herrscher oder Naturkatastrophen sie zur Flucht übers Meer getrieben? Sind sie dem Bevölkerungsdruck in ihrer Heimat gewichen oder haben Stürme sie stranden lassen? Warum auch immer, beflügelt hat sie, wie so viele Entdecker und Auswanderer vor und nach ihnen, die Neugier und der Wunsch, das gefährliche Unbekannte hinter dem Horizont kennen zu lernen und dadurch zu bändigen." (Abenteuer und Reisen, 10/2001, S. 58–61, von Albrecht G. Schaefer)

- *Das Ende erreichen*

Oft begleitet der Leser den Schreiber auf einer klar definierten Reise. Das Ende der Reise muss damit logischerweise mit dem Ende des Textes zusammenfallen. Wie in „Wenn Tasmanische Teufel zu Sirenen werden". Er beginnt mit dem recht ungewöhnlichen, ersten Reiseschritt:

> „Meine Reise nach der Antipodeninsel Tasmanien fing vor gut vierzig Jahren an – in der Bibliothek meines Großvaters mit einer großen Leselupe durch fünf Bände Weltall und Menschheit streunend."

Im Einklang damit endet der Text mit den Worten:

> „Der Ort, an dem ich meine letzte Nacht auf Tasmanien verbrachte, hieß Grindelwald. (…) Ich ging hinunter und stand vor einem schwarzen Schwan. Er schien auf der spiegelglatten Wasserfläche zu schweben und blickte gebannt auf einen hellen Gegenstand am Grund des Sees, als wäre es sein gesunkenes Ei. Während er eine seiner kurzen, aber erhabenen Runden schwamm, beugte ich mich tollkühn übers Wasser, sah mir ungläubig in die Augen und schnappte mir das weiße Ding. Es war ein kleiner harter Ball, auf dem ‚Minigolf Grindelwald' geschrieben stand. Ich steckte ihn ein und trat meine Heimreise an." (DU Nr. 772 Pazifik, Seite 30–33, von Andreas Langbacher)

• *Die Anfangsfrage beantworten*

Texte, die mit einer Frage beginnen, sollten diese auch beantworten. Spätestens am Ende des Textes schuldet der Schreiber dem Leser eine klare Aussage. „‚Oans, zwoa, gsuffa' – funktioniert das in der Wüste von Nevada?" fragt der Autor eines Artikels über das Hofbräuhaus in Las Vegas und beendet den Text mit den eindeutigen Worten:

> „Echt oder falsch, denke ich, wen kümmert's? Erlaubt ist, was Spaß macht. Ich bestelle noch eine Maß und überlasse mich der krachbayerischen Kunstwelt. Eins zu null für Las Vegas." (Geo-Saison 09-2007, „In Las Vegas steht ein Hofbräuhaus")

Kästen und Serviceteil

Immer wieder trifft der Reisejournalist auf spannende Informationen, Schnipsel oder Hintergründe, die nicht so recht in den Text passen wollen. Sie dem Leser zu unterschlagen wäre schade, denn auch er lässt sich gerne auf Zusatzinformationen ein. Die Lösung für dieses Strukturproblem ist einfach: Schreiben Sie einen Kasten.

Die meisten Redakteure lieben Kästen: Sie lockern den Text und das Layout auf. Und, das ist nicht minder wichtig: Man kann sie löschen, wenn der Text zu lang ist. Farblich oder anderweitig vom Haupttext abgehoben, fallen sie dem Leser sofort ins Auge und spielen daher keineswegs die untergeordnete Rolle, die man einer in den Kasten abgeschobenen Information zutrauen würde. Banales oder Uninteressantes gehört daher nicht in den Kasten, sondern gelöscht.

Klassisches Kastenmaterial sind erst einmal die Tipps: Buch-, Film- oder Internet-Tipps genauso wie konkrete Empfehlungen, vollständige Adressen der im Text erwähnten Orte oder statistische Daten.

Aber auch komplexere Informationen lassen sich gut ausgliedern: Lebensläufe zum Beispiel, die in ihrer Vollständigkeit keinen Platz im Text finden, Hintergrundinterviews oder andere weiterführende Informationen, die beim Textverständnis helfen. Ein Text über Wanderungen in den Karpaten beispielsweise könnte durch ein Interview mit einem Geologen ergänzt werden, der dem Leser die tektonischen Gegebenheiten erläutert. Das hat mit dem eigentlichen Thema zwar nur am Rande zu tun, erläutert aber die wilde Schönheit der Landschaft und gibt ihr damit eine ganz eigene Bedeutung. Auch historische Zusatzinformationen und andere Exkurse sind in einem Kasten gut untergebracht.

Damit der Kasten gut zum Gesamttext passt, sollten Sie schon beim Schreiben die Zeichenzahl im Auge behalten: Ein langer Text von sechs bis sieben Druckseiten verträgt auch einen ganzseitigen Kasten, kürzere Texte sollten keine Kästen von mehr als einer halben Druckseite bekommen.

Servicekästen: Die wichtigsten Elemente

Eine besondere Art der Kästen sind die Infokästen. Kaum eine Reisegeschichte kommt ohne sie aus – schließlich soll der interessierte Leser die Reise auch selbst nachvollziehen können. Gerade hier können auch Anfänger Professionalität beweisen, indem sie alle Angaben genau recherchieren und dem Leser optimalen Service bieten. Welche Angaben im Servicekasten erscheinen müssen, hängt natürlich von der Geschichte und der Destination ab. Zu einem Text über Tauchreviere der Philippinen gehören auch die Adressen lokaler Tauchschulen oder der Spezialgeschäfte für Tauchbedarf. Wichtig ist in allen Fällen: Die Angaben müssen unbedingt korrekt sein. Unzufriedene Leser greifen schnell zu Stift und Papier und machen ihrem Unmut in geharnischten Leserbriefen Luft. Trudeln davon gleich mehrere in der Redaktion ein, hinterlässt dies keinen guten Eindruck.

Folgende Elemente gehören zur Grundausstattung eines Infokastens:

- *Anreise*

Wie kommt man hin? Gibt es eine große Auswahl an Verkehrsmitteln? Dazu gehört nicht nur die Angabe der Flug- und Zugverbindungen, sondern auch ob und ab welchem Flughafen/Bahnhof Direktverbindungen bestehen. Sofern möglich, sollten Sie auch die ungefähren Kosten angeben. Bei Flügen stellt sich das oft als schwierig heraus, da die Ticketpreise saisonal stark variieren. In diesem Falle wäre auf jeden Fall interessant zu erwähnen, ob auch eine Billig-Fluglinie den Zielort anfliegt. Gibt es ausgefallene, oft übersehene Anreisemöglichkeiten wie zum Beispiel die Zugfahrt mit dem Schlafwagen, sollte auch dies erwähnt werden.

- *Einreise/Visum*

Bei Fernzielen außerhalb der EU sind auch die Einreisebestimmungen zu erwähnen. Braucht der Reisende aus Deutschland ein Visum? Muss es vor der Einreise beantragt werden oder wird es am Flughafen erteilt? Wie lange darf er sich ohne Visum im Land aufhalten? Falls Sie für eine Zeitschrift schreiben, die auch in Österreich und der Schweiz vertrieben wird, sollten Sie auch die eventuell abweichenden Visumsbestimmungen für Österreicher und Schweizer angeben. Wer gründlich arbeitet, gibt auch noch an, ob Kinder mit Kinderpass mit/ohne Foto einreisen dürfen und ob der Eintrag in den Pass eines Elternteils eine Option ist.

- *Unterkünfte*

Je nach Artikellänge sind drei bis fünf Unterkunftsempfehlungen angemessen. Ob es sich dabei um kleine Billighäuser oder Wellness-Tempel handelt, hängt vor allem vom Zielpublikum ab. In jedem Fall gehört die komplette Adresse samt Telefonnummer und Webseite dazu. In einem erläuternden Satz sollten Sie eventuell noch erwähnen, warum gerade dieses Hotel empfohlen wird (z.B. aufgrund seiner guten Lage, besonders freundlichen Services o.Ä.). Auch hier freut sich der Leser über eine ungefähre Preisangabe.

Neben den konkreten Empfehlungen des Autors ist in dieser Kategorie auch eine Einschätzung der Gesamtsituation wichtig: Gibt es lediglich einige kleine Herbergen, oder kann sich der Reisende von der Hütte bis zum 5-Sterne-Luxus-Hotel das Übernachtungsniveau frei aussuchen?

- *Geld*

Wie bezahlt man eigentlich vor Ort? Wie heißt die Währung und wie ist der ungefähre Wechselkurs zum Euro? Genauso wichtig: Wie steht es um die Akzeptanz von Kreditkarten, Reiseschecks und EC-Karte?

- *Informationen*

Unter dieser Rubrik wird meist das zuständige Fremdenverkehrsamt angegeben, das den Reisenden mit weiterführendem Infomaterial versorgt. Bei besonders abgelegenen Orten sollten Sie vorher kurz anfragen, ob auch zu diesem Ziel Broschüren vorhanden sind.

• *Gesundheit*

Besondere Gesundheitsrisiken vor Ort (Malaria-Risiko, Dengue-Fieber und andere Krankheiten) sowie die erforderlichen Impfungen müssen hier unbedingt erwähnt werden.

• *Essen+Trinken*

Empfehlen Sie den Lesern einige gute oder originelle Restaurants. Neben der vollständigen Adresse sind auch die Öffnungszeiten wichtig sowie eine Angabe des ungefähren Preisniveaus. Auch hier freut sich der Leser über einen erläuternden Satz, warum ausgerechnet diese Restaurants ausgewählt wurden. Wenn genug Platz vorhanden ist: Verlieren Sie noch einige Worte zu den lokalen Spezialitäten, die der Leser unbedingt probieren sollte.

• *Nightlife*

Gerade bei einer jüngeren Zielgruppe ist auch das abendliche Amüsierangebot einige Zeilen wert. Natürlich nur, wenn vorhanden. Bei einer einsamen Alpen-Alm darf diese Rubrik ersatzlos gestrichen werden.

• *Links*

Geben Sie Reisenden, die sich im Internet weiter über die Destination oder das Thema informieren möchten, einige ausgesuchte Adressen an die Hand und erläutern Sie in einem kurzen Satz, was den Leser unter der angegebenen Webseite erwartet (Beispiel: „Verzeichnis aller Unterkünfte von Antwerpen" oder „Nightlife Guide Buenos Aires").

• *Buchtipps*

Empfehlen Sie dem Leser einen Reiseführer oder ein bis zwei weiterführende Bücher zum Artikelthema samt Verlags- und Preisangabe. Dass es sich dabei um noch erhältliche Werke handeln sollte, versteht sich von selbst.

Checkliste

Checkliste: Die 10 größten Verfehlungen im Reisetext

- Viele Klischees bedienen
- Die komplette Reise in gleichbleibendem Tempo schildern
- Die gesamte Chronologie durchhecheln, ohne uninteressante Passagen zu kürzen
- Den Leser mit uninteressanten Details der Reiseplanung überhäufen
- Den Leser von oben herab belehren
- Keinen Schluss finden und den Text einfach auslaufen lassen
- Keine Servicetipps zur Reiseplanung anfügen
- Fragen aufwerfen, aber nicht beantworten
- Dem Leser nur Bekanntes bieten
- Erklären anstatt zeigen

Unter Eingeweihten: Der Geheimtipp

Niemand will dahin fahren, wo all die anderen schon gewesen sind. Am Ende die deutschen Nachbarn am spanischen Strand treffen – Gott bewahre! Neu und exotisch muss das Urlaubsziel sein, und doch von der Zivilisation geküsst, so dass sich der Reisende auf ein solides Bett und eine vernünftige Toilette verlassen kann. Ganz besonders großer Beliebtheit erfreut sich daher, quer durch alle Zeitschriften und Zeitungen, der sogenannte Geheimtipp. Fast schon verstohlen flüstert der Schreiber hier seinem Leser den besten Strand von Thailand ins Ohr, verrät ihm, welche Hotels auch in der Hochsaison noch richtig leer sind, wo man garantiert **kein** deutsches Bier kaufen kann und wie man den Touristenmassen entgeht. Jeder Einzelne der 200.000 Leser fühlt sich nun als Geheimnisträger, Eingeweihter einer kleinen Gruppe von echten Individualreisenden. Die den Gruppentouristen moralisch und intellektuell natürlich haushoch überlegen sind. Schnell noch ein paar Reisetipps dazu – per Inlandsflug oder Bus ist der Geheimtipp sogar gut zu erreichen! – und der Hinweis auf eine unglaublich freundliche kleine Herberge mit sauberen Zimmern, fertig ist das neue Reiseziel.

So einfach dies aus der Distanz erscheinen mag, es funktioniert. Und wenn es dem Leser gefällt, ihm hilft, wenn schon nicht in der Realität, dann zumindest im Geiste exklusiv zu reisen, na schön – warum sollte man es ihm verwehren? Eines jedoch darf der Reisejournalist nie vergessen: Handelt es sich wirklich um einen persönlichen Geheimtipp, den eigenen Reisefavoriten, muss es gut überlegt sein, ob sich der kurze Ruhm lohnt. Der Preis ist hoch: Er sitzt fortan im Urlaub neben seinen Lesern.

Stilfragen

Guter Stil – ist das nicht eine Frage des Geschmacks? Ob ein Text beim Leser ankommt, ist in der Tat auch eine subjektive Sache. Es gibt Texte, die dem einen gefallen, der nächste jedoch wischt sie nach wenigen Sätzen vom Tisch. Genauso sicher ist jedoch: Es gibt eine Reihe von Kriterien, die quasi allen Redakteuren am Herzen liegen. Weil sie jenseits aller persönlichen Vorlieben einfach als „gut“ empfunden werden. Verständlichkeit, wohl überlegte Formulierungen, der Verzicht auf ausgelutschte Floskeln und noch einige andere Aspekte gehören zum allgemeinen Konsens von Lesbarkeit und sprachlicher Qualität. Die folgenden Regeln allein mögen nicht dafür sorgen, dass ein Text brillant wird. Wohl aber dafür, dass kein allzu grauenvoller Wortbrei auf dem Schreibtisch des Redakteurs landet.

Verständlich und überschaubar schreiben

Der reisejournalistische Artikel ist kein teures Sport-Coupé, dessen einzigen Beifahrer man sich wohl überlegt aussucht, sondern ein großer Eisenbahn-Waggon, der möglichst viele Passagiere fassen soll. Oder anders formuliert: Reisejournalismus sollte keine elitäre Angelegenheit sein, sondern viele Menschen ansprechen. Nur wer verständlich schreibt, wird gelesen. Je größer und diverser die Zielgruppe, desto schwieriger ist dieses Unterfangen: Verständlich schreiben heißt, den wenig belesenen Menschen anzusprechen, ohne den Könner zu unterfordern.

Dabei geht es nicht nur um inhaltliche Fragen, sondern auch um den Satzbau: Sätze, die sich über eine halbe Seite hinziehen, können grammatikalisch so korrekt sein, wie sie wollen – flüssig lesbar sind sie nicht. Versteht der Leser den Text nicht auf Anhieb, gibt er ihm in der Regel keine zweite Chance. Der Prüfstein: Zählen Sie in einem Ihrer Artikel die Wortzahl der einzelnen Sätze: Kommen Sie dabei regelmäßig auf mehr als 20 Wörter, sind die Sätze zu lang. Sie auseinander zu brechen ist oft nicht schwer. Indem man Nebensätze herauslöst oder die mit „und" zusammengefügten Hauptsätze trennt, lassen sich schon erhebliche Verbesserungen erzielen. Verschachtelungen sind hin und wieder nicht zu vermeiden. Eine Gewohnheit sollte man jedoch nicht daraus machen.

Neben den langen Sätzen verleitet das Deutsche noch zu einer Unart: Trennbare Verben fordern dem Leser viel Konzentration ab: „Wir gingen an bunten Blumenrabatten, Parkbänken, Menschen auf Picknickdecken und Fußball spielenden Kindern vorbei". Elf Wörter liegen hier zwischen den beiden Verbteilen. Und dies ist noch ein vergleichsweise anspruchslo ser Satz.

Doch wie prüft man die Verständlichkeit eines Textes? Lesen Sie ihn laut vor, auch ohne Zuhörer. So manch ein vermeintlich gelungener Text wandelt sich dann in eine holprige Strecke. Auch geschriebene Texte haben einen Rhythmus, können wie unaufdringliche Musik fließen oder mit Über- und Unterlängen dem Leser ihre Botschaft um die Ohren hauen. Verzichten Sie daher nie auf diesen Schritt. Brüche im Textrhythmus und Bandwurmsätze fallen Ihnen jetzt garantiert auf. Sogar Tippfehler werden offensichtlich, wenn man den eigenen Text laut „sieht".

Keine unnötigen Füllwörter und leere Sätze

Sätze wie „Am nächsten Morgen schlemmten wir vorzüglich am Frühstücksbuffet, bevor die Reiseleiterin uns mit dem Bus zum nahe gelegenen Schloss brachte" langweilen den Leser. Hier wird keine wirkliche Aussage gemacht (außer vielleicht der indirekten Bestätigung, dass der Schreiber noch nicht oft auf Reisen war). Raus damit!

Auch Redundanz, also die Folge verschiedener Sätze mit fast gleichem Inhalt, stoßen dem Leser unangenehm auf: Er wird durch Geschwafel um den Inhalt betrogen, und das fühlt er. Für alle Texte gilt deshalb: Kann man einen Satz streichen, ohne dass der Text inhaltlich oder stilistisch Schaden nähme, dann gehört er in der Tat gelöscht.

Dies gilt vor allem für den verzweifelten Versuch, per Beschreibung Lokalkolorit zu erschaffen: Manch ein vom indischen Zauber beseelter Schreiber mutet dem Leser wilde Schöpfungsmythen zu (ohne sie ausreichend zu erläutern), entführt ihn in den hinduistischen Pantheon voller schwer auszusprechender Namen und hat doch im Grunde nur eine einzige Botschaft: „Bunt geht es in der indischen Religion zu ...". Das jedoch lässt sich mit der Beschreibung einer echten Tempelszene besser und kürzer vermitteln.

Füllwörter wie wohl, allemal, ja, sowieso, geradezu, eigentlich oder irgendwie sind mit Bedacht zu benutzen. Anders als im Nachrichtenjournalismus darf der Reisetext durchaus auch einmal zu Füllwörtern greifen, wenn es dem Textrhythmus zuträglich ist. Werden sie zu oft verwendet, blähen sie den Text jedoch unnötig auf und lenken von den eigentlichen Aussagen ab. Besonders tückisch sind sprachliche Importe aus der Behördensprache: „Aus dem Bereich des Tourismus" bedeutet schlicht „im Tourismus".

Keine Floskeln und Allgemeinplätze!

„Tamil Nadu ist eine Reise wert", verkündet der Artikel – „Ich will es mal hoffen", denkt sich der Leser, der ansonsten mit der Lektüre des Textes gar nicht erst anzufangen bräuchte. Genauso sinnvoll: „Bali verspricht Urlaub für alle Sinne" – ja, aber hält es denn dieses Versprechen auch? Auch diese Floskel aus der Welt der Werbung und PR lässt manch einen Redakteur innerlich aufjaulen. Die Auswahl an Plattitüden und ausgetretenen Bildern ist groß. Noch größer ist die Versuchung, sie zu verwenden. Weil einem gerade partout nichts einfallen will, aus Unachtsamkeit oder weil manch einer wirklich glaubt, dies seien großartige, literarische Ausdrücke.

Auch Plattitüden wie „Venedig des Ostens" erfreuen sich großer Beliebtheit. Abgesehen davon, dass dieser Beiname gleich einer ganzen Reihe von Städten verliehen wurde (Suzhou, Bangkok, Dresden, Breslau, Udaipur, Allepey, St. Petersburg und Budapest sind die prominenteren darunter), ist er einfach schon zu oft verwendet worden. „Venedig des Ostens" ergibt bei Google allein auf Deutsch rund 8.000 Treffer (und es werden im Laufe der Zeit bestimmt nicht weniger). Jede Stadt der Welt, die über ein größeres Kanalsystem verfügt, hat diesen Titel irgendwann einmal erhalten. Letztlich entsteht so nur der Eindruck, der Autor könne fremde Eindrücke nur an europäischen Gegebenheiten messen.

Nicht zuletzt sind viele der Floskeln schlichtweg falsch: „Sich im Wind wiegende Palmen“ suggerieren keineswegs die Strandidylle, für die sie oft stellvertretend stehen, sondern eher einen ausgewachsenen Sturm von Orkanstärke. Grund genug, nicht mit Badematte zum Sonnenbad anzutreten, sondern mit Hammer und Nagel die Fensterläden zu fixieren.

Checkliste

Checkliste der schlimmsten Floskeln

Überprüfen Sie Ihren Text auf die folgenden Ausdrücke und Bilder. Falls Sie fündig werden: Unbedingt austauschen oder streichen! Die einzige erlaubte Ausnahme: Ironische Bezüge.

- … zwischen Tradition und Moderne
- Venedig des Ostens/Paris des Ostens
- Paradies, paradiesisch
- Traumstrände
- fröhliche Menschen
- exotisch
- sich im Wind wiegende Palmen
- der schwarze Kontinent
- im Bereich von/der
- im Vorfeld
- herrlich
- … der ganz besonderen Art
- … ist eine Reise wert
- buntes Treiben
- schön
- auf Tuchfühlung
- erschwingliche Preise
- abseits der ausgetretenen Pfade
- … reihen sich aneinander wie die Perlen einer Perlenkette

Starke Worte verwenden

Blättern Sie einige Seiten zurück: Starke Bilder machen den Text interessant. Doch wie funktioniert das stilistisch?

Bildhafte, starke Ausdrücke helfen, das Gelesene sofort in Kopfkino umzusetzen. Einfache, konkrete Worte, mit denen wir sofort eine Vorstellung verbinden, sind immer vorzuziehen: Herberge muss es heißen, nicht Übernachtungsgelegenheit! Der verzweifelte Versuch, Synonyme zu wiederkehrenden Begriffen zu finden, lässt ebenfalls viele Schreiber zu Ausdrücken wie „Sympathieträger" oder „Dickhäuter" greifen. Warum nicht „nette Menschen" und „Elefanten"? Das ist einfacher und griffiger. Und damit für den Leser viel besser in ein mentales Bild umzusetzen.

Genauso gilt: Überprüfen Sie alle Wörter auf -ung, -ion und -ierung gleich zweimal: Gibt es vielleicht doch eine griffige Alternative? Anstelle von sperrigen Sätzen wie „Die Versorgung mit Wasser stellte uns vor ein großes Problem" wäre ein „und nirgends gab es Wasser" sehr viel deutlicher und direkter. Die Versuchung, durch Nominalisierung vermeintlich mehr intellektuelle Höhe zu erreichen, geht garantiert schief.

Genauso verkrampft wirkt der übertriebene Gebrauch von Adjektiven: Beschreibungen werden nicht zwingend farbiger oder genauer, weil der Schreiber besonders viele davon verwendet. Vielmehr zeichnet es einen guten Autor aus, dass er so kräftige Bilder entwirft, dass er nur noch dann und wann zum Adjektiv greifen muss. Vor allem lange Abfolgen von drei Adjektiven pro Substantiv belasten das Leseverständnis. Anstelle eines abstrakten Wortes, das vieler Adjektive bedarf, bietet es sich eher an, einen konkreten Begriff zu verwenden, der für sich allein schon ein Bild heraufbeschwört.

Für alle Sinne schreiben

In vielen Texten wird geredet und gehört, gesehen und getan. Doch was ist mit den anderen Sinnen? Wie riecht die Meeresluft? Wie knirscht der Sand zwischen den Zähnen? Man kann dem Leser die Luft über die Haut streichen lassen, ihm den unerträglichen Geruch einer öffentlichen Toilette zumuten, den Schweiß über den Rücken rinnen und ihn nach Luft schnappen lassen. Ein guter Text bedient alle Sinne und macht so die mentale Reise zu einer Rundum-Erfahrung. Wer auf den holprigen Nebenstraßen der spanischen Extremadura unterwegs ist, der schmeckt den Staub, spürt, wie ihm der Hals kratzt, schwitzt, wird von der Sonne geblendet und fühlt den Sonnenbrand kommen, bevor er ihn sehen kann. All dies erst macht den Text zu einer realen Erfahrung. Den Leser darum zu betrügen, heißt, ihm einen Teil des versprochenen Erlebnisses vorzuenthalten. Kein Wunder, wenn er unzufrieden den Text aus der Hand legt!

Vokabular und Diktion: Dem Leser anpassen

Generell gilt: Achtung Wortschatz! Wurden Wörter verwendet, die der Durchschnittsleser nicht kennt? Der Versuchung, anstelle von japanischen Gästehäusern von „Ryokan“ zu sprechen, erliegt fast jeder Japan-Autor irgendwann. Wer will sich schließlich nicht als Fachmann outen. Mit etwas Pech allerdings als ungelesener Fachmann. Nichts hasst der Leser mehr, als wenn ihm Unverständliches vorgesetzt wird. Erlaubt ist – wenn fachlich notwendig – einen neuen Begriff erläuternd einzuführen und ihn dann fortan zu verwenden. Auch kulturell besonders wichtige Worte, die im Folgetext immer wieder auftauchen und sich nur schwer ins Deutsche übersetzen lassen, dürfen mit Vorsicht und in Maßen in den Text einfließen.

Besonders schwer verdaulich sind lange fremdsprachige Originalzitate aus Idiomen, die der Leser garantiert nicht versteht: Langwierige arabische Grußformeln, Gebete auf Altslawisch oder die ersten Zeilen der Baghavadgita auf Sanskrit – egal, wie beeindruckend sie vor Ort klingen, für den Leser müssen sie ohnehin übersetzt werden. Kurzum, es muss einen besseren Grund für die Verwendung geben als nur das Verlangen des Autors, seine intellektuelle Eitelkeit zu pflegen. Für den Leser springt dabei meist weder Mehrwert noch Lesegenuss heraus. Im Gegenteil erwecken derartige Texte schnell den Eindruck, der Autor halte nur wenig von seinem Leser: Besserwisserischer Expertenjargon, der sich leicht in normale Umgangssprache übersetzen ließe, transportiert immer auch eine dicke Portion Überheblichkeit. Und natürlich die Angst des Schreibers, der Inhalt könne sich, in herkömmliche Sprache verpackt, als banal erweisen.

Ähnlich steht es um Fremdwörter. Gibt es eine deutsche Entsprechung, hat das Fremdwort im Satz nichts mehr zu suchen, es sei denn, es gibt einen triftigen Grund, es doch zu benutzen. Zum Beispiel weil das Fremdwort neutraler ist oder das deutsche Pendant schon zu oft in den vorherigen Sätzen verwendet wurde. Der typische Leser der Zeitschrift sollte fähig sein, die verwendeten Fremdwörter auf Anhieb zu verstehen. Doch Vorsicht! Die Bezugsgröße „Durchschnittsleser“ bezieht sich nicht auf den Durchschnitt der Bevölkerung, sondern die Leserschaft und Zielgruppe der jeweiligen Publikation. Wer für ein wissenschaftliches Magazin schreibt, darf dann doch etwas lockerer Fremdwörter streuen als der freie Autor der Bäckerblume.

Selbst der vermeintlich allgemeine Stilkonsens, dass Anglizismen nur spärlich zu verwenden sind, greift anbetracht dieser Regel nicht immer:

Schreibt der Journalist für ein ausgewiesen junges oder „hippes" Publikum, darf es durchaus ein angemessenes Vokabular sein. Worte wie „angesagte Location" oder „coole Athmo" kommen jedoch nicht jedem Schreiber problemlos über die Lippen bzw. Tastatur. Ratsam ist es daher, nur für Zielgruppen schreiben, mit denen Sie sich wenigstens ansatzweise identifizieren können und von denen Sie nicht 50 Jahre Altersunterschied trennen.

Fremde Orte, fremde Namen

Mumbai oder Bombay? Peking oder Beijing? Mitarbeiter in Reisebüros können ein Lied davon singen: Auch erfahrene Reisende tun sich hin und wieder schwer, die verschiedenen Ortsbezeichnungen auseinander zu halten. Manch ein linguistisch Verwirrter hat schon versucht, einen Flug von Myanmar nach Burma zu buchen oder nach dem Zugpreis von Kanton nach Guangzhou gefragt. Ein derartiger Fauxpas sollte dem Schreiber nicht passieren.

Existiert eine deutsche Alternative wie Mailand für Milano, tut sich der Leser leichter, wenn ihm die verständliche Variante geboten wird. Wiedererkennungswert geht vor Authentizität. Wer seinen Leser über Gebühr mit fremden Ortsnamen strapaziert, braucht sich nicht zu wundern, wenn dieser schon nach wenigen Zeilen aussteigt. Der Nachteil: In der eingedeutschten Form lässt sich der Ort auf einheimischen Karten nicht wiederfinden. Auch sind mit den diversen Übersetzungen politische Vorstellungen verbunden. Verwenden Sie Ceylon anstatt Sri Lanka, ist das sprachlich völlig korrekt, kann aber leicht einen kolonialen Eindruck erwecken.

Benutzt der Journalist ganz bewusst den einheimischen (aber dem Deutschen unbekannten) Ausdruck, sollte er dem Leser die deutsche Übersetzung nicht vorenthalten. Die rumänische Stadt „Sibiu" muss dann anfangs als „Hermannstadt" identifiziert werden.

Ebenso problematisch ist der Umgang mit Transskriptionen: Länder wie China, Japan, Korea und der gesamte arabische Raum fordern den Reisejournalisten mit einer fremden Schrift, für die es jeweils verschiedene Umschriften gibt. Welche davon nun die beste ist, ist für den Sprachunkundigen nicht immer einfach festzustellen. Im Zweifelsfalle hält man sich an den ISO-Standard (www.iso.org). Und bleibt dabei! Denn für den Kenner ist oft schon an der Umschrift zu erkennen, ob es sich um einen regionalen Fachmann handelt. Wechselt der Schreiber munter zwischen den verschiedenen Transkriptionen, weist er sich als Laie aus.

Wer beispielsweise nach China fährt und aus der Provinz „Szechuan" berichtet, zeigt, dass er sprachlich in den 1950ern hängen geblieben ist – die offizielle Umschrift nämlich ist seit gut 40 Jahren „Sichuan". Besonders beliebt: Städtenamen falsch schreiben, allerdings in jedem Absatz ein wenig anders. Bereist ein Journalist den Yangzi-Fluss und schreibt hinterher auf zwei Seiten mal über die Stadt Congqin, Chonqing oder Chongching, ist ihm zumindest eine gewisse Konsequenz und Kreativität nachzuweisen. Im Falschschreiben. Richtig heißt es übrigens Chongqing.

Ähnliche Herausforderungen ergeben sich auch bei der Nennung von Familiennamen und Originalzitaten. Idealerweise kennen Sie einen Fachmann, der einen Blick auf die Umschrift wirft. Doch wer kann schon immer den kompetenten Orientalisten oder Japanologen herbeizaubern! Ersatzweise bietet es sich an, die verschiedenen orthographischen Varianten zu googeln: Gibt es kaum Treffer, ist die Schreibweise eine Überprüfung wert …

Die Zeitenfrage: Gegenwart oder Vergangenheit?

Manch ein Text wirkt lahm und uninteressant, weil er schlichtweg in der falschen Zeitform geschrieben wurde. Ob Vergangenheit oder Präsens dem Text besser bekommen, lässt sich im Selbstversuch entscheiden: Laut vorgelesen, fällt die Wahl meist nicht schwer.

Hier der Beginn einer Reportage über Sri Lanka:

> Für den Marketender Perera gibt es nur zwei Arten von Menschen: Verkäufer und Käufer. Wer selbst keinen eigenen Stand hat, gehört offensichtlich in die zweite Kategorie und muss sofort mit allerhand Waren beglückt werden, die sich – Ehrenwort! – ganz hervorragend als Mitbringsel eignen.

Derselbe Text in die Vergangenheit gesetzt liest sich so:

> Für den Marketender Perera gab es nur zwei Arten von Menschen: Verkäufer und Käufer. Wer selbst keinen eigenen Stand hatte, gehörte offensichtlich in letztere Kategorie und musste sofort mit allerhand Waren beglückt werden, die sich – Ehrenwort! – ganz hervorragend als Mitbringsel eigneten.

Beide Varianten sind möglich. Doch auf den ersten Blick ist klar: Das Präsens holt den Leser viel näher heran, lässt ihn die Situation zeitgleich mit dem Schreiber erleben. In die Vergangenheit gesetzt, wird aus dem Reportage-Einstieg eine erzählte Geschichte, die erheblich an Tempo verliert. Ginge es darum, einen besinnlichen Text zu schreiben, dann käme die Vergangenheit durchaus in Frage.

Auch dieses Beispiel zeigt deutlich, wie der Einsatz der Vergangenheit den Text verlangsamt:

> „Ein bisschen Angst ist immer dabei: Original-chinesische Küche, wer weiß, was da alles drin ist! Visionen von Hund und Katze geistern dem ausländischen Gourmet durch den Kopf, gruselige Geschichten, die jedes unschuldige Stück Schinken in Verdacht geraten lassen: Ist es wirklich Schwein?“

Die vergangene Variante:

> „Ein bisschen Angst war immer dabei: Original-chinesische Küche, wer wusste schon, was da alles drin war! Visionen von Hund und Katze geisterten dem ausländischen Gourmet durch den Kopf, gruselige Geschichten, die jedes unschuldige Stück Schinken in Verdacht geraten ließen: War es wirklich Schwein?“

Gilt es, zeitliche Abfolgen genau darzustellen, wird es umso schwieriger, mit dem Imperfekt zu arbeiten. Unweigerlich taucht in seinem Schlepptau das Plusquamperfekt auf. Zähe Sätze wie „Wir hatten bereits eingecheckt, als über den Lautsprecher die Durchsage kam, unser Flug habe sich verspätet“ lassen den Leser einschlafen. Hier bewegt sich nichts mehr, und auch von Spannung ist wenig zu spüren. Wohl auch, weil sich in dieser sperrigen Konstruktion kaum noch Details unterbringen lassen. Wie wäre es stattdessen mit: „Wir drängen uns zwischen Surfbrettern und fest verschnürten Koffern zum Check-in-Schalter durch. Dann die ernüchternde Durchsage: fünf Stunden Verspätung für LX 345 nach Hawaii – unseren Flug …“

Weg mit dem Passiv!

Wieso, fragt sich da manch einer insgeheim – schließlich ist das Passiv eine grammatikalisch völlig korrekte Form. Stimmt. Doch im Reisetext hat er trotzdem wenig zu suchen. Da das Passiv in der Regel die Identität des

Handelnden unterschlägt, wird es gerne verwendet, um Wissenslücken zu verschleiern. Schlimmer noch, macht das Passiv den aktiven Handelnden automatisch unwichtig: „Das Abendessen wird um 18:00 Uhr serviert." Egal wer die Speisen bringt, Hauptsache sie stehen pünktlich auf dem Tisch. Hier darf das Passiv in der Tat stehenbleiben.

Anders steht es um diese Aussage: „Kaum angekommen, wurden wir am Bahnhof überfallen." Doch jetzt will der Leser mehr wissen: Wer hat den Reisenden überfallen? Wie sahen die Täter aus? Kam es zu einem Handgemenge? Das Passiv suggeriert, die agierende Person (oder Personen? Nicht einmal die Anzahl ist dem Passiv zu entnehmen!) sei nebensächlich. Wer je überfallen worden ist, wird dem ganz sicher nicht zustimmen.

Noch überflüssiger ist das Passiv, wenn der Verursacher sogar genannt wird: „Obwohl der nahe gelegene Wasserfall zu den höchsten Südostasiens zählt, wird er nur von wenigen Touristen besucht". Hier steht sogar fest, wer den Wasserfall kaum besucht: die Touristen. Warum also nicht gleich den Aktiv verwenden?

Das Kreuz mit dem „Ich"

Die Frage, ob denn ein Text in der ersten oder dritten Person zu schreiben sei, wird in jeder Redaktion anders beantwortet. Die erste Person macht es dem Leser einfach, sich mit dem Erzählenden zu identifizieren. Er schlüpft in die Haut des Reisenden und wird Teil der Geschichte. Handelt es sich um eine Reportage, wird der Autor die erste Person fast zwingend verwenden – nur sie ermöglicht den direkten Kontakt, die totale Nähe, nach der die Reportage strebt.

Doch die erste Person ist nicht ohne Gefahren: Schnell schleicht der Autor unauffällig immer weiter in den Vordergrund, bis er vor und nicht mehr hinter der Kamera steht. Während sich der Autor nun im Glanz seiner Abenteuer sonnt, verabschiedet sich der Leser – kein Wunder, dass viele Redakteure nur ungern Texte in der ersten Person bestellen.

Richtig verwendet, ist das Ich des Autors die Brille, durch die der Leser das Land oder die Episode erlebt. Doch wer hier eigentlich unterwegs ist, bleibt zweit- oder drittrangig. Vor allem ungeübte Schreiber tun daher gut daran, sich erst an einigen Artikeln in der dritten Person zu üben, bevor sie sich an die Reportage und das „Ich" wagen.

Sicher ist, dass diese Stilfrage unbedingt im Gespräch mit der Redaktion geklärt werden sollte. Einen Text im Nachhinein aus der ersten in die dritte Person zu übertragen, ohne dabei an Spannung zu verlieren, ist eine höchst undankbare und langwierige Aufgabe.

Checkliste

Checkliste Stil

- Brechen Sie lange Schachtelsätze auf
- Verwenden Sie keine unnötigen Fremdwörter oder fremdsprachigen Begriffe, die der Leser nachschlagen muss
- Überprüfen Sie, ob alle verwendeten Adjektive wirklich nötig sind
- Stellen Sie sich nicht selbst in den Mittelpunkt
- Wandeln Sie passive Sätze in aktive
- Verwenden Sie die richtige Umschrift für fremdsprachige Begriffe
- Streichen Sie Füllwörter und klischeehafte Floskeln
- Passen Sie das Vokabular Ihres Textes der Zielgruppe an
- Achten Sie auf die richtige Zeitform

Exkurs: Die Schreibblockade

Den einen küsst sie täglich, den anderen überrascht sie nur sporadisch: Nicht von der Muse ist die Rede, sondern von der Schreibblockade! Jeder Journalist, jeder Autor kennt sie. Und fast alle haben hin und wieder damit zu kämpfen. Vor allem Anfänger befällt beim Anblick des blanken Bildschirms gerne die Panik: Der Artikel ist verkauft, der Abgabetermin steht. Und nun?

Eine generelle, todsichere Methode, der Blockade beizukommen, gibt es nicht. Wohl aber einige Tricks, die den Schreibprozess wieder in Gang bringen:

- Schreiben Sie alles auf, was Ihnen zum Thema einfällt, jedes Stichwort, jedes Bild, jedes Zitat. Auch wenn beim Brainstorming vielleicht wenig verwertbarer Text herauskommt, bringt es den Karren wieder in Gang. Dabei sollten Sie am Anfang wenig vorsortieren und keine Idee als unwichtig verwerfen, bis sich der erste Geistesblitz einstellt. Hinterher ist alles Überflüssige sowieso schnell gelöscht. Egal wie lange es dauert: Bleiben Sie sitzen, manche Themen müssen einfach mühsam erarbeitet werden. Der daraus resultierende Text wird damit nicht schlechter!

- Rufen Sie einen guten Freund an, erklären Sie ihm das Thema und was Sie gerne schreiben würden, wenn Sie nur könnten. Und natürlich warum Sie sich für dieses Thema interessieren. Gibt es spannende Geschichten zum Thema? Unbekannte Hintergründe, ein witziges Erlebnis? Notieren Sie sich hinterher genau diese Aussagen. Wäre das nicht vielleicht Material für das Intro oder den Einstieg?

- Googeln Sie im Internet: Was haben andere zu diesem Thema geschrieben? Was würden Sie besser machen? Tun Sie es!

- Haben Sie auf der Reise Fotos gemacht? Schauen Sie sich die Bilder noch einmal in aller Ruhe an. Was war der faszinierendste Ort, worüber haben Sie sich aufgeregt? Welchen Aspekt möchten Sie dem Leser unbedingt mitgeben? Haben Sie interessante Menschen kennengelernt?

Wenn alle obigen Versuche nicht fruchten, lassen Sie den begonnenen Text über Nacht liegen. Das Gehirn arbeitet auch, wenn Sie nicht gerade am Schreibtisch sitzen. Viele Autoren legen sich Stift und Papier auf den Nachttisch, weil ihnen nachts die besten Ideen kommen.

Zwei Beispieltexte

In diesem Buch wurde bisher viel Theorie gewälzt. Zwei praktische Beispiele sollen die Regeln am „echten Objekt“ erläutern. Sie werden sich sicher fragen: Es gibt eine Unzahl guter Reisetexte auf dem deutschen Markt, warum also gerade diese? Weil sie den wichtigsten Kriterien gerecht wurden: Sie nehmen den Leser mit in eine unbekannte Welt. Sie zeigen dabei viele Details und werten wenig.

Beiden gelingt es aus dem Stand heraus, den Leser an den Ort des Geschehens zu katapultieren. Und beide sind in der Ich-Form geschrieben, ohne dass die Person des Autors dabei über Gebühr in den Mittelpunkt rückt. In „Ich bin Statist. In Bollywood" (Die Zeit Nr. 15, 3.4.2008, Seite 63, von Christine Dohler) geht es um eine fremde Welt, die ganz nah gebracht wird. Durch den Perspektivenwechsel – der Blick von innen anstatt von außen – wird das schon oft behandelte Thema „Bollywood" neu aufgerollt. Und damit demnächst jeder Leser theoretisch zum Star werden kann, gibt es auch noch die Adresse eines lokalen „Talent-Scouts" im Infokasten dazu.

Dem China-Text „Von der Leichtigkeit des Seins" (ADAC Reisemagazin China, Seite 36–39, von Andreas Altmann) gelingt es, der vielfach beschriebenen Großstadt Peking noch einige besondere Aspekte abzuringen, die negativen Seiten zu beschreiben, ohne sie abfällig zu schmähen – soll sich doch der Leser selbst ein Bild machen!

Nicht zuletzt sind beide Artikel gefällig zu lesen. Auch das ist ein wichtiger Grund, einen Text nicht beiseite zu legen. Die mentale Reise soll schließlich Spaß machen!

Ich bin Statist. In Bollywood

Auf Mumbais Straßen werden Touristen für indische Film- und Fernsehproduktionen angeheuert. Einzige Voraussetzung: Sie müssen westlich aussehen. **CHRISTINE DOHLER** spielte Partygast in einer Seifenoper

Der Filmdreh zieht sich hin. Die Regie schreit *»Full power!«* ins Mikrofon. Am späten Abend wird noch einmal Stimmung gemacht für eine neue Szene: die Eröffnung eines Nobelclubs. Bollywood-Musik dröhnt aus den Boxen. Wie auf Knopfdruck flippen die indischen Schauspieler und Statisten aus, legen wilde Tänze hin. Ich bin mittendrin und doch nicht richtig dabei. Niemand traut mir und den anderen Europäern am Set zu, bei dem Spektakel mitzuhalten. Ich sitze an der Bar und wundere mich, in welche Welt ich da hineingeraten bin.

Ich spiele als Statistin in einer indischen Fernsehserie mit. Den Job habe ich auf der Straße in Mumbai bekommen, wo Scouts nach *»western looking people«* Ausschau halten. In der Stadt mit den größten Filmstudios der Welt sind die Teams auf Statisten mit westlichem Aussehen angewiesen. Denn viele Filmszenen spielen in London, Kanada oder den USA, werden aber fast alle hier gedreht. Einfach haben es die Scouts nicht. Wohl zieht der exotische Charme Bollywoods junge Individualtouristen an, doch die meisten legen nur einen kurzen Zwischenstopp in Mumbai ein, weil sie auf der Durchreise nach Goa sind. Ich bin geblieben. Ich wollte unbedingt zum Film.

Um die Scouts nicht zu verfehlen, halte ich mich an den *Lonely Planet*. Der führt mich zu den Lieblingsplätzen der Globetrotter, die zu Bollywoods idealen Komparsen zählen. Im Altstadtteil Colaba bummle ich die Hauptstraße entlang, probiere einen Cheesecake im internationalen Café Leopold, checke Mails in einem der Internetcafés und streife um das Gate of India, das Wahrzeichen der 20-Millionen-Metropole. Über die Bordsteinkanten flitzen hungrige Ratten. Daneben drängeln sich dauerhupende Autos, Rikschas und Motorräder. Die Straße staubt. Der Geruch von Sandelholz und Kardamom aus den Geschäften vermischt sich mit Abgasen und Hitze.

Sobald ich einmal innehalte, drängen sich Bettler und Verkäufer um mich, die große, blonde Europäerin. Reflexartig wehre ich ihr Werben und Bitten ab. Mir kommt es darauf an, irgendwann das Signalwort »Bollywood« aufzuschnappen. An einer Straßenecke, ein paar Meter vom Café Leopold, werde ich erlöst. Ein Inder spricht mich an: *»Do you want to be an extra in a Bollywood-Movie? I will pay you!«* Er streckt mir eine Visitenkarte mit funkelnden Sternen entgegen. Bollystars heißt seine Agentur. Für die könnte ich morgen eine Businessfrau auf einer internationalen Konferenz in Kanada spielen. Andere Scouts kommen dazu, bieten mir Rollen in einem Werbefilm an und als Hostess auf einer indischen Hochzeit. Schließlich entscheide ich mich für einen Dreh, der schon mittags losgeht: Noch heute werde ich Statistin in der indischen Fernsehserie *Einfacher Traum* sein.

Mein Scout mit der dunklen Sonnenbrille und einem etwas zu breiten Hollywood-Grinsen sieht nicht gerade vertrauenerweckend aus. Ich bin erleichtert, als ich mittags nicht allein am Treffpunkt McDonald's in Colaba stehe. Vier Mittzwanziger sind noch dabei. Aus unterschiedlichen Gründen wollen sie am Dreh teilnehmen. Der arbeitslose Australier, der gerade erst gelandet ist, möchte *»just some fun«* haben. Das französische Paar mit den Rasta-Strähnen braucht etwas Geld für die Reisekasse. Die beiden leben ihren Traum: Ohne Reiseführer sind sie auf dem Landweg bis Indien getourt. Unterwegs haben sie Schauspielworkshops für Waisen organisiert, um den Kindern zu zeigen, dass aus jedem ein Star werden kann. Und dann ist da noch die zierliche Italienerin, die Erfahrungen als Produktionsassistentin mitbringt und zäh die Konditionen aushandelt: »500 Rupien Lohn und Drehschluss um zehn Uhr. Basta!« Das sind etwa acht Euro für neun Stunden. So viel verdient ein Taxifahrer durchschnittlich am Tag und der Scout für die Vermittlung für jeden von uns. Die Italienerin kennt die Gepflogenheiten. Sie erzählt, dass der Hotelier aus ihrer Backpacker-Billigunterkunft den Scout benachrichtigt hat, um sie anzuheuern. Scouts verteidigen ihr Revier und bestechen Hotel- und Barbetreiber. »Mafia-Prinzip!«, sagt die Italienerin.

»Für mich seht ihr alle gleich aus«, sagt der Scout

Obwohl sie schon erfahren hat, dass Drehs oft länger dauern und manchmal sogar ausfallen, ist sie entschlossen, ihren Lebensunterhalt in Bollywood zu verdienen. So wie andere Ausländer, die in Mumbai leben. Mit etwas Glück bekommen sie eine kleine Sprechrolle als amerikanischer Arzt oder kanadischer Banker und verdienen mehr als eine Anfängerstatistin wie ich. Eine Hauptrolle im Werbefilm kann bis zu 400 Euro pro Tag einbringen. »Ein Star wird man allerdings nicht mit westlichem Aussehen«, wirft unser Scout ein. Er hat nicht gefragt, was wir können und wer wir sind. Was zählt, sind helle Augen, Haut und Haare. »Für mich seht ihr alle gleich aus«, sagt der Scout.

Berühmt werde ich heute also nicht, aber ich will ja auch nur einen Blick hinter die Filmkulissen werfen. Unser Scout schleppt uns wortlos mit. In Richtung Filmstudio, zur Traumfabrik Indiens. Zuerst im Taxi, dann Umsteigen in die Bahn. Ich bin nicht vorgewarnt, dass der Zug nicht wartet, bis alle eingestiegen sind. Ich renne. Vier Arme ziehen mich in den fahrenden Zug ohne Türen. Meine Tasche flattert im Fahrtwind. Ich spüre, wie Panik mein Gesicht verzerrt. Die Miene der Inder bleibt ungerührt.

Verschwitzt und verstaubt erreichen wir unser Ziel 40 Kilometer nördlich vom Zentrum. Noch sieht hier nichts nach moderner Filmproduktion aus. Von der belebten Straße gehen wir durch ein offenes Tor und erreichen das Studio über eine Schotterpiste. Von außen gleicht es einer abgewrackten Lagerhalle. Vor dem Eingang lungern Straßenhunde zwischen Kisten mit Filmutensilien herum. Innen blendet Neonlicht. Im Kunstnebel wuseln hundert hektische Inder, die den Dreh vorbereiten. Für die Filmhandlung wird ein Nobelclub nachgebaut. Besonders indisch sieht er nicht aus: DJ-Pult, Bar, Sofaecken und Tanzfläche mit funkelnder Discokugel – wie überall auf der Welt. Die Franzosen lassen sich auf eine Ledercouch fallen und sagen: *»Water, please!«* Regie, Regieassistenz, die Assistenz der Regieassistenz und Kostümbildner begutachten uns. Sie schnattern auf Hindi oder Marathi und schicken uns nach draußen, wo einige von der Filmcrew gerade Reis und Gemüse mit den Fingern essen. Wir sollen warten, warten, warten. Auf umgedrehten Kisten sitzen wir vor dem Studio. Ein Ohrenreiniger putzt die Ohren unseres Scouts mit langen Holzstäbchen; der Tontechniker versucht, uns gebrauchte Handys zu verkaufen.

Wir sollen Jeans-Miniröcke tragen, die nicht länger sind als zwei Handbreit

»Wovon handelt die TV-Serie eigentlich?«, fragt die Italienerin. Müde winkt der Scout ab. Der Plot sei zu kompliziert. »Es geht um vier Frauen, die ihre Träume erfüllen wollen«, nuschelt er dann doch noch. Ich frage ihn: »Was ist dein Traum? Willst du als Sharhuk Khan wiedergeboren werden?« Er grinst. Später wird er auch mitspielen: als Türsteher des Clubs.

Inzwischen haben die Hunde die Essensreste von den Tellern der Crew geschleckt. Danach essen Kinder aus dem nahe liegenden Slum die Brotreste vom Boden. Ein kleines Mädchen klaubt eine rohe Zwiebel auf und steckt sie in den Mund. Es kaut unbekümmert und hüpft davon. Uns beliefert die Filmcrew aus einem Restaurant mit mild gewürzten Speisen, um die westlichen Mägen zu schonen. Ich habe keinen Hunger mehr.

Wir verbrennen Zeit: schweigen, warten, beobachten, lesen, dösen und rauchen. Nach drei Stunden wird es hektisch: Der Australier und der Franzose werden von drei Indern in Anzüge gesteckt, die ihre Väter in den siebziger Jahren getragen haben könnten. Für uns drei Frauen liegen auf dem Treppenabsatz Stretchgürtel bereit, daneben Jeans-Miniröcke, die nicht länger als zwei Handbreit sind. *»No!«*, protestieren wir einstimmig. Und die indischen Statisten? Wieso dürfen die märchenhafte Roben tragen? Nach umständlichen Verhandlungen werden uns schließlich auch Abendkleider genehmigt – aus Polyester, in grellem Rot und mit Leopardenmustern. Sie riechen noch nach dem Statistenschweiß des Vortages. Wir sehen darin wie die Vorzeigepartygäste aus, die wir spielen sollen. Und das geht so: über die Treppe in den Club flanieren, den Manager begrüßen, an der Bar und in der Sofaecke einen Drink nehmen. Internationales Publikum bedeutet Prestige für einen indischen Clubbesitzer. Das gilt im wahren Leben ebenso wie im Fernsehen.

Schon in zwei Tagen wird diese Folge der Serie ausgestrahlt werden. Deswegen muss alles schnell gehen. Während mir eine lächelnde Inderin mit einem mehrfach gebrauchten Schwamm Make-up auf der linken Gesichtshälfte verteilt, sehe ich, dass die Französin zu meiner Rechten als Simpson-Figur geschminkt wurde. Für ihren sommersprossigen Teint gibt es nur gelbliche Abdeckfarbe, zum Bändigen ihrer verfilzten Haare keine Zeit. Rasta-Look und Glitzerabendkleid – anders geht es in der Eile nicht.

Plötzlich kommandiert mich der Scout zu sich. Er schiebt mich auf einen Barhocker und drückt mir ein Whiskyglas in die Hand, das eine Inderin zuvor dankend abgelehnt hat. Halb geschminkt, wie ich bin, werde ich für den Dreh der letzten Szenen positioniert. Hinter mir hämmert die Crew noch die Bar zusammen, vor mir wird der Boden gewischt, ein Scheinwerfer löst sich beinahe von der Decke. Eine der Hauptdarstellerinnen lacht affektiert, während ihr jemand künstliche Tränen in die Augen tropft. Langsam wird mir klar, warum die indische Filmindustrie produktiver ist als Hollywood. In einem Heer von Helfern erfüllt jeder eine Aufgabe, auch wenn sie nur darin besteht, Wasser für die Stars zu holen. Das wirkt auf den ersten Blick so unkoordiniert wie der indische Straßenverkehr, der sich letztendlich auch als effizient erweist.

Viel mehr als *»Silence! Rolling! Action!«* verstehe ich nicht während des vierstündigen Drehs. Ich lächele von meinem Platz an der Bar gefühlte hundert Mal die maskenhaft geschminkten Schauspieler an, die feierlich an mir vorbeiziehen. Ein wenig schäme ich mich dafür, im Neonlicht wie ein Geist mit zwei Gesichtsfarben auszusehen. Die frisch gestrichene Bar hat mein Kleid stellenweise schwarz verfärbt. Gern würde ich meine staubigen Globetrottersandalen gegen High Heels eintauschen.

Foto: Monica Pipi

Bitte vier Stunden lächeln: **UNSERE AUTORIN** am Set der Fernsehserie »Einfacher Traum«

Da kommt einer der männlichen Serienstars über die Treppe bis zur Bar und setzt sich direkt neben mich. Seine dichten schwarzen Haare sind steif gegelt, an seinem makellosen Hals baumelt ein falsches Diamantkreuz. Sein Lächeln ist weißer als das von Tom Cruise, seine Hautfarbe ein bisschen dunkler. Er tritt auf, um die große blonde Europäerin an der Bar anzuflirten. Ich bin froh, dass mein Lächeln eingefroren ist und ich nicht reden muss.

»Es ist zehn Uhr! Wir gehen!«, brüllt die Italienerin unseren Scout in der Pause an. Eben noch hat sie in der Umkleidekabine Bollywood-Tanzschritte von den indischen Statisten gelernt, jetzt pocht sie auf die Zeitabsprache. Und auch wir zeigen, lebhaft gestikulierend, auf unsere Armbanduhren. Endlich stehen wir im Mittelpunkt und hinterlassen doch noch einen bleibenden Eindruck am Set. Fassungslos schauen die Inder unserer Gruppenperformance zu. Wie bei jedem Dreh werden sie geduldig weiterfilmen. Bis in die frühen Morgenstunden.

Wir machen uns aus dem Staub. Schweigend setzen wir uns auf die einzige Bank im Zugabteil. Mindestens zwanzig müde Arbeiter starren uns an: die Fischverkäufer, die ihre stinkende Ware in einer Schale auf dem Kopf balancieren, die Handwerker mit ihrem rostigen Werkzeug. Plötzlich zückt einer sein Fotohandy und schießt uns ab. Der Jetlag-Australier, der den ganzen Tag gedöst hat, bleibt optimistisch: »Vielleicht sind wir schon Stars – und wissen es nur noch nicht!«

www.zeit.de/audio

Information

Anreise: Von Deutschland nach Mumbai (früher Bombay) fliegen zum Beispiel British Airways, Jet Airways, Air India oder Emirates

Einreise: Für den Aufenthalt in Indien ist ein Touristenvisum erforderlich. Dieses wird in den indischen Konsulaten in Deutschland ausgestellt. Das Visum ist sechs Monate lang gültig und kostet 50 Euro

Übernachtung: Bentley's Hotel (17, Oliver Road, Tel. 0091-22/88 28 90, www.bentleyshotel.com) ist eine günstige und saubere Unterkunft im Stadtteil Colaba. DZ mit Frühstück ab etwa 20 Euro

Veranstalter: Designer Tours (Tel. 04642/20 89, www.designer-tours.de) organisiert die Individualreise »Ein Tag in Bollywood« zu indischen Drehorten und den Filmstudios in Mumbai

Auskunft: Agentur Bollystars für »western looking people«, Amjad Khan, Tel. 0091-98/20 83 88 11, bollystars@hotmail.com

Touren durch Filmstudios: Bollywood Tourism organisiert dreitägige Reisen zu Mumbais Sehenswürdigkeiten und Studios, außerdem Halbtagestouren in die Filmistan Studios (ab 50 Euro). Tel. 0091-22/66 66 27 77, www.bollywoodtourism.com

ZEIT-Grafik

PEKING

ULTRALEICHT: Drachenflieger auf dem Platz am Tor des Himmlischen Friedens

Von der Le

Leichtigkeit? In Peking, dieser Hauptstadt der Politprotze, Metropole der Moderni-
in den Hu- tong, den Gassen der alten Wohngebiete. Im Pulk mit 1001

30

h tigkeit des Seins

sierer? Doch unser Autor hat gerade hier Orte voller Gleichmut gefunden. Beim Teeschlürfen anderen Radfahrern. Und im Poly Plaza Theatre, wo das Leben für Momente alle Schwere ver-

Der Alltag spielt vor der Tür

TIEF ENTSPANNT: Herr Wu im Innenhof vor seiner Wohnung

FAST BEDÄCHTIG: Verkehr, morgens im Herzen Pekings

Radfahren als reinste Meditation

VON ANDREAS ALTMANN
MIT FOTOS VON RALF KREUELS

Aus den Augenwinkeln sehe ich ihn auf mich zukommen. Und weiß, was es geschlagen hat. Jetzt, mitten in Peking (oder Beijing), mitten auf dem Tian'anmen-Platz, direkt unter einer gemeinen Mittagssonne. Und Sekunden später steht der junge Kerl neben mir und beschenkt mich mit einem phänomenalen Satz: „May I swing Tongues with you?", darf ich mit dir Zungen schwingen?

Ich wartete auf: „I study English, may I talk to you?" Peking ist voll von emsigen Männern und Frauen, die schonungslos jeden weißen Menschen mit einem Vorschlag zur *English Conversation* heimsuchen. Aber George – eigentlich heißt er Yu, aber George klingt mondäner – hat sich diesen sinnverwirrenden Satz vom Zungenschwingen ausgedacht. Von den delikaten Missverständnissen, die diese Aufforderung hervorrufen kann, ahnt er wohl nichts.

Als wir Zungen schwingend über den größten Platz der Welt spazieren, begreife ich, dass George *Tongue* mit *Mothertongue* (Muttersprache) verwechselt. Unbeschwert verbringen wir beide – Mutterzungen schwingend – ein paar gemeinsame Stunden.

Dies kleine Exempel mag zur Warnung dienen: China ist anders, hinter jeder Ecke lauern (Denk-)Fallen. Dass ja kein Fremder ankommt oder gar abreist mit dem Gefühl, er hätte etwas begriffen. Das Einzige, was er mit nach Hause nehmen darf, ist ein Sack Wunder. So manche tun gut, andere schurigeln. Bei Gott.

Peking ist riesig – ungefähr 16 800 Quadratkilometer. Zwölf Millionen Einwohner gibt es vor Ort. Schuld daran hat unter anderem der Mann, an dessen Sarg George und ich gerade vorbeihuschen. Am südlichen Ende des Platzes am Tor des Himmlischen Friedens steht das Mausoleum (sprich „MAOsoleum") von Mao Zedong. Ein Fünf-Sekunden-Blick auf den transparenten Sarkophag ist jedem Besucher gegönnt, dann drängen hunderttausend andere nach.

Mao hinterließ Spuren. Rund 30 Millionen tote Chinesen hat er auf dem Gewissen, so fürsorglich und rabiat kümmerte er sich um die Gegner des Kommunismus. Dass er nebenbei für die gewaltigste Bevölkerungsexplosion der Menschheitsgeschichte verantwortlich ist, entbehrt nicht einer gewissen Ironie. Denn der Chef persönlich übernahm es, seine damals (1949) noch bescheidene 500 Millionen zählenden Landsleute zum grenzenlosen Kinderreichtum anzutreiben. Zur Schaffung einer endlosen Zahl strammer Parteigänger.

So gerät selbst der einfache Akt, die Ehefrau mit Kind zu fotografieren, zu einem schwierigen Unternehmen. Denn aberwitzig viele andere chinesische Ehemänner wollen ebenfalls genau hier und jetzt ihre (seit 1979 verordnete) Kleinfamilie ablichten. Also rennen ununterbrochen viele in die Schusslinie der vielen, die auf der Suche nach einer dramatischen Stellung sind. George und ich – beide ohne Gattin und ohne Kamera – bewegen uns wie auf einem Minenfeld. Pausenlos werden wir zum Festwurzeln aufgerufen, einer ruft verwegen „Fleeze!" herüber. Auf der Stelle frieren wir ein.

Wir entern einen Bus. George studiert an der Foreign Studies University, ich will wissen, wie er lebt. Das Wort „entern" stimmt, denn man wird beim Benutzen eines öffentlichen Verkehrsmittels nie ganz den Eindruck los, dass just im selben Augenblick die anderen zwölf Millionen auch mitfahren wollen. Sinnigerwei-

GANZ TRADITION: Teehausbestuhlung in einem der Pekingopern-Säle, von denen es noch einige in der Stadt gibt. Gasse in einem alten Wohnviertel – die mobilen Küchen sind längst noch nicht alle von McDonald's & Co verdrängt worden

se steht neben dem Fahrer geschrieben: „Wenn noch Platz ist, lasst die anderen einsteigen." Ein witziger Spruch, meint George, denn im Chinesischen sei das Schriftzeichen für „Platz" identisch mit dem für „Luft". Erst bei Luftnot herrscht Platznot.

- Ein Drittel von PEKING liegt hinter Bauzäunen, wird im Moment renoviert

Solche Zustände bieten jedoch einen eklatanten Vorteil: Sie fordern zur Demut auf. Peking und China sind der rechte Ort, um sein Ego schrumpfen zu lassen. Wer sich weigert, wird gestutzt. Tagtäglich. Von den 1,2 Milliarden. „Der Gentleman", schreibt Altmeister Konfuzius, „strebt nach Harmonie."

Peking schmückt sich. Das sieht so aus: Ein Drittel der 16 800 Quadratkilometer liegt hinter Bauzäunen, ein Drittel liegt in Schutt und Asche (die alten, gerade niedergewalzten Viertel), und das letzte Drittel steht zur Besichtigung frei. Hier wird eine Hauptstadt, nein, ein Erdteil renoviert. Sogar die Geldscheine sanieren sie. Auch die sollen knackfrisch und möglichst modern aussehen. Heimlich beobachte ich George' Gesicht, als er hinaus auf die nagelneu glitzernden Fassaden blickt. Ich will mir einbilden, dass ein Ausdruck von Stolz auf ihm liegt. China will endlich zu den *Global Players* gehören.

Von dem Tag, an dem die Kommunisten in Shanghai einmarschierten und die erschöpften Bauernsöhne aus den Kloschüsseln (ein bisher nie gesehenes Möbel) der dortigen Luxushotels Wasser tranken, bis zu jenem Frühlingsmorgen, an dem Adam & Eve, Pekings erster Sexshop (eine aufblasbare Claudia Schiffer wäre unter anderem zu erstehen), eröffnet wurde, von jenem fernen Tag bis heute war es ein langer, rasanter Weg.

Bis zur Universität sind es sieben Staus. Die Zeit wird verkürzt durch mehrfaches Telefonklingeln. Ich registriere, wie mich eine Illusion verlässt. Die Wichtigtuer sind nun auch in China eingetroffen. Und wie alle Wichtigen im Euroland sprechen chinesische Wichtige ebenfalls laut und ungeniert in ihr Handy. Zusätzlich wiederholen sie laut und ungeniert, was ihnen gerade mitgeteilt wurde. Bis wir ankommen, erfahren wir alle, dass Herr Liang morgen um 10.30 Uhr ja pünktlich am Bahnhof sein soll, um Herrn Nong (Erkennungszeichen: gelber Koffer!) abzuholen. Außerdem lässt Frau Huang nachfragen, ob ihr Mann bereits auf dem Nachhauseweg sei. Herr Huang – wir können es bezeugen – bestätigt: „Ja, ich bin bereits im Bus."

George muss noch auf die eigene Frau und das eigene Telefon warten. Er gehört noch nicht einmal zu den ansässigen Durchschnittsverdienern (200 Mark monatlich), er ist Student und kommt tatsächlich mit 25 Yuan, keine sechs Mark, über den Tag. Bescheiden, äußerst bescheiden leben,

VOLLER ANDACHT: Himmelstempel, wo der Kaiser früher zur Wintersonnenwende um reiche Ernte bat. Lama-Tempel, in dem Gläubige Räucherstäbchen opfern und Mönche milde über das Leben lächeln

das können sie noch immer. Wir betreten den Plattenbunker, der als Unterkunft für Studenten dient. Auf Zimmer Nummer 303 – fünf mal sieben Meter – wohnt er. Mit sechs anderen, für jeden ein Feldbett mit zerschlissenem Moskitonetz. Kein Ventilator, im Winter fällt wochenweise die Heizung aus. Nachts lernt er auf dem Gang, dort brennt das Licht länger. In die fleckige Toilettenwand hat ein Witzbold Deng Xiaopings letzte Weisheit geritzt: „Es ist glorios, reich zu werden."

Ich stelle George die Mutter aller Fragen: „Bist du ein glücklicher Mensch?" Und George, der Asiate, antwortet verwundert: „Happy? It's not on my mind." Glücklich? Darüber denke ich nicht nach.

Schon erstaunlich, wie die Gegensätze sich breit machen in dieser Stadt. In gehe ins Parkson, eine jener Einrichtungen, die auf Neuchinesisch *Department Stores* genannt werden. Hier versprechen sie ein *happy Shopping*. Die fixen Chinesen, wie scheinbar mühelos sie aufholen. Noch vor 15 Jahren sah es in ihren Kaufhäusern aus wie in der Eisenhandlung einer hintersibirischen Kolchose. Und jetzt: Glanz und Glamour. Die Kosmetiketage könnte sich genauso gut am Boulevard Haussmann in Paris befinden. Das Licht stimmt, das Arrangement der Waren, die Großzügigkeit der Verkaufsfläche.

Als ich das Parkson verlasse und einen Blick zurück auf das Stahlgebirge werfe, wird mir urplötzlich klar, dass mich das moderne Peking anödet. Weil es aussieht wie bei uns, so gleich, so gräulich, so eiskalt. Barbarische Modernisierer – *the global Idiots* – hinterlassen an allen Ecken der Welt ihre Duftnoten. Und die stinken vor Langeweile. Jetzt auch in der chinesischen Hauptstadt.

Ich fliehe in die *Hutong*. Jene alten Gassen, die (bisher) noch von den Betonbirnen verschont blieben. Hutong, vermutet man, bedeutet „Pfad zwischen Jurten", Anspielung auf die Reiter Kublai Khans, die hier vor 700 Jahren ihr Feldlager aufschlugen. Heute stehen keine Zelte mehr, dafür einstöckige Häuser, eng nebeneinander, oft nach den konfuzianischen Grundregeln von Ordnung und Harmonie angelegt: mehrere Zimmer mit einem gemeinsamen Innenhof, immer so arrangiert, dass das morgendliche Licht durch den südöstlichen Eingang auf den Hausaltar fällt.

Die sanitären Verhältnisse sind wüst, und im Winter verhindern rostige Koksöfen nicht viel mehr als den Kältetod. Alles wäre renovierbar, wenn die zuständigen Bürokraten und die sie sorgsam abschmierenden Immobilienzuhälter sich nicht darauf geeinigt hätten, dass Profitgier glorios sei. Dazu, schon wieder, Konfuzius: „Undenkbar zu billigen, dass jemand seine Freude auf den Schmerz eines andern baut."

Das Sinnlichste in den Hutong ist die Tatsache, dass keine Autos vorkommen. Die meisten „Pfade" sind einfach zu eng. Zweimal habe ich – mitten im Pekinger Verkehr – ein Taxi verlassen: nach 20 Minuten absoluten Stillstands in einer Gaswolke. Hier in den schmalen Gassen jagen den Fußgänger keine Hupen, hier hört man das Klappern von Sandalen, das Kichern von Himmel und Hölle spielenden Kindern, das Klingeln von Fahrradglocken. Und keine Hunde kläffen. Sie gelten noch immer als Schädlinge der Arbeiterklasse, als „unnötige Fresser."

Das Leben spielt vor der Tür: auf den Stufen oder winzigen Hockern sitzen und Zeitung lesen oder Tee schlürfen oder Domino spielen oder reden und den Kopf nach links zum einen und nach rechts

zum anderen Nachbarn wenden. Die ambulanten Scherenschleifer klappern, der Gemüsehändler zieht mit seinem Karren vorbei, einer kommt mit seinem Bauchladen und schreit in die offenen Türen, dass der Mann mit dem Bauchladen da ist. Ein freischaffender Ohrenreiniger übernimmt für einen Yuan (23 Pfennige) die öffentliche Reinigung – immerhin schauen zwölf aufmerksam zu – meiner beiden Ohren. Der behutsam nach draußen beförderte Schmalz wird säuberlich auf meinen Schultern deponiert. Als Beweisstücke gründlicher Arbeit.

Alle 50 Meter sieht man einen älteren Menschen mit einer roten Binde am rechten Oberarm. Intelligent wäre, sich gut mit ihm zu stellen. Der Mensch sorgt dafür, dass die Wege sauber bleiben, treibt das Geld für die Stromrechnung ein und schlichtet Streit. Und trägt zu. Wer gegen die Regierung stänkern will, sollte es außer Hörweite tun. Peking wimmelt – auch im 23. Jahr nach Maos Tod – von nebenberuflichen Spitzeln.

Im ersten Abendlicht – genau dann sieht ein Hutong verdammt romantisch aus – treffe ich den alten Sang May Sun. Mit nacktem Oberkörper und weißem Mongolenbart macht er Tai-Chi. Kaum bog ich ums Eck, schrie er mich an, auf Englisch(!): „I am deaf, please shout." Offensichtlich ist er davon überzeugt, dass ich ebenfalls schwerhörig bin. Also schreien wir uns vergnügt an. Und Sang May Sun macht die wunderbaren Tai-Chi-Bewegungen vor und fordert mich gleichzeitig (gellend) auf, sie nachzumachen. Und so üben ein eleganter Chinese und eine eckige Langnase im Rot der späten Pekingsonne die Kunst des Gleichklangs.

Aber der innigste Abend kam 24 Stunden später. George (alias Yu) und ich radeln den weiten Weg zum Poly Plaza Theatre. Und in einem Pulk von 100 Chinesen Rad zu fahren erweist sich als reinste Meditation. Kein Reintreten, kein Leerlauf, kein Abbremsen. Und kein Beschleunigen, Stoppen und erneutes Loslegen. Dafür: dieses gleichmäßig zügige Fahren, diese eine durchgehende Bewegung, diese so heilende Gleichmütigkeit.

Und hinter den Türen des Poly Plaza produzieren sie das Schwerste, was es gibt: Leichtigkeit, das Ziel allen Gleichmuts. Chinesische Akrobaten segeln Sonnenschirme und ihren Körper durch die Luft. Wir Zuschauer sind alle auf der dunklen Seite der Erde zur Welt gekommen und werden nie ihr Geheimnis begreifen. Wir atmen nur alle unhörbar.

Gäbe es je ein Souvenir, das ich einpacken ließe, es wäre dieses Wunder der Leichtigkeit aus Peking.

Info und Karte Seite 42

ANDREAS ALTMANN lernte Asien durch ausgedehnte Reisen kennen und lebte eine Zeitlang in einem buddhistischen Kloster. China ist für ihn ein Land, zu dem

man seine Zuneigung erst schmieden muss. Ist diese nach 20 000 Kilometern dann immer noch da, so bleibt sie: lang, lang, lang.

RALF KREUELS, geboren 1962, lernte in Peking Familie Wu kennen, die aus ihrem traditionellen Hutong in ein Hochhaus am Stadtrand umgesiedelt werden sollte. Doch auch das – für uns unvorstellbar

– nahm sie gelassen. Ralf Kreuels fotografierte auch „Hongkong" (Seite 138) und „Traditionelle Chinesische

6 Kurz und knapp: Die Online-Medien

Die Diskussion, ob die Printmedien langsam von den Online-Konkurrenten abgelöst werden oder nicht, erhitzt die Gemüter der Medienwelt. Unabhängig von dieser Kontroverse ist es für den Reisejournalisten aber auf alle Fälle sinnvoll, sich beiden Bereichen zuzuwenden: Schnell lässt sich so die Zahl der potentiellen Auftraggeber verdoppeln. Mit steigender Tendenz. Obwohl noch immer viele Zeitschriften ihre Printtexte unverändert in die Internetausgabe übertragen, hat sich in den letzten Jahren ein echter Online-Journalismus entwickelt: Separate Redaktionen, die oft nicht mehr viel mit den Printkollegen zu tun haben, kaufen eigens für das Internet konzipierte Artikel. Und weil im Internet immer auch der Zwang schneller Aktualisierung besteht – also ein hoher Durchlauf an Artikeln das Tagesgeschäft prägt –, können viele Redaktionen ihre Online-Version gar nicht mehr aus den eigenen Reihen füllen. Das ist die Chance der Freien und Neueinsteiger, die sich anderswo schwer tun.

Liest man die Online-Texte aufmerksam, fällt schnell auf: Stilistisch unterscheiden sie sich oft von vergleichbaren Artikeln der Printmedien, und sie sind auch anders strukturiert. Der Hauptgrund: Es ist für das Auge erheblich schwerer, Texte am Bildschirm zu erfassen. Die Leser werden daher schneller ungeduldig, zumal sie die Lesestunde nicht gemütlich im Ohrensessel, sondern meist am Schreibtisch verbringen. Wenn die Internetmedien sich dennoch großer Beliebtheit erfreuen, dann weil einige wichtige Gründe für sie sprechen:

Aktualität

Schon wenige Minuten nach dem Nachrichtenereignis kann die Online-Redaktion reagieren und ihren Lesern die neuesten Entwicklungen präsentieren. Printmedien müssen auf den nächsten Redaktionsschluss und Drucktermin warten. Und der kann bei Zeitschriften durchaus noch einige Tage oder Wochen in der Zukunft liegen.

Permanente Verfügbarkeit der Informationen

Im Internet entscheidet der Leser selbst, wann er welche Informationen benötigt. Servicethemen sind dann verfügbar, wenn der Leser sie braucht, nicht, wenn das Medium sich entschließt, sie anzubieten.

Gebündelte Informationen

Dank Datenbanken lassen sich Informationen im Internet vielfältig zusammenfassen. Zum Beispiel als „Webdossiers“: Die gebündelte Präsentation einzelner Artikel zu einem Themenbereich helfen dem Leser, sich umfassend zu informieren. Werden die einzelnen Artikel des Dossiers aktualisiert, sind die Änderungen auch für den Leser des Webdossiers sofort ersichtlich.

Informationstiefe

Trifft der Leser online auf ein interessantes Thema, kann er durch eingebettete Links sofort auf weiterführende Informationen zugreifen. Ob und wie oft er dieses Angebot nutzt, entscheidet allein der Leser.

Multimedia

Dank Audio- und Videoelementen können Online-Informationen sehr vielfältig dargeboten werden.

Stilistische Besonderheiten

Stilistisch gesehen scheinen Online-Texte auf den ersten Blick erheblich weniger anspruchsvoll: Kurze Sätze, knappe Aussagen und kaum literarische Elemente prägen den Stil vieler Internetseiten. Doch Vorsicht: Lassen sich eventuelle strukturelle Schwächen im Print noch mit ansprechenden Formulierungen und einem allgemeinen Lesevergnügen vertuschen, zeigt sich der Online-Leser in dieser Hinsicht erheblich anspruchsvoller: Wird er nicht schnell genug eingebunden, klickt er weg. Anders als in den Printmedien schauen Online-Leser nicht zuerst auf die Bilder, sondern auf den Text: Sie müssen sich mit jedem Klick neu orientieren und sind daher auf Textinformationen angewiesen. Auch aus diesem Grund muss der Text schnell und deutlich verraten, welchem Thema er sich widmet.

Besonders bei Teaser und Zwischenüberschriften ist dieser Unterschied zum Printbereich sehr deutlich: Anstelle von witzigen Wortspielereien oder kryptischen Andeutungen sind sie meist sehr nüchtern gehalten. Sie dienen, ähnlich wie Straßenschilder, nicht dem Lesegenuss, sondern der schnellen Orientierung.

Struktur ist alles!

In der Vielfalt von internen und externen Links, Bildern, Texten und Animationen braucht der Online-Leser klare Anleitungen, denn aus dem Angebot ergibt sich optisch erst einmal keine logische Lesestruktur. „Pro Satz ein Gedanke, pro Absatz ein Aspekt" lautet die vereinfachte Grundregel.

Längere Internettexte müssen klar strukturiert werden: Entweder wird der Text komplett auf einer Webseite präsentiert, die aber per seiteninterner Links eine schnelle Navigation erlaubt, oder er wird in kleine Häppchen portioniert, die Site-intern verlinkt werden. In diesem Fall sieht der Leser auf Anhieb nicht den gesamten Text und muss für die Fortsetzung jeweils weiterklicken. Der Autor kann nun eine Reihenfolge empfehlen, zum Beispiel durch Nummerierung des Angebots. Oder aber er lässt dem Leser die freie Auswahl, wenn das Thema keine zwingende Reihefolge benötigt.

Wichtig ist bei beiden Alternativen: Gelingt es nicht, dem Leser prägnant mitzuteilen, was sich hinter den Links verbirgt, verliert er die Übersicht.

Der Link zur Welt

Ob man weiterführende Links separat anbietet, also „extratextuell", oder im Text „intratextuell" unterbringt, ist Geschmackssache. Der Zugriff direkt aus dem Text gestaltet sich schneller, stört aber den Lesefluss. Soll der Leser weniger in Versuchung geführt werden, die Lektüre zu unterbrechen, bietet es sich an, die Links in einem Kasten neben dem Text unterzubringen.

Klassische Informationen für den Linkkasten sind Kurzbiographien der im Hauptartikel erwähnten Personen, statistische Daten, Verweise auf bereits erschienen Texte, Karten, Worterläuterungen und verwandte Artikel.

In diesem Zusammenhang taucht immer wieder auch der Begriff „Deep Linking" auf: Gemeint sind externe Links, die nicht auf die Startseite einer anderen Webseite führen, sondern auf die eigentliche Seite, deren Inhalt von Relevanz ist. Für den Leser bedeutet dies, das er die gewünschten Informationen schnell findet, für den Autor ergibt sich daraus mehr Arbeit, denn er muss hin und wieder überprüfen, ob die angegebene Seite überhaupt noch existiert.

Das Content Management System (CMS)

In der Regel werden die Texte in ein Content Management System (CMS) eingespeist. Sie sind damit besonders aktuell und können unabhängig vom Print-Turnus veröffentlicht werden. Ohne CMS wäre die Aktualität der Online-Medien wahrscheinlich gar nicht möglich: Anstatt die Seiten bei jeder kleinen Änderung neu aufzubauen oder in HTML zu programmieren, sorgen die Managementsysteme für die Verwaltung der Texte, Abbildungen und andere Elemente der Webpräsenz. Via Maske werden die Texte einfach nur noch eingespeist, Titel und Teaser markiert und die passenden Bilder zugeordnet. Feste Vorlagen, sogenannte Templates, sorgen dafür, dass die Webseiten einheitlich aussehen. Auch Änderungen an bereits bestehenden Texten erfolgen über CMS.

Für den Online-Redakteur bedeutet dies, dass er sich erheblich mehr technischen und administrativen Aufgaben wie der Datenbankpflege widmen muss und im negativen Fall einen großen Teil der Zeit damit verbringt, die Texte von Kollegen und Freien einzuspeisen.

Der Leser wiederum wird eher die positiven Seiten sehen: Dank des CMS bieten ihm viele Internetmedien die Möglichkeit, personalisierte Seiten zu erstellen. Wer beispielsweise auf die Nachrichtenseite von Google (http://news.google.com) geht, kann sich eine individuelle Nachrichtenseite zusammenstellen lassen: Er sucht die Region aus, Branchen, Ressorts und allerhand andere Einstellungen, die ihm auf der Startseite nur noch die gewünschten News präsentieren.

Checkliste

Checkliste Online-Texte

- Ist der Text knapp und prägnant gehalten?
- Ist der Text in logische Einheiten strukturiert?
- Haben Sie die Zwischenüberschriften einfach und informativ formuliert?
- Gibt es weiterführende Links, die dem Leser nützliche Informationen und Hintergründe liefern?
- Haben Sie die Seriosität und Aktualität der externen Links überprüft?

7 Leitfaden zur Bebilderung: Von der Technik bis zur Umsetzung

Auch wenn es manch einem freien Journalisten hin und wieder gelingen mag, den reinen Text zu verkaufen: In der Regel gehen Zeitschriftenredaktionen davon aus, dass der potentielle Autor auch die passende Bebilderung liefert. Und dies erweist sich als gar nicht so einfach. Denn Reisefotografie hat nichts mit Urlaubsfotos zu tun. Sie dient nicht der Erinnerung oder der simplen Darstellung eines im Artikel erwähnten Motivs. Bilder sind pure Lockmittel, der Speck in der Mausefalle: Die meisten Leser blättern in der Zeitschrift, bevor sie sich für die Lektüre des einen oder anderen Artikels entschließen oder das Blatt überhaupt erst kaufen. Bilder spielen dabei eine entscheidende Rolle. Ginge es lediglich darum, Informationen per Text aufzunehmen, wäre ein Buch oft die bessere Alternative. Mit einer Zeitschrift oder dem Reiseteil der Zeitung will der Leser auch unterhalten werden, Fernweh empfinden, ein mehr oder minder fremdes Land am eigenen Leib spüren. Und weil es nun mal nicht so einfach ist, sich ferne Welten vorzustellen, liefern Bilder schnell abrufbare Informationen. Nicht zuletzt belegen sie auch das Geschriebene: Seht her, so ist es wirklich! Für andere Leser spielt der Wiedererkennungswert eine große Rolle: Holla, den Strand kenn ich doch! Und schon liegt die Zeitschrift im Einkaufskorb.

Fotos transportieren parallel zum Text immer auch unterschwellige Botschaften, Gefühle und Informationen, die der Leser nur unterbewusst wahrnimmt: Das Foto eines leicht schmuddeligen Basars weckt völlig andere Assoziationen als die Großaufnahme eines Stapels prachtvoller Stoffe: Dritte Welt versus luxuriöser Orient und Tausend-und-eine-Nacht. Selbst Geschwindigkeiten vermittelt das Foto: Eine rasante Reportage lässt sich eben nicht mit einem rührigen Stillleben bebildern, während ein nachdenklicher Reisebericht kaum durch bewegte, unscharfe Bilder ergänzt werden kann.

Schon vor der Reise bzw. vor der Themenfindung ist es daher sinnvoll, sich Gedanken über die Bebilderung zu machen: Wie soll der Artikel illustriert werden? Welche Motive eignen sich? Können Bilder im Notfall von externen Quellen besorgt werden?

Das gemeine Städteportrait erweist sich in dieser Hinsicht noch als einfachste Übung, schließlich bleibt es dem Autor überlassen, welche Aspekte der Stadt er beleuchtet. Spezielle, gar brandheiße Themen stellen schon höhere Anforderungen an den Fotografen: Die mitreißende Reportage über das Leben der Slumbewohner einer brasilianischen Großstadt wird es kaum bis in ein Hochglanzmagazin schaffen, wenn sich kein einziger der Hauptakteure fotografieren lässt. Hin und wieder scheinen selbst die einfachsten Foto-Herausforderungen überraschend hoch: Ein Hotelzimmer oder Restaurant von innen ablichten? Das kann doch nicht so schwer sein. Doch, ist es. Genauso wie heiße Quellen (der Wasserdampf!), Naturgewalten, bewegte Sportarten, Essen in jeder Form und karge Landschaften. Hier ist Kreativität gefragt: Ein Taifun lässt sich vielleicht auch durch ein Satellitenbild illustrieren. Wenn die Totale nicht möglich ist, tut es vielleicht auch ein kleines Detail, das dieselben Assoziationen hervorruft.

Auf alle Fälle lohnt es sich, unterwegs zu fotografieren. In großen Mengen und je abgelegener das Reiseziel, desto mehr. Das passende Bildmaterial für einen Artikel über einen isolierten Indianerstamm der Anden beispielsweise lässt sich nach der Rückkehr nur schwerlich beschaffen. Ganz davon abgesehen, dass es sich die meisten Redaktionen heute gar nicht mehr leisten, externe Fotos dazuzukaufen oder stundenlang nach geeignetem Material zu suchen.

Dank der Digitalkamera ist es heute keine finanzielle Frage mehr, unterwegs quasi jeden Mülleimer aus allen Perspektiven abzulichten. Meist braucht es nicht einmal tief greifende Kenntnisse der Fotografie: Gute Kameras sind heute mit einer akzeptablen Automatikeinstellung ausgestattet, und wer zuhause einige Stunden damit übt, hat gute Chancen, unterwegs das eine oder andere gute Foto zu schießen. Das richtige Auge für Motiv und Aufnahmewinkel, Licht und all die anderen „Kleinigkeiten“, die aus einem Foto ein wirklich gutes Foto machen, kann die Technik freilich nicht ersetzen. Einen künstlerischen Bildband sollte man sich bei dieser Methode daher nicht vornehmen, sondern einen soliden Grundstock an Aufnahmen anvisieren.

Technische Grundlagen

Vor der Bildplanung gilt es einige technische Details zu beachten:

Digital oder Dia?

Generell gilt: Digitale Aufnahmen sind besser verkäuflich als Dias oder Fotos. Schlichtweg, weil sie sofort verwendbar sind und auf den ersten Blick auf dem Computer Qualität und Größe verraten. Zudem müssen Dias und Fotos erst gescannt werden, meist in einer Lithoanstalt, was Zusatzkosten verursacht und Zeit in Anspruch nimmt. Wenn es dennoch ein Foto sein muss (zum Beispiel bei alten Filmen): Mit gutem Papier und professioneller Entwicklung lässt sich noch einiges an Qualität herausholen.

Bildgröße/Auflösung

Magazine und Zeitschriften akzeptieren in der Regel keine Bilder unter 300 dpi. Mit dieser Angabe ist die Datendichte der „Dots per Inch", also der Pixel pro Zoll gemeint. Je höher die Datendichte, desto qualitativ hochwertiger ist das Bild. Dies macht sich natürlich in der Dateigröße bemerkbar: Eine digitale Aufnahme, die auch noch auf DIN A3 gedruckt etwas hermacht, kann (je nach Dateiformat, siehe Seite 158) gut und gerne 7 MB groß sein. Für Tageszeitungen können 180 dpi ausreichend sein, während online mit einer Auflösung von 72 dpi gearbeitet wird.

Bleibt die Frage: Wie lässt sich die Auflösung feststellen? Die gängigen Bildbearbeitungsprogramme bieten die Möglichkeit, diese Daten abzurufen und, falls gewünscht, zu verändern.

Beispiel Photoshop:

Öffnen Sie die Datei und klicken Sie in der Menüleiste unter „Bild" auf die Funktion „Bildgröße". In dem nun erschienenen kleinen Fenster lässt sich die Auflösung ablesen:

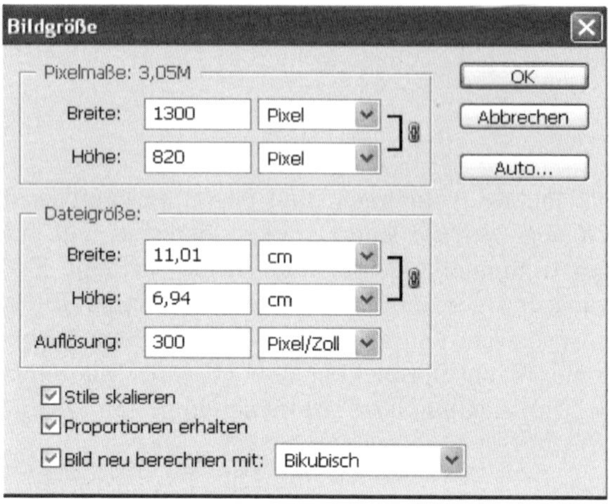

Entfernt man das Häkchen aus der Option „Bild neu berechnen“, passen sich alle Werte dem veränderten Wert an. Im Klartext bedeutet das: Ihr Bild ist bei 72 Pixel/Zoll 20 x 30 cm groß. Viel interessanter wäre es jedoch zu wissen, wie groß das Foto bei einer Auflösung von 300 Pixel/Zoll ist. Schreiben Sie 300 in das Feld „Auflösung“, und die anderen Werte verändern sich automatisch. Aha! Es sind nur noch 4,5 x 7,2 cm. Kein Material für eine Doppelseite also. Ähnliche Funktionen gibt es praktisch in jeder Bildbearbeitungssoftware.

Dateiformat

Die meisten Kameras bieten als Dateiformat die Auswahl zwischen .raw, .tif und .jpeg. Die Bildqualität ist im TIF-Format sicher die beste, erzeugt allerdings enorm große Dateien. Ein 300dpi Bild auf der Größe einer Doppelseite ist dann ungefähr 7 bis 8 MB groß. Dasselbe Motiv derselben Auflösung und Größe verbraucht als JPEG-Datei nur noch 2 bis 3 MB Speicherplatz, bietet aber weniger Qualität, da hier mehr interpoliert wird: Die Kamera nimmt selbständig Abgleichungen vor, um die hohe Datendichte zu erzeugen. Wenn die meisten Fotografen trotzdem direkt mit Jpeg arbeiten, dann deshalb, weil die kleinen Qualitätsunterschiede auf dieser Ebene einfach kaum eine Rolle spielen. Eine schnelle Bildserie lässt sich bei den meisten Kameras mit der TIF-Einstellung nicht mehr schießen, da der Apparat zu lange braucht, um die Bilder zu speichern, und in dieser Zeit nicht sofort wieder einsatzfähig ist. Bevor Sie sich für ein Format entscheiden, schießen Sie jeweils eine Probeserie und vergleichen Sie am Computer mit mindestens 200-prozentiger Bildschirmdarstellung.

Grundregeln zur Motivwahl

Verschiedene Motive aufnehmen

Wie ärgerlich ist es, nach der Rückkehr aus Singapur festzustellen, dass man für einen ungeplanten Artikel dringend ein lokales Taxi bräuchte, aber leider versäumt hat, eines zu fotografieren. Klassiker wie öffentliche Verkehrsmittel, typische Straßenschilder, Wahrzeichen oder Flaggen sollte man immer ablichten und auch sonst möglichst viele Motive fotografieren. Bildauswahl ist eine Geschmacksfrage. Deshalb ist es sinnvoll, eine gute Mischung aus Vollansichten, kleinen Details, Landschaften, Gebäuden und Menschen in Großaufnahmen zusammenzustellen. Besonders wichtig sind „Joker“, Aufnahmen, die eigentlich immer passen. Ein klassisches Beispiel wäre die Geisha in Japan, die Skyline in New York oder das Bankenhochhaus in Frankfurt. Bilder also, die sehr knapp das gängige Klischee einer Destination zusammenfassen und die einen hohen Wiedererkennungswert haben. Auch wenn Sie im Text die Klischees widerrufen, kann es von Vorteil sein, den Leser mit einem Klischeebild zur Lektüre zu verlocken. Nur wenn er die Destination anhand der Bilder erkennt, kann er Interesse entwickeln.

Viele unterschiedliche Perspektiven und Ansichten wählen

Um beim Beispiel des Mülleimers zu bleiben: Man kann ihn von vorne, von der Seite, von schräg unten oder von oben fotografieren, man kann den Deckel in den Vordergrund stellen oder eine besonders verbeulte Ecke heranzoomen. Wichtig ist: Viele verschiedene Ansichten sollten dabei sein, gerne auch die eine oder andere ungewöhnliche. Auch der Wechsel zwischen Hoch- und Querformat darf nicht vergessen werden.

Die Wetterfrage

Egal wie interessant das Motiv ist: Bilder mit diesigem Himmel sind nur schwer zu verkaufen und wirken gedruckt meist langweilig. Gerade bei kürzeren Reisen kann trübes Wetter jeden Fotografen in den Wahnsinn treiben. Auch Nieselregen und Matschwetter lösen bei Reisefotografen gerne

Depressionen aus. Da sich die lokale Wetterlage nun einmal nicht ändern lässt, sollte man bei schlechter Witterung wenigstens auf die dramatischen Aspekte ausweichen: Wolken, ja. Aber dicke, bedrohliche! Auch Regen ist akzeptabel, wenn er nur so deutlich abgelichtet ist, dass der Betrachter schon vom Anschauen nasse Füße bekommt. Trotzdem: Im Zweifelsfall hat das sonnige Bild Vorrang.

Achtung, Licht!

Generell macht gerade Sonneneinstrahlung Bilder immer etwas farb- und kontrastlos. In der grellen Mittagssonne lassen sich daher nur schwer ansprechende Aufnahmen erzeugen. Besser sind die frühen Morgenstunden oder der Nachmittag geeignet. Gleiches gilt für den Einsatz des Blitzlichts: Manchmal lässt es sich nicht umgehen, oft jedoch wird damit jede Atmosphäre zerstört. Vorteilhaft ist es, bei zweifelhaften Lichtverhältnissen einfach alle Motive sowohl mit als auch ohne Blitz aufzunehmen oder Geld in ein hochwertiges, schwenkbares Blitzgerät zu investieren, das auch einen indirekten Blitz ermöglicht.

Keine zu engen Ausschnitte anlegen

Bilder lassen sich am Computer problemlos zurechtschneiden, aber leider nicht erweitern. Deshalb ist es im Zweifelsfalle besser, einen größeren Ausschnitt zu wählen.

Tipps zur Kamera-Wahl

Es gibt zahllose Kriterien bei der Wahl einer guten Kamera und diverse Zeitschriften, die sich mit Leidenschaft den Funktionstests neuer Kameras verschrieben haben. Abgesehen von den üblichen technischen Kriterien gibt es jedoch einige Punkte, die für den Reisejournalisten von besonderer Bedeutung sind.

Rechenleistung und Auslösezeit

Bewegte Objekte und Menschen sind schwer zu fotografieren. Hier gilt es schnell zu reagieren. Ist die Kamera zu langsam, vergehen zwischen dem Klick am Auslöser und der Aufnahme zwei volle Sekunden, und das Motiv ist längst verschwunden. Die Auslöseverzögerung (bedingt durch die Rechenleistung der Kamera, also den Prozessor) ist daher ein wichtiger Aspekt beim Kamerakauf.

Batterieleistung

Besonders bei Reisen in abgelegene Gebiete spielt die Batterieleistung eine große Rolle. Wie viele Bilder lassen sich mit einer Batterieladung schießen, und wie lange läuft die Kamera (schließlich wird sie nicht nach jeder Aufnahme unbedingt sofort ausgeschaltet) am Stück?

Lichtempfindlichkeit

Die ISO-Zahlen geben Auskunft über die Lichtempfindlichkeit und damit die Fähigkeit der Kamera, auch unter schlechten Lichtverhältnissen noch gute Bilder zu schießen. Wer viel in der Dämmerung oder nachts fotografieren möchte, braucht hohe ISO-Werte.

Zoom

Das ostasiatische Faible, sich beim Anblick einer Kamera blitzschnell zu einem Gruppenfoto mit erhobenem Victory-Finger zu formieren, stürzt Reisefotografen in tiefe Verzweiflung. Das gibt es nur eines: Diskret fotografieren. Am besten aus der Entfernung. Der Zoom spielt daher eine große Rolle. Wichtig: Der optische Zoom, nicht der digitale, dessen Vergrößerungseffekt durch Interpolation entsteht und die Bildqualität extrem verschlechtert!

Bildgröße

Mittlerweile kann der Laie selbst mit Handy-Kameras Fotos von mehr als drei Megapixel schießen. Theoretisch beschreibt dieser Wert die Datenmenge, also die Größe der Fotos. Doch „mehr" bedeutet nicht immer unbedingt „besser": Je mehr lichtempfindliche Sensoren auf dem Fotochip untergebracht werden müssen, desto kleiner werden die Sensoren. Die Folge: Oft können diese weniger Licht einfangen. Auch wenn dieser Effekt durch elektronische Verstärkung ausgeglichen werden soll, leidet die Bildqualität. Gerade bei Kameras mit hoher Megapixel-Angabe lohnt es sich daher, Probeaufnahmen zu machen.

Gebrauchsanweisung für den Umgang mit Bildredakteuren

Sind die Bilder erst einmal geschossen, der Artikel dazu geschrieben, muss alles nur noch an den zuständigen Redakteur geschickt werden.

Keine zu große Auswahl schicken

So gerne Redakteure auch aussuchen, niemand hat Lust, 300 Bilder zu durchforsten, wenn es letztlich um fünf Abbildungen im Text geht. Am besten spricht man die Anzahl vorher ab. Ansonsten gilt: Circa doppelt so viele Bilder liefern wie gebraucht werden.

Die schlechten Bilder aussortieren

Wahllos ganze Verzeichnisse mit Daten zu schicken verwandelt den verantwortlichen Redakteur ganz bestimmt nicht in einen potentiellen Freund. Zudem erweckt es den Eindruck, der Fotograf könne selbst nicht zwischen guten und schlechten Aufnahmen unterscheiden.

Dateinamen vergeben

Dateinamen wie P300786 oder USC49999 verraten leider wenig über das Motiv und sind so einprägsam wie die Lottozahlen von vorletzter Woche. Viel angenehmer gestaltet sich der Umgang mit sinnvoll ausgezeichneten Bildern. Bei der Benennung tut man gut daran, nur internationale Zeichen zu verwenden, also keine Umlaute oder andere Sonderzeichen. Viele Verlage lassen die Bearbeitung ihrer Bilder im Ausland erledigen, wo typisch deutsche Buchstaben zu Problemen führen können.

Bilder gruppieren

Wenn es Ihnen schwer fällt, sich für einen Stil zu entscheiden, Sie sich nicht sicher sind, ob der Verlag lieber einen leicht trashigen Touch oder eben die völlig designte Linie vertritt: Gruppieren Sie die Bilder zu Stilserien. Dann reicht ein Blick, und der Redakteur kann mit der Sichtung der Serie beginnen, die ihn am meisten anspricht.

Bilderliste einfügen

Im Idealfall gehört zur Bilder-CD eine Bilderliste samt Erläuterungen zu den Bildmotiven und Bildunterschriften. Je größer das Projekt, desto eher wird sie gebraucht!

Der richtige Versand

Handelt es sich um einzelne Fotos, spricht nichts gegen eine schnelle E-Mail. 50 Aufnahmen à 7 MB sind allerdings auf einer CD besser aufgehoben. Dem Redakteur die Mailbox zu sprengen ist kein guter Anfang für eine langjährige Zusammenarbeit. Große Redaktionen bieten oft auch die Möglichkeit des Transfers per FTP.

Wenn es schnell gehen muss, schicken Sie eine verkleinerte Voransicht und liefern nach Rücksprache nur die wirklich nötigen Bilder in hoher Auflösung per E-Mail.

Bildbearbeitung und Eigen-Scans

Sofern Sie kein Profi sind: Besser nicht! Mit Photoshop lässt sich aus manch einem zu dunklen oder unscharfen Bild noch einiges herausholen. Aber eben nicht, wenn das Bild bereits bearbeitet wurde. Der Alptraum eines jeden Redakteurs ist die vollmundige Ankündigung guten Fotomaterials – gefolgt von einer Reihe unscharfer Bilder, die sich bestenfalls auf Briefmarkengröße drucken lassen und an denen bereits sichtlich herumgedoktert wurde. Bei Fotos und Dias gilt daher die Grundregel: Nicht selber scannen (es sei denn, Sie besitzen eine sehr gute Ausrüstung), sondern dies den Verlag erledigen lassen.

Keine unersetzbaren Originale schicken

In der Regel liegt heutzutage das Bildmaterial in digitaler Form vor. Arbeiten Sie noch mit Dias oder Fotos, schadet es nicht, eventuell eine Kopie anfertigen zu lassen: Auch gute Verlage sind nicht vor Verlust und Fehlern gefeit.

Die Bildunterschrift

Egal wie betörend schön eine Aufnahme ist, man muss sie dem Leser erklären. Per Bildunterschrift (BU). Immer! Doch wie soll es nur möglich sein, den Inhalt eines Fotos in einem oder maximal zwei Sätzen zusammenzufassen? Allzu gerne würde manch ein Schreiber auf die BUs verzichten. Doch wie bereits erwähnt, spielen Bilder bei der Entscheidung für oder gegen einen Artikel eine große Rolle. Bleibt der Blick eines Lesers am Bild hängen, liest er zunächst die Bildunterschrift. Dies meist sogar noch vor dem Titel des Artikels. Nur wenn ihn auch dieser Text anspricht, wandert das Auge an den Anfang des Textes, bekommt der Artikel als Ganzes eine Chance. Bilder samt Unterschriften sind also in gewisser Hinsicht der Köder für den Leser.

Die Bildunterschrift liefert dem Leser dabei Informationen, die dem Bild nicht zu entnehmen sind: Zum Beispiel Ort und Zeitangaben, Namen, Koordinaten, die dem Leser helfen, das Gesehene einzuordnen. Allzu Offensichtliches darf dabei nicht allein stehen: Das Bild eines Sonnenuntergangs am Meer sollte nicht just mit den Zeilen „Sonnenuntergang am Meer" untertitelt werden – das würde dem Leser schon arge Dummheit unterstellen. Schön wäre es, dem Sonnenuntergang nicht nur einen Ort zuzuweisen (aha, in Mexiko!), sondern auch den Bezug zum Text herzustellen: Warum nur hat der Journalist dieses Bild überhaupt verwendet? Wieso soll der Sonnenuntergang am anderen Ende der Welt interessant sein?

So findet sich in einem Artikel über die Wüstenstadt Timbuktu die Nahaufnahme eines arabischen Textes aus einem offensichtlich antiken Buch. Das macht neugierig. Doch erst die Bildunterschrift verrät dem Leser, warum der alte Text so spannend ist:

> „Gold, Salz und Bücher. Die Manuskripte kamen mit Kamelkarawanen nach Timbuktu. Neben dem Salz waren Bücher im Mittelalter die wertvollste Handelsware. Bis zu einem halben Kilo Gold zahlte man in Timbuktu für die Abschrift eines Buches." (Horizonte 2/2004, „Die geheime Wüstenstadt", S. 11, von Matthias Held)

Ähnlich auch die Bildunterschrift einer doppelseitigen Abbildung eines gigantischen Wasserfalls. Das Besondere an der Aufnahme: Gerade schießt ein Kajak-Fahrer mit seinem Boot über die Kante in den tosenden Abgrund. Der Text klärt auf:

„Gewaltig ist der Goňafoss im Norden, der ‚Wasserfall der Götter'". Und die Götter waren dem britischen Extrem-Kajakfahrer Shaun Baker gewogen, als er sich für einen Werbefilm 12 Meter tief in das tosende Wasser stürzte. Er überstand den Stunt unbeschadet." (Merian Island, S. 26–27, Text von Henryk M. Broder).

Was genau Bildunterschriften enthalten müssen und wie sie denn nun aufgebaut werden sollten, da gibt es sehr unterschiedliche Meinungen. Manche Zeitschriften arbeiten mit Originalzitaten aus dem Text, andere ordnen die Bildunterschriften so, dass sie zusammen eine Art Kurzfassung des Textes ergeben. Daneben lassen sich mit Bildunterschriften natürlich noch allerhand andere Effekte erzielen: Das vermeintlich ironische Bild wird natürlich erst durch die BU ironisch. Ebenfalls wirksam sind Schockeffekte: Der Kontrast zwischen dem Fotos eines „süßen kleinen Jungen in lokaltypischer Kleidung" und einer BU, die ihn als Kinderarbeiter einer Ziegelbrennerei ausweist, kann durchaus zum Weiterlesen anregen.

Neben derartigen Informationen muss die Bildunterschrift auch die Quelle enthalten: Fotograf, Agentur oder Fremdenverkehrsamt müssen rechts unten vermerkt werden. Alternativ können diese Angaben auch am Rande des Bildes selbst stehen.

Eines jedoch darf die Bildunterschrift nicht: Lügen. Bei einem Shanghai-Artikel schnell noch ein passendes Menschenbild aus Hong Kong einfugen, das merkt garantiert keiner? Doch, der Fachmann, der den chinesischen Zeichen im Hintergrund sofort entnehmen kann, dass die alte Frau an einem Ort abgelichtet wurde, der die volksrepublikanische Schriftreform nicht vollzogen hat … Eines derartigen Faux-pas überführt zu werden ist schlichtweg peinlich.

Was ist mein Bild wert?

Meist viel zu wenig. Im schlechtesten Falle sind sie eine kostenlose Dreingabe zum Text, quasi die Grundvoraussetzung, dass der Text überhaupt angenommen wird. Andererseits gibt es durchaus auch noch Auftraggeber, die nach der sogenannten MFM-Liste zahlen (Der korrekte Name, unter dem die Liste auch im Internet zu googeln ist, lautet: „Bildhonorare – Übersicht der marktüblichen Vergütungen für Bildnutzungsrechte"). Sie wird jedes Jahr von der Mittelstandsgemeinschaft Foto-Marketing (www.mittelstandsgemeinschaft-foto-marketing.de), einem Arbeitskreis des Bundesverbandes der Pressebild-Agenturen und Bildarchive (BVPA), neu erstellt und soll als Richtschnur fungieren. Je nach Medium, Fotogröße und Auflage sind die Preise hier genau aufgelistet. Wer nach dieser Tabelle entlohnt wird, darf zufrieden sein.

Allzu große Illusionen sollte man sich allerdings nicht machen: Gerade Anfänger und Nischenschreiber tun sich schwer, eine derartige Entlohnung durchzusetzen. Kein Wunder, suggerieren doch kostenlose Datenbanken im Internet, dass es eigentlich völlig überflüssig ist, überhaupt für Bilder zu zahlen.

Ob man sie selbst für eigene Zwecke verwenden möchte, ist nicht zuletzt auch eine ethische Frage: Die meisten Datenbanken sind entweder gratis oder so günstig, dass die Fotografen mit ihren Bildern pro Download nur einige Cent verdienen. Für Profi-Fotografen ist dies natürlich eine existenzbedrohende Konkurrenz, die fälschlicherweise suggeriert, gute Bilder seien eben mal schnell für einen symbolischen Obulus aus dem Internet zu haben. Denn für diese Preise kann niemand mit teurer Ausrüstung wochenlang durch ferne Länder streifen und gute Bilder schießen.

Andererseits sind Internet-Datenbanken oft die letzte Chance, doch noch von Deutschland aus dringend benötigte Aufnahmen zu finden. Auch historische Bilder oder fachspezifische Aufnahmen sind oft nur in Datenbanken erhältlich.

Wenn es um klassische Aufnahmen geht, also Wahrzeichen wie das Kolosseum in Rom oder das Taj Mahal in Indien, können eventuell die Fremdenverkehrsämter weiterhelfen. Meist stellen sie gratis CDs mit gängigen Aufnahmen zur Verfügung. Exklusiv sind diese Aufnahmen dann allerdings nicht. Mit etwas Pech finden sich die Highlights einige Monate später in jedem zweiten Reisekatalog wieder. Trotzdem: Zum Lückenfüllen oder zur Bebilderung von kurzen Texten wie Meldungen etc. eigenen sie sich oft sehr gut.

Eine weitere Möglichkeit sind nationale und internationale Institutionen: Eine Reportage über die Situation des Süßwasser-Delfins in Asien wird nur schwer zu bebildern sein, schließlich zeigen sich die Tiere nur selten dem Kurzzeitbesucher. Hier können beispielsweise Umwelt- und Naturschutz-Organisationen helfen.

Wichtig jedoch bei allen diesen Lösungen: Die Nutzungsbedingungen lesen! Hier ist festgelegt, ob die kommerzielle Nutzung erlaubt ist und wie der Fotograf und die Quelle genannt werden müssen. Der Ausdruck „royalty free" ist dabei irreführend: Diese Bilder sind nicht kostenlos, sondern nur lizenzfrei. Das heißt im Klartext, dass die Bilder beliebig oft verkauft werden dürfen, der Zahlende also keine exklusiven Rechte erwirbt. Es kann also durchaus passieren, dass derartige Fotos auch in Konkurrenzartikeln erscheinen. Genau deshalb sind sie so günstig.

Kostenlose und preisgünstige Gratis-Datenbanken

http://de.fotolia.com
Fast drei Millionen lizenzfreie Bilder

http://visipix.dynalias.com
1,3 Millionen lizenzfreie Aufnahmen. Neben Fotos werden hier auch Drucke und gemalte Bilder zur Verfügung gestellt

www.aboutpixel.de
Zirka 30.000 lizenzfreie Bilder

http://bildindex.de
Bildarchiv des kunstgeschichtlichen Instituts der Philipps-Universität Marburg: Mit etwa 1,7 Millionen Aufnahmen ist es eines der größten Bildarchive zur europäischen Kunst und Architektur

www.imageafter.com
Die kostenlosen Fotos können auch nach Farbe sortiert werden

www.morguefile.com
Noch eine klassische Datenbank mit großer Auswahl

www.adpic.de
Professionelle, günstige Datenbank

www.istockphoto.com
Große Datenbank, geringes Entgelt

www.IntuitivMedia.de
Thematisch sortierte Bilder

www.niblack.org/imagebase
Private Datenbank mit kostenlosen Bildern

www.pixelio.de
Große Datenbank mit breitem, internationalem Spektrum

www.online-images.de
Gratis-Datenbank

www.piqs.de
Deutsche Datenbank, sehr schnell und praktisch aufgebaut

http://commons.wikimedia.org
Bilder, Diagramme, Fotos und vieles mehr; auch für historische Fotos ist Wikimedia Commons gut

www.openstockphotography.org
Erheblich schicker gestaltet als Wikimedia Commons greift es auf dieselben Bilder zurück

www.flickr.com
Noch ein gigantischer Klassiker

www.sxc.hu
Gut eine Viertelmillion kostenloser und günstiger Bilder: der Klassiker unter den Datenbanken

www.woophy.com
Datenbank mit Reise-Schwerpunkt mit rund 400.000 Fotos – sehr schöne und schnelle Vorschaufunktion

www.everystockphoto.com
1,5 Millionen Fotos – gratis, allerdings mit Verweisen auf kostenpflichtige Seiten

www.photoactive.de
Sehr schöne Bilder, allerdings gegen Bezahlung

www.photocase.com
Breites Spektrum, viele Reisebilder

Thematische Datenbanken

http://images.fws.gov
Bilddatenbank der US Fish & Wildlife Service

http://images.jsc.nasa.gov
Zahllose Luftaufnahmen der Erde und alles rund um die Raumfahrt

www.photolib.noaa.gov
Bilddatenbank der National Oceanic and Atmospheric Administration

http://rapidfire.sci.gsfc.nasa.gov
Das MODIS Rapid Response System: täglich aktualisierte Satellitenbilder der Erde, frei verfügbar

www.bilderwelt-av.de
Ampeln, Schilder und Symbole international

www.photolib.noaa.gov/otherphotos.html
Der Link zu vielen anderen Fotogalerien, die sich mit geologischen, geografischen und meteorologischen Bildern beschäftigen

www.vintagepixels.com
Historische Schwarz-weiß-Fotos, gratis

www.ancestryimages.com
Scans historischer Karten und Portraits, gratis

Regionale Datenbanken

http://orangetrash.d2.hu
Skurrile Bilder aus Ungarn

www.freestockphotos.com
Gratis-Datenbank mit Schwerpunkt Naher Osten

Andere

www.freelens.com
Datenbank des Berufsverbands der Fotografen

8 Verwandte Alternativen

Allein von Reiseartikeln leben, das fällt selbst den besten Schreibern schwer. Rund um die journalistischen Tätigkeiten ergeben sich jedoch auch andere Erwerbsmöglichkeiten. Texte werden schließlich nicht nur in Zeitungen und Zeitschriften gebraucht, und auch Fotos lassen sich vielfach verwerten.

Reiseführer

Auf Reiseführer reagieren Globetrotter wie auf Moderne Kunst. Insgeheim denkt sich manch einer „das hätte ich auch gekonnt – und zwar besser".

Die Chancen, dies unter Beweis zu stellen, sind gar nicht so schlecht. Reiseführer-Verlage sind ständig auf der Suche nach neuen Autoren. Förderlich ist es, wenn man neben guten Ortskenntnissen auch auf einen passenden Hintergrund verweisen kann. Ein studierter Amerikanist tut sich leichter, einen Verlag von seiner Qualifikation zum Amerika-Spezialisten zu überzeugen, zumal fundierte Sprachkenntnisse der betreffenden Region ein absolutes Plus darstellen. Ein potentieller Lettland-Autor mit guten Lettisch-Kenntnissen hat schlichtweg mehr Möglichkeiten – unterwegs oder im Web –, mit Menschen in Kontakt zu kommen, Interessantes zu erleben und seine Angaben zu überprüfen. Ein Ausschlusskriterium ist die Sprache freilich nicht. Denn je leichter es für den normalen Reisenden wird, auch abgelegene Regionen zu besuchen, desto eher entsteht die Nachfrage nach entsprechenden Reiseführern. Gute Autoren mit den erforderlichen Landeskenntnissen, passendem Studium und auch noch den gewünschten Sprachkenntnissen zu finden, das ist für die Verlage wahrlich nicht leicht. Schließlich zählt auch hier das simple Kriterium: Wer lebendig schreibt, der wird gelesen. Und genau das ist das wirtschaftliche Ziel eines Verlages.

Bei dieser Gelegenheit sei angemerkt: Reich wird man auch mit Reiseführern nicht. In der Regel ist die Entlohnung an die Verkaufszahlen gekoppelt. Meist erhalten die Autoren zwischen 5 und 10 Prozent des Nettoladenpreises. Wie viele Bücher überhaupt maximal verkauft werden können, lässt sich grob an den Besucherzahlen des in Frage kommenden Landes bzw. der Region abschätzen: Rund 30.000 Deutsche besuchen beispielsweise pro Jahr die Insel Taiwan. Bei weitem nicht alle von ihnen kaufen sich vor der Reise einen passenden Führer. Gut zwei Drittel dieser Besucher sind Geschäftsreisende, die nur selten zur passenden Lektüre greifen, da sie kaum Zeit für private Exkursionen finden. Die restlichen 10.000 sind wahrscheinlich mindestens zu zweit unterwegs und nutzen den Führer gemeinsam. Zudem sind auf dem deutschsprachigen Markt bereits zwei Werke zu haben sowie einige weitere Bücher auf Englisch. Im Klartext heißt das: Schafft es der Autor, pro Jahr 2.000 Stück davon an den Mann bzw. Leser zu bringen, darf er sich schon stolz auf die Schulter klopfen. Generell gilt: Je abgelegener, unberührter und exotischer das Zielgebiet, desto größer die Chance, dass bisher nur wenige Bücher zum Thema erschienen sind – wenig Konkurrenz also. Andererseits: Es fahren eben auch kaum Touristen hin. Länder wie Griechenland, Italien, Frankreich oder Spanien, die Lieblingsorte der Deutschen, freuen sich über abertausende Besucher, dafür biegen sich in der Buchhandlung die Regale unter den zahllosen Reiseführern. Hier liegt die Chance in der Spezialisierung. Auch wenn es schon hundert Italien-Führer gibt, der erste „Radführer für die Toskana“ tut sich dann doch wieder leicht, eine Klientel zu erschließen.

Hin und wieder wird Autoren auch ein „Festpreis“ geboten: Das erhöht die finanzielle Planungssicherheit, bedeutet aber auch, dass sich eventuelle Mehrverkäufe für den Autor nicht finanziell auswirken. So oder so: Reiseführer schreiben bedeutet ein dickes Paket Arbeit und Recherche. Viele Neu-Autoren unterschätzen den Arbeitsaufwand: Vor allem der vermeintliche „Kleinkram“ wie Hoteltelefonnummern überprüfen, Öffnungszeiten erfragen und Preise abklären nimmt viel Raum ein. Nicht zuletzt kommt noch der kartographische Aspekt hinzu: Bereits unterwegs muss der Autor für Kartenmaterial sorgen, vielleicht sogar selbst das eine oder andere Mal zum Zeichenstift greifen. Je abgelegener das Reiseziel, desto öfter ist dies der Fall.

Ob es sich letztlich lohnt, viel Arbeit in einen Reiseführer zu investieren, muss jeder Autor selbst entscheiden. Ein Bonus ist jedenfalls gewiss: Wer bereits ein oder zwei Bücher zur Destination auf dem Markt hat, kann fortan auch bei der Artikelakquise darauf verweisen und muss sein „Expertentum" nicht mehr ständig neu rechtfertigen. Auch fällt es danach leichter, andere Buchaufträge zu finden. Schließlich hat der Autor bereits bewiesen, dass er fähig ist, ein komplexes Projekt zeitnah zu bewältigen.

Checkliste

Checkliste: Die wichtigsten Qualifikationen für Reiseführer-Autoren

- Sehr gute Landeskenntnisse
- Die Möglichkeit, spätere Neuauflagen zu aktualisieren
- Sprachkenntnisse sind von Vorteil
- Ausreichend eigene, individuelle Reiseerfahrung
- Fotomaterial, falls möglich
- Sehr gute Hintergrundkenntnisse (Geschichte, Religion etc.)
- Wille zur Genauigkeit

Den passenden Verlag finden

Dank Internet ist es mittlerweile ein Leichtes, alle potentiellen Verlage herauszusuchen. Webseiten wie www.verlage-finden.de oder die Homepage der Frankfurter Buchmesse www.frankfurter-buchmesse.de liefern die nötigen Adressen. Im Adressteil dieses Buches sind zudem die großen Reise-Verlage samt Ansprechpartner aufgeführt.

Als erstes gilt es, einen Blick auf das Programm zu werfen. Hat der Verlag die Destination vielleicht bereits abgedeckt? Falls nein: Passt Ihr Projekt ins Programm? Spricht der Verlag Ihre Zielgruppe an? Wer für Pauschaltouristen schreiben möchte, hat in einem Verlag für Individualreisende wenig verloren. Und umgekehrt. Gefällt Ihnen das Programm überhaupt? All dies mag selbstverständlich klingen, viele Lektoren jedoch erleben es täglich anders. Seltsam, wie viel Arbeit die meisten Schreiber in ihre Werke investieren, und wie wahllos sie dann in der Verlagswelt angeboten werden.

Dann folgt das erste Telefonat: Jetzt geht es darum abzuklären, ob überhaupt ein generelles Interesse von Verlagsseite besteht, und in welcher Form. Etwaige Hemmungen sind dabei fehl am Platz: Gerade Reisebuchverlage reagieren meist positiv auf Sondierungsgespräche.

Alternativ besteht natürlich die Möglichkeit, auf der Buchmesse in Leipzig oder Frankfurt mit den Verlagen Kontakt aufzunehmen. Nicht immer sind die Lektoren jedoch selbst vor Ort. Um ein „Gefühl" für die Verlage zu bekommen und vielleicht die richtige Kontaktperson zu erfragen, eignen sich diese Messen aber allemal. Bei kleinen Unternehmen trifft man sogar hin und wieder auf den Besitzer: Damit lässt sich natürlich einiges an bürokratischer Strecke abkürzen.

Checkliste

Checkliste Verlagskontakt

- Haben Sie einen ersten Blick auf die Webseite geworfen?
- Passt Ihr Buch wirklich in das Verlagsprogramm?
- Haben Sie sich ein vergleichbares, aktuelles Buch aus dem Programm genau angeschaut?
- Haben Sie ein Exposé vorbereitet?
- Kennen Sie den richtigen Ansprechpartner?
- Haben Sie sich Gedanken zum Zeitrahmen gemacht?

Exposé und Inhaltsverzeichnis

Zeigt sich der Verlag nach dem ersten Kontakt interessiert, wird in der Regel ein Exposé verlangt. Dieses ein- bis zweiseitige Papier soll die Buchidee und Zielgruppe grob umreißen und den Autor vorstellen. Falls Sie regelmäßig für Publikationen tätig sind oder gar schon ein Buch geschrieben haben, gehört auch diese Information unbedingt ins Exposé. Meist wird ebenfalls ein Inhaltsverzeichnis mit Stichwort-Erläuterungen zum Inhalt der einzelnen Kapitel von circa zwei bis drei Seiten erwartet. Orientieren Sie sich dabei an bereits erschienenen Büchern des Verlages, vor allem, wenn es sich um eine Reihe mit vielen vergleichbaren Werken und einem erkennbar gemeinsamen Stil handelt.

Auch wenn Sie bereits in aller Ausführlichkeit mit dem Lektor gesprochen haben: Das Exposé ist der Knackpunkt! Schon hier trennt sich die Spreu vom Weizen: Wer nicht in der Lage ist, sein Anliegen auf wenige Seiten zusammenzufassen und eine logische Inhaltsangabe zu schreiben, wird wahrscheinlich auch an dem Projekt „Buch" kläglich scheitern. In Formfragen ist der potentielle Autor dabei recht frei: Hauptsache, es ist ansprechend gestaltet, übersichtlich und fehlerfrei.

Als nächster Schritt folgt meist ein Probekapitel. Es ist sinnvoll, sich schon vor der Verlagssuche Gedanken zu machen, welches Kapitel sich als Probekapitel eignen könnte und vielleicht schon ein wenig daran zu arbeiten. Schließlich sollen zwischen Erstkontakt und Abgabe des Probekapitels keine drei Monate vergehen. Wer hier schnell arbeitet, kann einige Bonuspunkte hereinholen.

Checkliste

Checkliste Exposé

Folgende Punkte sollten im Exposé enthalten sein:

- Arbeitstitel
- Genaue Angaben zum Inhalt
- Angaben zum vorhandenen Bidlmaterial
- Zielgruppe
- Konkurrenzsituation auf dem Buchmarkt: Gibt es bereits vergleichbare Werke?
- Wie hebt sich Ihr Reiseführer von der Konkurrenz ab? Gibt es einen besonderen Ansatzpunkt?
- Informationen zu Ihrer Person: Wieso sind gerade Sie besonders geeignet, dieses Buch zu schreiben?
- Bereits erschienene Bücher, Schreiberfahrung, bisherige Auftraggeber im Bereich Journalismus

Im Übrigen ist es nicht üblich, bereits fertige Werke anzubieten: Erstens können Sie nicht sicher sein, wirklich einen Verleger zu finden – wie ärgerlich, wenn all die Arbeit letztlich umsonst war! Zum anderen hat jeder Verlag eigene Vorstellungen in punkto Aufbau und Inhalt. Meist handelt es sich ja um Reihen, in denen bereits zahlreiche Werke erschienen sind und die daher bereits einen festen Standard voraussetzen. Auch stilistisch sind meist schon Maßstäbe gesetzt. Bei Vertragsabschluss erhält der Autor in der Regel einen Packen Richtlinien, in denen zahlreiche Details (Adressformat, Stil, Informationen, essentielle Kapitel etc.) genau festgelegt sind.

Worüber beschweren sich die meisten Lektoren?

Die Gründe, warum viele Autoren in spe letztlich scheitern, sind recht trivial: Auch Lektoren legen Wert auf Pünktlichkeit und Korrektheit. Zeitnah auf die Verlagswünsche zu reagieren, erhöht die Chancen, seine Buchidee erfolgreich unterzubringen. Das heißt konkret: Abgabe-Vereinbarungen einhalten und das abliefern, was abgesprochen war. Auch schlampige Exposés mit Tippfehlern führen kaum zum Erfolg. Allzu vollmundige Versprechungen („das schreib' ich mit links") lassen den Lektoren ebenfalls aufhorchen: Offensichtlich wird hier die Arbeitsmenge stark unterschätzt.

Allein oder im Kollektiv?

Nicht umsonst stammen Reiseführer oft von mehreren Autoren. Im Alleingang ein Land von der Größe Indiens oder Brasiliens abzudecken, dürfte kaum möglich sein. Ganz abgesehen davon, dass kaum ein Reisejournalist über die finanziellen Möglichkeiten verfügt, derart ambitionierte Unterfangen umzusetzen – auch zeitlich spricht einiges dagegen. Finge man in Nordindien mit der Reise an, wären die Informationen beim Eintreffen im Süden wahrscheinlich schon veraltet. Sicher ist: Der Leser merkt es. Erbarmungslos werden in Internetforen und in Buchbewertungen solche Schwachstellen später von den enttäuschten Lesern angeprangert, was die Verkäufe (und das Renommee) empfindlich schmälert. Im Zweifelsfalle also besser im Kollektiv arbeiten. Wer auf Anhieb keinen passenden Co-Autor kennt, wird vielleicht auf unkonventionellem Wege fündig: Sei es auf Empfehlung kleiner Regionalveranstalter (die oft sehr genau wissen, welche Journalisten sich auf welches Gebiet spezialisiert haben), über das Fremdenverkehrsamt (viele verfügen über eine Autoren- und Journalistenkartei) oder über Internet-Kontaktbörsen wie Xing, wo sich auch Gruppen zu journalistischen Themen gebildet haben.

In der Euphorie, endlich einen Verlag gefunden zu haben, unterschreiben viele Neu-Autoren blindlings die skurrilsten Papiere. Eine komplette Beratung zur Vertragsgestaltung ginge hier zu weit, doch eines sei angemerkt: Abkommen, die dem Autor weniger als 5 Prozent des Buchpreises zugestehen und/oder ihn für viele Jahre an den Verlag knebeln, sind überprüfungswürdig! Auch die zeitlich unbegrenzte Klausel, der Autor habe fortan jedes weitere Buch aus seiner Feder erst dem unterzeichnenden Verlag anzubieten (am Ende gar, ohne die genauen Bedingen dieser weiteren Zusammenarbeit zu definieren), könnte sich für den Autor als hinderlich erweisen. Des Weiteren gilt es einen Blick auf den Punkt „Sonderverkäufe“ und „Nebenrechte“ zu werfen: Viele Reisebuchverlage leben davon, dass ihnen Veranstalter immer wieder große Kontingente abkaufen und diese dann ihren Kunden als Reiselektüre mitgeben. Das ist gut für Namen und Ehre, doch auch finanziell sollen sich diese Geschäfte für den Autor lohnen: Vorsicht also, wenn in dieser Kategorie nur noch geringe Beteiligungen geboten werden. Autorenverträge sind (vor Unterzeichnung versteht sich) eine Verhandlungsgrundlage, keine gottgegebenen Papiere.

Interview

Interview mit Gudrun Rücker, Redakteurin im Polyglott Verlag

Welche Qualifikationen und Merkmale sind Ihnen bei potentiellen Autoren wichtig?
Ein Autor muss sehr gute Zielgebietskenntnisse haben und das Gebiet auch weiterhin regelmäßig bereisen. Idealerweise hat er ein gutes Netzwerk vor Ort. Er muss sich in die Zielgruppe – dazu gehören bei uns auch die Pauschalreisenden – hineinversetzen können und sehr genau wissen, wie diese das entsprechende Land bereisen und welche Informationen sie dazu brauchen. Also für einen Polyglott on tour nicht unbedingt Buspläne in Bangkok, aber zum Beispiel ausführliche Warnungen vor Betrügereien beim Edelsteinkauf. Und der Autor sollte wissen, welche Reiseverläufe die großen Reiseveranstalter in dem entsprechenden Land anbieten, da das beispielsweise für die Auswahl der Sehenswürdigkeiten von Bedeutung ist.

Unser Verlag hat verschiedene Reihen, zum Beispiel die kompakte Reihe Polyglott on tour und die visuelle Reihe der Polyglott Apa Guides, die eine ganz bestimmte Zielgruppe ansprechen und daher einen ganz bestimmten Aufbau haben, der kaum Spielraum zulässt (auch die Anschlagszahlen sind sehr genau definiert). Ein Autor muss also unbedingt strukturieren und strukturiert denken können, was – wie die Erfahrung lehrt – gelegentlich schwer fällt. Die Beherrschung der deutschen Sprache und Rechtschreibung ist natürlich eine Selbstverständlichkeit.

Ganz wichtig ist Zuverlässigkeit. Das Leben ist dynamisch, und Terminverschiebungen sind nicht immer zu vermeiden. Wenn ein Autor aber dann nicht gut kommuniziert, hat die Zusammenarbeit wenig Zukunft. Wenn er seine(n) Redakteur(in) aber zumindest immer zeitnah informiert, sind seine Chancen viel größer, zum Stammautor zu werden.

Gibt es Ausschlusskriterien? Wer eignet sich nicht zum Reisebuchautor?
Ganz besonders die Menschen, die gerne über eine erlebnisreiche Reise einen Reisebericht an Verlage schicken und etwas naiv hoffen, dies könne man veröffentlichen. Und dann natürlich alle, die ein Land gerade zum ersten Mal bereist haben, das reicht nicht aus. Jedem potentiellen Reisebuchautor sollte sehr klar sein, dass seine künftigen Reisen Recherchereisen und somit weniger vergnüglich als eher anstrengend sein werden.

Auch Leute, die eine betont kritische Haltung zum Tourismus haben, schießen häufig über das Ziel hinaus. Unsere Kunden schätzen eine sachliche und fundierte Kritik, aber sie möchten auch nicht explizit vor dem Ziel, das sie gewählt haben und an dem sie einen schönen Urlaub verbringen, gewarnt werden. Ich zitiere einen Autor: „Lokale, die hauptsächlich von Touristen besucht werden, betrete ich nur unter vorgehaltener Waffe oder mit einem Rechercheauftrag in der Tasche." Wenn er dann danach objektiv darüber schreibt, ist er ein Profi.

Womit verprellt man Lektoren am schnellsten? (Zu Deutsch: Was nervt? Was darf ein potentieller Autor nicht machen?)
Wer schon beim ersten Anruf nicht mehr aufhört zu reden, wer unbedingt jetzt und sofort einen neuen Reiseführer schreiben will oder damit droht, zu einem anderen Verlag zu gehen, wenn nicht eine rasche Entscheidung getroffen wird, hat sehr schlechte Papiere.

Ganz schlecht ist, wenn sich der Autor nicht vorbereitet hat und gar nicht weiß, was genau unsere Reiseführer auszeichnet: – er bietet zum Beispiel einen Titel an, den wir bereits im Programm haben, oder versucht, mir klarzumachen, dass die vorgegebene Seitenzahl niemals ausreichen wird … Unsere Reiseführer sind bei ihren Zielgruppen sehr erfolgreich – daher sollte sich ein Autor an diese Erfahrung anpassen.

Es geht auch darum, dass man die Information knapp und strukturiert hält – eine Flut von Details kann sich der Gesprächspartner nicht merken. Dies kann man nach dem Gespräch per Mail nachreichen.

Wie wünschen Sie sich die erste Kontaktaufnahme?
Das hängt natürlich auch vom Gesprächspartner ab: Ich persönlich habe nichts gegen einen Anruf, in dem ich herausfinden kann, wie gut die Zielgebietskenntnisse sind und ob für den Titel grundsätzlich Interesse im Verlag denkbar wäre. Generell wäre wahrscheinlich eher eine Mail zu empfehlen, in der zu lesen ist, warum jemand sich befähigt fühlt, den Reiseführer zu schreiben, und die alle Kontaktdaten enthält. Falls die Erreichbarkeit eingeschränkt ist – Reiseführerautoren reisen ja viel –, sollte darüber informiert werden. Ich habe beispielsweise gerade ein Angebot hier liegen. Der Band selber kommt zwar nicht in Frage, aber ich hätte grundsätzlich Interesse, Kontakt mit dem Absender aufzunehmen. Telefonisch ist er aber zu Bürozeiten nie zu erreichen, eine Mail-Adresse hat er nicht angegeben – damit zeigt der Absender eigentlich schon, dass er seine erste Zielgruppe, nämlich die Redakteurin im Reiseführerverlag, nicht verstanden hat.

Wir haben auch immer Bedarf an Bearbeitern, die bestehende Bände aktualisieren. Das heißt, wir freuen uns immer über Anrufe oder noch besser Mails von Leuten, die ein Gebiet/Land regelmäßig bereisen und auch ein Interesse an der detailorientierten Arbeit eines Updates haben.

Was verlangen Sie von den potentiellen Autoren, bevor es zur Vertragsunterzeichnung kommt? (Exposé, Probekapitel etc.)
Einen ausführlichen Lebenslauf, vor allem, was die Reisen angeht. Wenn der Titelvorschlag vom Autor kommt, entsprechende Touristenzahlen und Begründungen, warum der Titel für uns interessant sein könnte.

Wenn sowohl der Titel klar ist und ich den Autor für geeignet halte, brauche ich ein ziemlich detailliertes Exposé, das sich am Reihenaufbau orientiert, und einen Probetext, sofern nicht bereits veröffentlichte Bücher vorliegen. Der Autor bekommt dazu sehr genaue Richtlinien. Am Exposé möchte ich erkennen können, dass er das Zielgebiet gut genug kennt, dass er weiß, wie die Leute dort reisen, was wichtig ist an Hintergrundinfos etc. Dieses Exposé wird mit dem Autor sehr ausführlich durchgesprochen, anschließend geht es in eine große Redaktionsrunde. Die Arbeit an diesem Exposé wird bei Polyglott übrigens unabhängig davon, ob ein Vertrag zustande kommt, honoriert. Aber erst wenn diese Prüfung bestanden ist, kann ein Vertrag geschlossen werden.

Interview mit Sabine Fach und Hinnerk Dreppenstedt, Lektoren Trescher Verlag

Welche Qualifikationen und Merkmale sind Ihnen bei potentiellen Autoren wichtig?
Es muss deutlich werden, dass der Autor über fundierte Landeskenntnisse verfügt und sich – soweit absehbar – auch zukünftig mit dem Land/der Region beschäftigen wird. Reiseführer bedürfen der stetigen Pflege, und Verlage sind an dauerhafter Zusammenarbeit interessiert. Insofern ist für uns die Biographie von Interesse, da aus ihr hervorgeht, warum und wie sich ein Autor mit einem Land auseinandergesetzt hat. Unabdingbar ist das persönliche Interesse an einem Land bzw. einer Kultur. Und man sollte wissen, was es bedeutet, ein Projekt von der Idee bis zum Abschluss über etwa anderthalb Jahre vorantreiben zu müssen. Der Autor sollte einen lebendigen, dennoch sachlichen Schreibstil pflegen und – eigentlich selbstverständlich – Rechtschreibung und Grammatik des Deutschen sehr gut beherrschen. Generell arbeiten wir nur mit deutschen Muttersprachlern zusammen. Ideal sind Erfahrungen im Verfassen von Sachbuchtexten, aber das machen wir nicht zur Bedingung. Normalerweise müssen auch die Fotos vom Autor geliefert werden, das heißt, er sollte in der Lage sein, möglichst vielfältiges Bildmaterial zu liefern.

Gibt es Ausschlusskriterien? Wer eignet sich nicht zum Reisebuchautor?
Wir sind vorsichtig bei Menschen, die das Schreiben eines Reiseführers primär aus finanziellen Gründen angehen und die keine innere Haltung zum betreffenden Land entwickelt haben. Auch wenn jemand den nötigen Abstand zum Thema vermissen lässt, so dass eine Darstellung zu unsachlich, emotional oder einseitig geriete, sehen wir von einer

Interview

Zusammenarbeit ab. Autoren, die nicht zur langjährigen Zusammenarbeit und stetigen Pflege ihres Buches bereit sind, sollten von der Idee, einen Reiseführer zu schreiben, Abstand nehmen.

Womit verprellt man Lektoren am schnellsten? (Zu Deutsch: Was nervt? Was darf ein potentieller Autor nicht machen?)
Unaufgefordert umfangreiches Material einschicken, welches überhaupt nicht in das Verlagsprogramm passt (am besten noch ohne Rückporto). Termine missachten, generell Vereinbarungen nicht einhalten, kompromiss- und diskussionsunfähig sein – und Lektoren erklären, warum die Struktur der Buchreihe generell unsinnig ist.

Wie wünschen Sie sich die erste Kontaktaufnahme?
Am liebsten ist uns eine kurze Kontaktaufnahme per Telefon, E-Mail oder Brief. Autoren sollten keine Hemmungen haben, einfach mal nachzufragen, ob grundsätzliches Interesse besteht. Wenn das der Fall sein sollte, wünschen wir uns anschließend kein fertig ausgearbeitetes, womöglich noch layoutetes Konvolut, sondern eine kurze Beschreibung der Buchidee (Exposé) mit Angaben zum Autor und einer Begründung, warum er gerade diesem Verlag die Idee anbietet.

Was verlangen Sie von den potentiellen Autoren, bevor es zur Vertragsunterzeichnung kommt? (Exposé, Probekapitel etc.)
Exposé und Probekapitel. Im Gegenzug liefern wir Informationen zum Vertrag und zur technischen Umsetzung des geplanten Projektes. Wenn dann immer noch beiderseitiges Interesse und – keinesfalls unwichtig – Sympathie besteht, sollte es zu einem ausführlichen Gespräch kommen, in dem alle Details geklärt werden können. Auch Autoren sollten sich gut überlegen, ob sie sich die Zusammenarbeit mit einem bestimmten Verlag, das heißt in erster Linie mit den Lektoren, vorstellen können. Auch sollten sie ruhig immer nachfragen, wenn ihnen im Vertrag etwas unklar oder problematisch erscheint.

Public Relations

Länder, Hotels, Veranstalter, Fluggesellschaften und viele andere touristische Anbieter versuchen, mit Werbung ihr Land gut zu platzieren und die Besucherzahlen zu erhöhen. Diverse Public-Relations-Agenturen haben sich auf diese Klientel spezialisiert. Auch wenn dies streng genommen keine rein journalistische Tätigkeit ist: Die Honorare lassen fast jeden

Schreiber schnell alle Bedenken über Bord werfen. Das Spektrum reicht von der Pressemeldung bis zur Imagebroschüre. Vor allem Reisejournalisten mit starker regionaler Ausrichtung sind hier gefragt, denn sie verfügen über ausreichend Hintergrundwissen, um auch nach der hundertsten Pressemeldung noch spannende Themen für PR-Materialen zu finden. Auch hier gilt: Einen Blick auf die Homepage werfen. Gerade in der Touristik wechseln die PR-Kunden teils im jährlichen Rhythmus. Peinlich, wenn die angesprochene Agentur die anvisierte Destination längst nicht mehr vertritt.

Wichtig ist hier: Einen gewissen Hang zum Werbetexten sollte man schon haben. Lange, intellektuelle Sätze mit hohem literarischen Gehalt sind in der PR eher nicht angebracht, sondern die Fähigkeit, mit wenigen Worten die Eigenschaften eines Landes, Hotels oder Ähnlichem zu umreißen und Lust auf eine Reise zu wecken.

Gleiches gilt auch für PR- und Kundenmagazine. Am Kiosk sind sie kaum zu haben. Trotzdem stellen die PR-Magazine einen enormen Markt für Reisejournalisten dar: Welches Kundenmagazin verzichtet völlig auf Reisegeschichten? Hier ist Internet- und Telefonrecherche gefragt.

Veranstalter

Touristische Kataloge sind voll von bunten Destinationsfotos, die schon beim ersten Hinsehen Fernweh auslösen sollen. Und auch die wollen beschafft sein. Für Reisejournalisten eine gute Chance auf ein Zubrot, auch wenn die Fremdenverkehrsämter zu diesem Zwecke zahlreiche Gratis-Bilder-CDs verteilen: Wer will schon ständig dasselbe Fotomaterial wie die Konkurrenz verwenden?

Ein kurzer Anruf beim Veranstalter (Stichwort Katalogerstellung) kann klären, ob eventuell Interesse besteht. Im positiven Falle gilt es noch zu vereinbaren, welche Rechte der Veranstalter an den Bildern erwirbt: Die Exklusivrechte? Das Recht an der einmaligen Verwendung? Oder zu Dauerverwendung, aber nicht exklusiv? An diesen Vorgaben orientiert sich natürlich auch der Preis.

9 Rechtliche Fragen

Einen kompletten Überblick über alle juristischen Fragen des Reisejournalismus kann dieses Buch natürlich nicht liefern. Dennoch gibt es einige grundlegende rechtliche Aspekte, die jeder Reisejournalist bei der Arbeit im Hinterkopf behalten sollte. Die wichtigsten sind hier in Zusammenarbeit mit dem Frankfurter Fachanwalt für Verlags- und Medienrecht Alexander Setzer-Rubruck zusammengefasst. Dies übrigens immer unter der Voraussetzung, dass zwischen dem Journalisten und der Redaktion (oder sonstigem Abnehmer) keinerlei abweichende schriftliche Abmachungen existieren.

Fehler im Text

Schnell ist eine Zahl falsch abgeschrieben oder übersetzt, und unter Zeitdruck mag manch ein Journalist der Versuchung unterliegen, einer nicht ganz so zuverlässigen Quelle zu vertrauen. Doch gerade hier können fehlende Recherche oder Schlampigkeit teuer werden, entschließt sich der Geschädigte zu einer Schadenersatzklage. Besonders pikant ist dies für Buchautoren. Hier kann der Geschädigte eventuell verlangen, dass der fehlerhafte Text in dieser Form nicht erscheint, also die gesamte Auflage des betroffenen Buches vernichtet wird. Lassen sich die Fakten nicht aus verlässlichen Quellen verifizieren, zum Beispiel bei der „Verdachtsberichtserstattung", muss dem Betroffenen, über den geschrieben wird, die Gelegenheit zur Stellungnahme gegeben werden.

Negative Kritiken

Darf ein Reisejournalist ein Hotel oder ein Restaurant verreißen? Im Grunde genommen ja, denn er hat das Recht auf eine eigene Meinung. Er darf also ein Hotel schlecht finden, sich über das Essen in einem Restaurant auslassen, den Service in einem Freizeitpark als mangelhaft beschreiben. Solange die Fakten stimmen. Dienstleistungen können prinzipiell bewertet werden, wenn dabei Neutralität, Objektivität und Sachkunde gewahrt sind. Gerade im Bereich Gastronomie ist die Rechtssprechung eher großzügig, was die abträgliche Meinungsäußerung über Restaurants angeht. Der Unterschied zwischen Tatsachenbehauptung und Meinungsäußerungen – manchmal eine echte Gratwanderung! – sollte jedoch jedem Journalisten bekannt sein.

Mehrfachverwertung

Wer mit dem Schreiben ernsthaft Geld verdienen will, am Ende sogar davon leben möchte, kommt um die sogenannte „Zweitverwertung" nicht herum: Bereits erschienene Artikel noch einmal an andere Abnehmer verkaufen, spült ohne großen Mehraufwand Geld in die Kassen und ist durchaus üblich. Und erst einmal erlaubt. Denn: Text und Bild sind in aller Regel urheberrechtlich geschützte Werke, für jeden Abdruck bedarf es der Genehmigung des Autors. Jede weitere Verwertung wird gesondert gezahlt. Dies setzt allerdings voraus, dass der Text eine gewisse „Gestaltungshöhe" hat. Amtliche Vorschriften wie zum Beispiel Visabestimmungen oder knappe Wegbeschreibungen fallen daher nicht darunter.

Ist nichts anderes vereinbart worden, bleiben alle Rechte beim Verfasser, abgesehen vom Recht am einmaligen Abdruck (Wer sichergehen will, dass die Rechte beim Autor verbleiben, achtet bei einem eventuellen Vertrag auf die Klausel „Es werden nur einfache Nutzungsrechte übertragen"). Handelt es sich um eine Tageszeitung, steht es dem Autor sofort nach Erscheinen frei, das Werk weiterzuverwerten. Wird der Artikel in einer Zeitschrift gedruckt, darf er erst nach Ablauf eines Jahres zweitverwertet werden. Weiterhin ist auch das „Erscheinungsrecht" zu beachten: Derselbe Artikel kann nicht zwei Zeitungen oder Zeitschriften zum gleichzeitigen Erscheinen angeboten werden.

Das Recht am eigenen Bild

Dürfen Fotos, auf denen fremde Menschen abgebildet sind, eigentlich zum Druck angeboten werden? Hier ist besonders Fingerspitzengefühl gefragt, denn das „Recht am eigenen Bild" (nachzuschlagen im Kunst Urheberrechts Gesetz unter § 23) bedeutet schlichtweg, dass niemand in einer Zeitschrift, Zeitung oder sonstigem Medium abgebildet werden darf, wenn er nicht explizit damit einverstanden ist. Prominente, Personen der Zeitgeschichte und Menschen im Fokus des öffentlichen Interesses sind davon ausgenommen. Grob vereinfacht bedeutet dies: Die aktuelle Bundeskanzlerin darf bei einem offiziellen Termin abgelichtet werden, die völlig unprominente Nachbarin Frau Schmidt jedoch nicht, es sei denn, sie ist Teil einer Menge oder „Beiwerk“ zum Hauptmotiv.

Dies gilt übrigens auch für Bilder, die im Ausland aufgenommen wurden.

Auch all die freundlichen Inder, Chinesen, Südamerikaner und sonstigen Einheimischen, deren Bilder in Reiseartikeln nicht fehlen dürfen, fallen theoretisch ebenfalls unter dieses Gesetz. Zugegeben, die Chance, dass der Bauer aus Ost-Kuba sein eigenes Bild in einer deutschen Reisezeitung entdeckt und daraufhin finanzielle Ansprüche stellt, ist höchst gering. Verlassen kann man sich darauf allerdings nicht.

Wie genau die Gesetze zum Recht am eigenen Bild zu interpretieren sind und was sie für den Arbeitsalltag des Journalisten bedeuten, dazu gibt es sogar mehrtägige Seminare an diversen Journalistenschulen. Alles in allem tut der Pressefotograf gut daran, im Zweifelsfall die abgelichtete Person kurz zu fragen, ob er das Bild verwenden darf, und sich die Adresse zu notieren, und sei es nur, um dem „Modell“ später eine Kopie des Artikels zukommen zu lassen. Profis lassen sich dabei gleich noch einen „Modell-Release-Vertrag“ unterzeichnen, der allerdings in Zusammenarbeit mit einem Anwalt entworfen werden sollte.

Wem gehört das Bild?

Fotos dürfen generell erst einmal nicht ohne das Einverständnis des Fotografen abgedruckt werden. Schnell mal ein paar Aufnahmen oder Karten aus dem Internet herunterladen – wird schon keiner merken – ist bei Anfängern erstaunlicherweise immer noch recht beliebt und absolut illegal. Von den qualitativen Problemen mit Aufnahmen in 72-dpi-Qualität einmal ganz abgesehen.

Doch auch hier gibt es einige Ausnahmen: Bei künstlerischen Fotografien erlischt der urheberrechtliche Schutz 70 Jahre nach dem Tod des Urhebers. Alle anderen Aufnahmen dürfen meist 50 Jahre nach dem ersten Erscheinen des Fotos in einem Verlagsprodukt oder der ersten öffentlichen Wiedergabe, zum Beispiel bei einer Ausstellung, verwendet werden. Besonders bei historischen Themen bedeutet dies, dass die meisten Aufnahmen frei verwendbar sind.

Text- und Bilderklau

Anbetracht der oben beschriebenen Praktiken wundert es nicht, dass manch einem Journalisten und Fotografen bei der Zeitschriftenlektüre der Atem stockt: Das Foto kenne ich doch! Kein Wunder, ist es doch unverkennbar das eigene ...

Findet der Urheber Bilder oder Texte ungenehmigt in einer Publikation wieder, ist es oft sinnvoll, sich mit einem Fachanwalt in Verbindung zu setzen. In diesem Fall hat der Autor nicht nur Anspruch auf ein angemessenes Honorar, sondern einen Unterlassungsanspruch gegen die Zeitung oder Zeitschrift und befindet sich in einer ausgesprochen guten Verhandlungsposition. Theoretisch kann er verlangen, dass die vorhandenen Exemplare eingestampft werden, was sicher nicht im Interesse des Verlages liegt. Dies gilt für Text und Bild gleichermaßen. Gerade bei Texten jedoch muss eine gewisse „Schöpfungshöhe" gegeben sein. Sprich: Ein einzelner Satz wird sich kaum einklagen lassen. Ein gewisses Maß an literarischer Ausarbeitung ist also vonnöten. Abgesehen von allen rechtlichen Aspekten gilt es jedoch zu bedenken: Wer einmal mit dem Anwalt gedroht hat, wird mit großer Wahrscheinlichkeit erst einmal von der Liste der freien Zulieferer gestrichen.

Ideen sind übrigens nicht durch das Urheberrecht geschützt: Wer einer Redaktion Themen vorschlägt und diese einige Zeit später realisiert findet – leider aber nicht aus der eigenen Feder –, hat kaum Möglichkeiten, sich zu wehren. Gegen Ideenklau gibt es im Grunde nur ein verlässliches Mittel: Man überlegt sich gut, wem man sie offenbart.

Vom Umgang mit Interviews

Das Interview ist fertig, der Gesprächspartner hat erstaunlich viele interessante Details ausgeplaudert. Bleibt nur noch, schnell alles vom Band aufzuschreiben. Oder?

Viele Interviewpartner verlangen eine sogenannte „Autorisierung" oder „Freigabe". Zu Deutsch: Vor dem Druck darf er den Text noch einmal überfliegen und nach eventuellen Fehlern bzw. Stellen, in denen er falsch wiedergegeben wurde, suchen. Für Journalisten immer ein spannender Moment, den nur allzu oft sehen die Befragten die Freigabe als Gelegenheit, im Nachhinein noch ein wenig an den eigenen Formulierungen zu feilen, die eine oder andere gewagte Aussage abzupuffern und alle anrüchigen Stellen zu streichen. Gelangt man als Journalist an ein solch kreatives Gegenüber, hätte man sich den Termin vor Ort sparen und das Interview wenig authentisch, aber nervensparend gleich schriftlich erledigen können. Dass aus derart redigiertem Material keine spannenden Artikel entstehen, versteht sich von selbst.

Gesetzlich vorgegeben sind Autorisierungen in Deutschland nicht. Wer sich jedoch darauf einlässt und eine offizielle Freigabe verspricht, muss sich daran halten. Aus Beweisgründen ist es allemal empfehlenswert, das Interview vor dem Druck abzeichnen zu lassen. Tonbandaufnahmen reichen im Streitfall nicht als Beweis zum genauen Gesprächsverlauf aus.

Nicht gedruckte Texte

Mit Spannung wartet der freie Journalist auf den Erscheinungstermin seines letzten Werkes – und wird enttäuscht: Immer wieder passiert es, dass angeforderte Artikel in letzter Sekunde aus dem Blatt fliegen. Egal ob aus Platzgründen oder ob vermeintlicher qualitativer Mängel – für den Urheber eine ärgerliche Angelegenheit.

Bei Buchverträgen besteht eine sogenannte „Auswertungspflicht“: Der Verlag muss das Werk in der Regel drucken, da der Autor meist prozentual an den Einnahmen beteiligt ist. Bei Zeitschriften gibt es leider keinen Anspruch auf das Erscheinen des Artikels, wohl aber auf das Honorar. Ist der Text nicht grundlegend am Thema vorbeigezogen oder aus anderen Gründen inakzeptabel (zum Beispiel aufgrund eklatanter inhaltlicher Mängel), hat der Abnehmer die uneingeschränkte Pflicht zu zahlen. „Nichtgefallen“ allein ist kein Grund, das Honorar zu verweigern. Schließlich hat die Redaktion vor der Auftragserteilung genügend Möglichkeiten, sich anhand von Probetexten und Beispielartikeln vom Stil des Autors zu überzeugen. Dies gilt natürlich nicht, wenn Artikel unangefordert oder ausdrücklich unverbindlich eingesandt werden.

Textkorrekturen

Der Text ist fertig und an die Redaktion geschickt, die Arbeit scheint beendet. Doch was tun, wenn der Auftraggeber weitere Korrekturen und Änderungen verlangt oder gar selbst ungefragt vornimmt? Abgesehen von Verbesserungen von offensichtlichen, unbeabsichtigten Rechtschreibfehlern, muss der freie Journalist keine Änderungen am Text dulden. Wird der Artikel vor dem Druck verändert, muss er dem Autor noch einmal vorgelegt werden, es sei denn, es wurden andere Konditionen vertraglich vereinbart. Besonders bei größeren Projekten empfiehlt es sich, das Thema vorher anzusprechen und eventuell genau festzulegen, ob und wie weit weitere Korrekturdurchläufe beinhaltet sind. In der Praxis kann es allerdings durchaus passieren, dass kleine Änderungen auch ohne Einverständnis des Autors vorgenommen werden. Ob es sich lohnt, dies zu bemängeln, muss jeder Schreiber selbst entscheiden.

Wo erhält man rechtliche Auskünfte?

Mitglieder der verschiedenen Journalistenverbände bekommen meist im Verband unentgeltlich Auskunft. Alle anderen wenden sich an Fachanwälte für Verlags- und Medienrecht.

10 Adressen

Irrtümer und Änderungen vorbehalten

Magazine, die sich auf internationalen Reisejournalismus spezialisiert haben

Abenteuer und Reisen
WDV Gesellschaft für Medien und Kommunikation mbH & Co. OHG
Inselkammer 8
82008 Unterhaching
Tel: 089-620103-0 / Fax: 089-620103-25
E-Mail: kontakt@abenteuer-reisen.de
Web: www.abenteuer-reisen.de

ADAC Reisemagazin
ADAC Verlag GmbH
Hohe Brücke 1
20459 Hamburg
Tel: 040-378618-0 / Fax: 040-378618-10
E-Mail: redaktion@adac-reisemagazin.de
Web: www.adac-verlag-gmbh.de/magazine/reisemagazine/

Adieu Tristesse
Adieu Tristesse Verlag
Oranienburger Str. 50
10117 Berlin
Tel: 030-4435194-0 / Fax: 030-4435194-20
E-Mail: info@at-reisemagazin.de
Web: www.at-reisemagazin.de

Alpenjournal
DP Destination Publishing KG
Völklinger Str. 18
42285 Wuppertal
Tel: 0202-94600-226 / Fax: 0202-94600-229

E-Mail: redaktion@alpenjournal.de
Web: www.alpen-journal.de

America Journal
J. Latka Verlag GmbH
Heilsbachstr. 17-19
53123 Bonn
Redaktion:
Joachimstr. 7
10119 Berlin
Tel: 030-2887898-20 / Fax: 030-2887898-17
E-Mail: redaktion@latka.de
Web: www.america-journal.de

Anyway
Ahead Media GmbH
Schlesische Str. 29-30
10997 Berlin
Tel: 030-611308-12 / Fax: 030-611308-8
E-Mail: am@aheadmedia.com
Web: www.aheadmedia.com

Australien
J. Latka Verlag GmbH
Heilsbachstr. 17–19
53123 Bonn
Redaktion:
Joachimstr. 7
10119 Berlin
Tel: 030-2887898-80 / Fax: 030-2887898-17
E-Mail: redaktion@latka.de
Web: www.australien.net

Business Traveller
Perry Publications GmbH
Schulstr. 34
80634 München
Tel. 089-16799-71
Fax: 089-1679937
E-Mail: bt@businesstraveller.de
Web: www.businesstraveller.de

Clever Reisen!
Markt Control Multimedia Verlag GmbH & Co. KG
Am Büschchen 2a
47179 Duisburg
Tel.: 0203-554248 / Fax: 0203-547970
E-Mail: redaktion@fliegen-sparen.de
Web: www.clever-reisen-magazin.de, www.fliegen-sparen.de

Dubai Magazin
Dubai Media AG
Schwalbenweg 2
59469 Ense
Tel: 02938-805510 / Fax: 02938-805501
E-Mail: info@dubai-media.com
Web: www.dubai-media.com

Frankreich erleben
Globus Medien GmbH
Heckscherstr. 29
20253 Hamburg
Tel: 040-43091648 / Fax: 040-38017863552
E-Mail: info@frankreicherleben.de
Web: www.frankreicherleben.de

Geo Saison
Gruner + Jahr AG & Co. KG
Am Baumwall 11
20459 Hamburg
Tel: 040-3703-3712 / Fax: 040-3703-5680
E-Mail: ockelmann.monika@geo.de (Sekretariat)
Web: www.geo.de

Geo Spezial
Gruner + Jahr AG & Co. KG
Am Baumwall 11
20459 Hamburg
Tel: 040-3703-2768 / Fax: 040-3703-5648
E-Mail: reisewelt@geo.de
Web: www.geo-special.de

Hideaways
Klocke Verlag GmbH
Höfeweg 40
33619 Bielefeld
Tel: 0521-91111-0 / Fax: 0521-91111-13
E-Mail: info@klocke-verlag.de
Web: www.klocke-verlag.de

Holiday & Lifestyle
IPM Magazin-Verlag GmbH
Rosenkavalierplatz 14
81925 München
Tel: 089-910093-0 / Fax: 089-910093-53
E-Mail: redaktion@ipm-verlg.de
Web: www.ipm-verlag.de/holidayandlifestyle/

in Asien
Asia Vision Verlag
Frankenallee 157–159
60326 Frankfurt
Tel: 069-665632-0 / Fax: 069-665632-22
E-Mail: info@asiavision.de
Web: www.inasien.de

Irland Journal
Christian Ludwig Verlag
Niederfeldweg 5
47447 Moers
Tel: 02841-35034 / Fax: 02841-35036
E-Mail: ijournal@t-online.de
Web: www.irland-journal.de

National Geographic Deutschland
Gruner + Jahr AG & Co. KG
Am Baumwall 11
20459 Hamburg
Tel: 040-3703-0 / Fax: 040-3703-5598
E-Mail: flohr.carola@ng-d.de (Sekretariat)
Web: www.nationalgeographic.de

Merian
Jahreszeiten Verlag GmbH
Possmoorweg 2
22301 Hamburg
Tel: 040-27172600 / Fax: 040-2717-2628
E-Mail: redaktion@merian.de
Web: www.merian.de

Nordis – das Nordeuropa-Magazin
Nordis Verlag GmbH
Maxstr. 64
45127 Essen
Tel: 0201-87229-0 / Fax: 0201-89425-11
E-Mail: verlag@nordis.com
Web: www.nordis.com

Paradise Traveller
Paradise Productions
Friedrichstr. 50
10117 Berlin
Tel: 030-20659-419 / Fax: 030-28096169
E-Mail: redaktion@paradise-productions.de
Web: www.paradise-productions.de

Reise & Preise
Reise und Preise Verlags GmbH
Hauptstr. 14
21614 Buxtehude
Tel: 04161-7169-0 / Fax: 04161-7169-15
E-Mail: redaktion@reise-preise.de
Web: www.reise-preise.de

Reisefieber
Verlag Andreas Langer
Auf den Höhen 13
93138 Regensburg
Tel: 0941-280240-2 / Fax: 0941-280240-4
E-Mail: magazin.reisefieber@gmx.de
Web: www.reisefieber-magazin.de

Reisen Exclusiv
Ella Verlag
Emil-Hofflann-Str. 55–59
50996 Köln
Tel: 02236-8488-0 / Fax: 02236-8488-24
E-Mail: info@ella-verlag.de
Web: www.reisenexclusiv.com

Spartacus Traveller
Bruno Gmünder Verlag GmbH
Kleiststr. 23-26
10787 Berlin
Tel: 030-615003-75 / Fax: 030-615003-63
E-Mail: traveler@brunogmuender.de
Web: www.brunos.de

Süd-Afrika Magazin
J. Latka Verlag GmbH
Heilsbachstr. 17–19
53123 Bonn
Redaktion:
Joachimstr. 7
10119 Berlin
Tel: 030-2887898-20 / Fax: 030-2887898-17
E-Mail: redaktion@latka.de
Web: www.sued-afrika.de

Tourdesigner
S.E.M.M. Management + Marketing e.K.
Corneliusstr. 12
80469 München
Tel: 089-700099-15 / Fax: 089-700099-76
E-Mail: info@tour-designer.de
Web: www.tour-designer.de

Tours
Medienmenschen GmbH
Neubiberger Str. 15
81737 München
Tel: 089-67917787 / Fax: 089-681575

E-Mail: redaktion@ tours-magazin.de
Web: www.tours-magazin.de

Traveller's World
Travellers World Verlag GmbH
Truderinger Str. 302
81825 München
Tel: 089-23684050 / Fax: 089-23684060
E-Mail: info@travellers-world.de
Web: www.travellers-world.de

Urlaub Perfekt
Verlag Niedecken GmbH
Wandsbeker Allee 1
22041 Hamburg
Tel: 040-41448-232 / Fax: 040-41448-718
E-Mail: redaktion@urlaubperfekt.de
Web: www.urlaubperfekt.de

VIP International Traveller
BM Medien
Industriestr. 131 c
50996 Köln
Tel: 0221-650116-6 / Fax: 0221-650116-88
E-Mail: info@bm-medien-verlag.de
Web: www.bm-medien-verlag.de

Touristik-Fachzeitschriften

Die folgenden Zeitschriften richten sich vorrangig an Touristiker und Mitarbeiter von Reisebüros

Asien Profi
Asia Vision Verlag
Frankenallee 157–159
60326 Frankfurt
Tel: 069-665632-0 / Fax: 069-665632-22
E-Mail: info@asiavision.de
Web: www.inasien.de

Biz Travel
Verlag Niedecken GmbH
Wandsbeker Allee 1
22041 Hamburg
Tel: 040-41448-0 / Fax: 040-41448-299
E-Mail: redaktion@biztravel-magazin.de
Web: www.biztravel-magazin.de

FVW
Verlag Niedecken GmbH
Wandsbeker Allee 1
22041 Hamburg
Tel: 040-41448-288 / Fax: 040-41448-299
E-Mail: redaktion@fvw.de
Web: www.fvw.de

Touristik Aktuell
EuBuCo-Verlag
Geheimrat-Hummel-Platz 4
65239 Hochheim
Tel: 06146-605-130 / Fax: 06146-605-203
E-Mail: redaktion@touristik-aktuell.de
Web: www.touristik-aktuell.de

Touristik Report
TVG Touristikverlagsgesellschaft mbH
Dieselstr. 36
63071 Offenbach
Tel: 069-981904-11 / Fax: 069-981904-28
E-Mail: redaktion@touristilreport.de
Web: www.touristikreport.de

Travel One
T&M Media GmbH & Co. KG
Stephanstr. 3
64295 Darmstadt
Tel: 06151-3907-930 / Fax: 06151-3907-939
E-Mail: redaktion@travel-one.net
Web: www.travel-one.net

Travel Talk
Travel Talk Verlags GmbH
Wandsbeker Allee 1
22041 Hamburg
Tel: 040-41448-170 / Fax: 040-41448-179
E-Mail: info@traveltalk.de
Web: www.traveltalk.de

Travel Tribune
Unterster Zwerchweg 8
60599 Frankfurt
Tel: 069-625024 / Fax: 069-625026
E-Mail: info@travel-tribune.de
Web: www.travel-tribune.de

Journalistische Verbände

DJV Bundesverband
Deutscher Journalisten-Verband
Gewerkschaft der Journalistinnen und Journalisten
Pressehaus 2107
Schiffbauerdamm 40
10117 Berlin
Tel.: 030.6956-2337 / Fax: 030.6956-3657
E-Mail: djv@djv.de
Web: www.djv.de

Eine Adressliste der Landesverbände ist auf der Startseite abrufbar.

Deutsche Journalistinnen- und Journalisten-Union
ver.di, Fachbereich 8 Medien, Kunst und Industrie
Hausanschrift: Paula-Thiede-Ufer 10, 10179 Berlin
Postanschrift: dju in ver.di
ver.di Bundesverwaltung RS 14
10112 Berlin
Telefon: 030-6956-2322 / Fax: 030-6956-3657
E-Mail: journalismus@verdi.de
Web: http://dju.verdi.de

Eine Liste der Landesfachgruppen ist auf der Webseite abrufbar.

Verband Deutscher Reisejournalisten
Postfach 15 14 02
10676 Berlin
Tel:/Fax: 0700 00008375
E-Mail: info@vdrj.org
Web: www.vdrj.org

Deutscher Fachjournalisten-Verband
Hegelplatz 1
10117 Berlin
Tel: 030-81003688-0 / Fax: 030-81003688-9
E-Mail: kontakt@dfjv.de
Web: www.dfjv.de

Journalismus-Foren

Vom simplen Austausch bis zur Auftragssuche bieten Journalismus-Foren dem Einsteiger viele Möglichkeiten, in die Realität zu schnuppern und auch die eine oder andere Frage öffentlich zu stellen.

www.journalismus.com
Sehr praktisch orientiert, viele Informationen und Adressen

www.jonet.org
Der Schwerpunkt liegt auf dem Austausch mit anderen Journalisten

http://internationalpress.com/forum/
Der Blick ins Ausland: In den Foren der International Press Association diskutieren anglophone Journalisten

Journalistische Seminaranbieter im Web

Vom Stiltraining bis zum erfolgreichen Selbstmarketing bieten zahlreiche Journalistenschulen kostengünstige Möglichkeiten der Weiterbildung. Hier eine Auswahl:

Akademie der Bayerischen Presse (ABP), München
Web: www.akademie-bayerische-presse.de
Akademie für Publizistik, Hamburg
Web: www.akademie-fuer-publizistik.de

Akademie Berufliche Bildung der Dt. Zeitungsverlage (ABZV), Bonn
Web: www.abzv.de

Berliner Journalisten-Schule, Berlin
Web: www.berliner-journalisten-schule.de

Christliche Medienakademie, Wetzlar
Web: www.christliche-medienakademie.de

Deutsche Journalistinnen- und Journalisten-Union
Web: http://service.verdi.de/-/iGZ

Evangelische Medienakademie/Ev. Journalistenschule, Berlin
Web: www.evangelische-medienakademie.de

Friedrich-Ebert-Stiftung (FES) Journalisten-Akademie, Bonn
Web: www.fes.de/journalistenakademie

Haus Busch, Hagen
Web: www.hausbusch.de

JA Journalisten-Akademie, Bildungsverein des DJV Baden-Württemberg e.V., Stuttgart
Web: www.djv-bw.de

JBB – Journalistische Berufsbildung, Arbeitsgemeinschaft des VSZV und DJV in Baden-Württemberg, Stuttgart
Web: www.vszv.de

Journalistenschule Ruhr GmbH, Essen
Web: www.journalistenschule-ruhr.de

Medienverband der Ev. Kirche im Rheinland GmbH (AkadeMedia), Düsseldorf
Web: www.medienverband.de

Medienbüro Hamburg, Hamburg
Web: www.medienbuero-hamburg.de

www.magportal.com
Was ist international bereits zum Thema erschienen? Unter Magportal lassen sich Unmengen von englischsprachigen Artikeln finden. Für die Recherche genauso sinnvoll wie zur Themenfindung.

http://en.wikipedia.org/wiki/Main_Page
Egal ob auf Deutsch oder Englisch, das freie Online-Lexikon gehört zu den besten Recherchequellen. Dennoch ist Vorsicht geboten: Da jeder Besucher theoretisch jeden Artikel ändern kann, ist bei allzu seltsamen Daten oder Fakten eine Überprüfung aus zweiter Quelle unerlässlich.

www.lib.utexas.edu/maps/
Karten aus aller Welt aus dem Archiv der Universität Texas.

www.google-earth.com
Wenn keine Karte mehr aufzufinden ist: Selbst abgelegene Dschungelgebiete sind unter Google Earth einsehbar.

www.fachzeitung.com
Eigentlich richtet sich diese Seite an potentielle Abonnenten und Inserenten. Auf der Suche nach den Auftraggebern erweist sich diese Sammlung allerdings ebenfalls als sehr ergiebig: Von den Mediadaten bis zu den Durchwahlen der Ansprechpartner gibt das Portal eine gute Übersicht über die deutschsprachigen Fachzeitschriften.

www.press-guide.com/zeitung.htm
Umfassendes Verzeichnis deutschsprachiger Medien im Ausland.

www.pz-online.de
Die Mediadaten der Zeitschriften im Verband Deutscher Zeitschriftenverleger VDZ. Die Themenpläne lassen sich nicht nur nach Medium, sondern auch nach Thema sortieren.

www.journalistenlinks.de
Die Linksammlung von Newsroom enthält quasi alles, was man als Journalist je brauchen könnte.

www.recherchetipps.de
Private Sammlung Recherche-relevanter Archive, Suchmaschinen und Verzeichnisse.

www.pressguide.de/index.php
Die Webseite bietet Journalisten die Möglichkeit, kostenfrei in den Online-Adressdatenbanken des Kress-Verlags zu recherchieren.

www.gksoft.com/govt/en/world.html
„Worldwide Governments on the WWW" lautet der schlichte Name der Webseite. Vor allem bei der Recherche internationaler statistischer Daten sehr nützlich.

Internationale Fremdenverkehrsämter

Die meisten touristisch interessanten Länder der Welt sind in Deutschland mit einem eigenen Fremdenverkehrsamt vertreten. Fast alle halten Informationsmaterial und Pressefotos bereit, viele von ihnen unterstützen Journalisten selektiv bei der Recherche. Hier eine Auswahl der wichtigsten Destinationen:

EUROPA

Belgien Tourismus (Wallonien und Brüssel)
Cäcilienstr. 46
50667 Köln
Tel: 0221-27759-0 / Fax: 0221-27759-100
E-Mail: info@belgien-tourismus.de
Web: www.belgien-tourismus.de

Tourismus Flandern-Brüssel
Cäcilienstrasse 46
50667 Köln
Tel.: 0221-2709770 / Fax: 0221-2709777
E-Mail: info@flandern.com
Web: www.flandern.com

Bulgarisches Fremdenverkehrsamt
Eckenheimer Landstr. 101
60318 Frankfurt

Tel: 069-295284 / Fax: 069-295286
E-Mail: stiv_frankfurt@web.de
Web: www.bulgariatravel.org

Dänisches Fremdenverkehrsamt
Glockengießerwall 2
20095 Hamburg
Tel: 040-32021-0 / Fax: 040-32021-111
E-Mail: daninfo@visitdenmark.com
Web: www.visitdenmark.com

Estnisches Fremdenverkehrsbüro
c/o Baltikum Tourismus Zentrale
Katharinenstr. 19-20
10711 Berlin
Tel: 030-89009-091 / Fax: 030-89009-092
E-Mail: info@baltikuminfo.de
Web: www.baltikuminfo.de

Finnische Zentrale für Tourismus
Lessingstr. 5
60325 Frankfurt
Tel. 069- 719198-11 / Fax: 069 7241725
E-Mail: presse@mek.fi
Web: www.visitfinland.de

Französisches Fremdenverkehrsamt
Zeppelinallee 37
60325 Frankfurt
Tel. 069-975801-35 / Fax: 069-1599061
E-Mail: info@franceguide.com
Web: http://de.franceguide.com

Griechische Zentrale für Fremdenverkehr
Neue Mainzer Str. 22
60311 Frankfurt
Tel. 069-2578270 / Fax: 069-236576
E-Mail: info@gzf-eot.de
Web: www.gnto.gr

Britische Zentrale für Tourismus Visit Britain
Dorotheenstr. 54
10117 Berlin
Tel. 030-315719-0 / Fax 030-315719-10
E-Mail: gb-info@visitbritain.org
Web: www.visitbritain.de

Irische Fremdenverkehrszentrale
Gutleutstr. 32
60329 Frankfurt
Tel. 069-923185-0 / Fax: 069-923185-88
E-Mail: info@entdeckeirland.de
Web: www.entdeckeirland.de

Isländisches Fremdenverkehrsamt
Frankfurter Str. 181
63263 Neu-Isenburg
Tel. 06102-254484 / Fax: 06102-254570
E-Mail: info@icetourist.de
Web: www.icetourist.de

Italienisches Fremdenverkehrsamt ENIT
Neue Mainzer Str. 26
60311 Frankfurt
Tel. 069-237434 / Fax: 069-232894
E-Mail: enit.ffm@t-online.de
Web: www.enit.it

Kroatische Zentrale für Tourismus
Kaiserstr. 23
60311 Frankfurt
Tel. 069-238535-0 / Fax: 069-238535-20
E-Mail: kroatien-info@gmx.de
Web: www.kroatien.hr

Lettisches Fremdenverkehrsbüro
c/o Baltikum Tourismus Zentrale
Katharinenstr. 19–20
10711 Berlin
Tel: 030-89009-091 / Fax: 030-89009-092

E-Mail: info@baltikuminfo.de
Web: www.baltikuminfo.de

Litauisches Fremdenverkehrsbüro
c/o Baltikum Tourismus Zentrale
Katharinenstr. 19–20
10711 Berlin
Tel: 030-89009-091 / Fax: 030-89009-092
E-Mail: info@baltikuminfo.de
Web: www.baltikuminfo.de

Luxemburgisches Verkehrsamt
Bismarckstr. 23–27
41061 Mönchengladbach
Tel. 02161-208888 / Fax: 02161-274220
E-Mail: info@visitlumxemburg.de
Web: www.visitluxemburg.de

Fremdenverkehrsamt Malta
Schillerstr. 30–40
60313 Frankfurt
Tel. 069-285890 / Fax: 069-285479
E-Mail: info@urlaubmalta.de
Web: www.urlaubmalta.de

Niederländisches Büro für Tourismus
Hohenstaufenring 30–32
50674 Köln
Tel: 0221-925717-0 / Fax: 0221-925717-37
E-Mail: info@niederlande.de
Web: www.niederlande.de

Norwegisches Fremdenverkehrsamt
Postfach 113317
20433 Hamburg
Tel. 040-229415-0 / Fax: 040-229415-88
E-Mail: germany@invanor.no
Web: www.visitnorway.com

Österreich Werbung
Klosterstr. 64
10179 Berlin
Tel. 030-219148-0 / Fax: 030-2136673
E-Mail: deutschland@austria.info
Web: www.austria.info

Polnisches Fremdenverkehrsamt
Kurfürstendamm 71
10709 Berlin
Tel. 030-210092-0 / Fax: 030-210092-14
E-Mail: info@polen-info.de
Web: www.polen-info.de

Portugiesisches Touristik- und Handelsbüro
Kaiserhofstr. 10
60313 Frankfurt
Tel. 069- 920726-0 / Fax: 069- 231433
E-Mail: frankfurt@portugalglobal.pt
Web: www.visitportugal.com

Rumänisches Touristenamt
Budapester Str. 20a
10787 Berlin
Tel. 030-2419041 / Fax: 030-24725020
E-Mail: berlin@rumaenien-tourismus.de
Web: www.rumaenien-tourismus.de

Visit Sweden GmbH
Michaelisstr. 22
20459 Hamburg
Tel. 040-325513-10 / Fax: 040-325513-33
E-Mail: germany@visitsweden.de
Web: www.visitsweden.de

Schweiz Tourismus
Rossmarkt 23
60311 Frankfurt
Tel: 069-256001-31 / Fax: 069-256001-38
E-Mail: info@myswitzerland.com
Web: www.myswitzerland.com

Slowenisches Fremdenverkehrsamt
Maximiliansplatz 12 a
80333 München
Tel. 089-29161202 / Fax: 089-29161273
E-Mail: slowenien.fva@t-online.de
Web: www.slovenia.info

Spanisches Fremdenverkehrsamt
Kurfürstendamm 63
10707 Berlin
Tel. 030-8826543 / Fax: 030-8826661
E-Mail: berlin@tourspain.es
Web: www.spain.info

Tschechische Zentrale für Tourismus
Friedrichstr. 206
10969 Berlin
Tel. / Fax: 030- 204 47 70
E-Mail: info1-de@czechtourism.de
Web: www.czechtourism.com

Ungarisches Tourismusamt
Lyoner Str. 44-48
60528 Frankfurt
Tel: 069-928846-20 / Fax: 069-928846-23
E-Mail: frankfurt@ungarn-tourismus.de
Web: www.ungarn-tourismus.de

Fremdenverkehrszentrale Zypern
Zeil 127
60313 Frankfurt
Tel. 069-251919 / Fax: 069-250288
E-Mail: info@ct-fra.de
Web: www.visitcyprus.com

ASIEN & ORIENT

Fremdenverkehrsamt der Volksrepublik China
Ilkenhansstr. 6
60433 Frankfurt
Tel. 069-520135 / Fax: 069-528490

E-Mail: info@china-tourism.de
Web: www.china-tourism.de

Dubai Tourism Promotion Board
Bockenheimer Landstr. 23
60325 Frankfurt
Tel. 069-7100020 / Fax: 069-71000234
E-Mail: dtcm_ge@dubaitourism.co.ae
Web: www.dubaitourism.co.ae

Hongkong Tourist Association
Humboldtstr. 94
60318 Frankfurt
Tel. 069-9591290 / Fax: 069-5978050
E-Mail: frawwo@hkta.com
Web: www.discoverhongkong.com

Indisches Fremdenverkehrsamt
Baseler Str. 48
60329 Frankfurt
Tel. 069-242949-0 / Fax: 069-242949-77
E-Mail: info@india-tourism.com
Web: www.india-tourism.com

Staatliches Israelisches Verkehrsbüro
Friedrichstr. 95
10117 Berlin
Tel. 030-203997-0 / Fax: 069- 203997-30
E-Mail: info@goisrael.de
Web: www.goisrael.de

Japanische Fremdenverkehrszentrale
Kaiserstr. 11
60311 Frankfurt
Tel. 069- 20353 / Fax: 069-284281
E-Mail: fra@jnto.de
web: www.jnto.go.jp

Jordan Tourist Board
c/o Adam & Partner
Weserstr. 4
60329 Frankfurt
Tel. 069- 923188-41 / Fax: 069- 923188-69
E-Mail: jordan@adam-partner.de
Web: www.visitjordan.com

Kambodscha Tourist Board
c/o Indochina Services
Enzianstr. 4a
82319 Starnberg
Tel. 08151-7702-22 / Fax: 08151-7702-29
E-Mail: info@is-eu.com
Web: www.indochina-services.com

Koreanische Zentrale für Tourismus
Baseler Str. 48
60329 Frankfurt
Tel. 069-233226 / Fax: 069-253519
E-Mail: kntoff@euko.de
Web: www.tour2korea.de

Fremdenverkehrsbüro Macau
c/o Discover the World Marketing
Schenkendorfstr. 1
65187 Wiesbaden
Tel: 0611-26767-30 / Fax: 0611-26767-60
E-Mail: macau@discover-fra.com
Web: www.macau-info.de

Malaysia Tourism Promotion Board
Weissfrauengasse 12–16
60311 Frankfurt
Tel. 069-4609234-20 / Fax: 069-4609234-99
E-Mail: info@tourismmalaysia.de
Web: www.tourismmalaysia.de

Laos Tourist Board
c/o Indochina Services
Enzianstr. 4a
82319 Starnberg
Tel. 08151-7702-22 / Fax: 08151-7702-29
E-Mail: info@is-eu.com
Web: www.indochina-services.com

Myanmar Tourist Board
Enzianstr. 4a
82319 Starnberg
Tel. 08151-7702-22 / Fax: 08151-7702-29
E-Mail: info@is-eu.com
Web: www.indochina-services.com

Philippinisches Fremdenverkehrsamt
Kaiserhofstr. 7
60313 Frankfurt
Tel. 069-208 93 / Fax: 069-285127
E-Mail: phildot-fra@t-online.de
Web: www.philtourism.com

Singapore Tourism Board
Hochstr. 35–37
60313 Frankfurt
Tel. 069-9207700 / Fax: 069-2978922
E-Mail: info@stb-germany.de
Web: www.visitsingapore.com

Sri Lanka Tourism
Allerheiligentor 2–4
60311 Frankfurt
Tel. 069-287734 / Fax: 069-288371
E-Mail: sltbfra@t-online.de
Web: www.srilanka.travel

Taipei Tourism Office (Taiwan)
Rheinstr. 29
60325 Frankfurt
Tel. 069-610743 / Fax: 069-624518

E-Mail: info@taiwantourismus.de
Web: www.taiwantourismus.de

Thailändisches Fremdenverkehrsamt
Bethmannstr. 58
60311 Frankfurt
Tel. 069-138139-0 / Fax: 069-138139-50
E-Mail: info@thailandtourismus.de
www.thailandtourismus.de

Kulturabteilung des türkischen Generalkonsulats
Baseler Str. 37
60329 Frankfurt
Tel. 069-233081 / Fax: 069-232751
E-Mail: info@reiseland-tuerkei.info
Web: www.reiseland-tuerkei.info

Vietnamesisches Fremdenverkehrsamt
Botschaft der sozialistischen Republik Vietnam
Elsenstr. 3
12435 Berlin
Tel. 030-53630108 / Fax: 030-53630200
E-Mail: info@vietnambotschaft.org
Web: www.vietnambotschaft.org

AFRIKA

Ägyptisches Fremdenverkehrsamt
Kaiserstr. 66
60329 Frankfurt
Tel. 069-252153 / Fax: 069-239876
E-Mail: staatlich@aegyptisches-fremdenverkehrsamt.de
Web: www.egypt.travel

Representat du Commerce et du Tourisme du Benin
Tempelhofer Weg 2
12099 Berlin
Tel: 030-68302193 / Fax: 030-6857405
E-Mail: info@westafrika.de
Web: www.westafrika.de

Kenia Tourist Board
c/o Travel Marketing Romberg
Schwarzbachstr. 32
40822 Mettmann
Tel: 02104-832919 / Fax: 02104-912673
E-Mail: kenia@travelmarketing.de
Web: www.magicalkenia.com

Staatlich Marokkanisches Fremdenverkehrsamt
Graf-Adolf-Str. 59
40210 Düsseldorf
Tel. 0211-370551 / Fax: 0211-374048
E-Mail: marokkofva@aol.com
Web: www.tourismus-in-marokko.de

Namibia Tourism
Schillerstr. 42–44
60313 Frankfurt
Tel. 069-133 73 60 / Fax: 069-13 37 36 15
E-Mail: info@namibia-tourism.com
Web: www.namibia-tourism.com

Seychelles Tourist Office
Hochstr. 17
60313 Frankfurt
Tel. 069-297207-89 / Fax: 069-297207-92
E-Mail: info@sechelles-service.de
Web: www.seychelles.travel

South African Tourism
Friedensstr. 6
60311 Frankfurt
Tel. 069-929129-0 / Fax: 069-280950
E-Mail: info@southafricantourism.de
Web: www.southafrica.net

Fremdenverkehrsamt Tunesien
Bockenheimer Anlage 2
60322 Frankfurt
Tel. 069-133835-0 / Fax: 069-133835-22

E-Mail: fvatunesien@aol.com
Web: www.tunesien.info

Zimbabwe Tourist Office
Schillerstr. 3
60313 Frankfurt
Tel. 069-9207730 / Fax: 069-92077315
E-Mail: zto@afrikaaktuell.de
Web: www.zimbabwetourism.co.zw

NORD- UND SÜDAMERIKA

Antigua & Barbuda Department of Tourism
Thomasstr. 11
61348 Bad Homburg
Tel. 06172-21504 / Fax: 06172-21513
E-Mail: antigua-barbuda@karibik.org
Web: www.karibik.de/antigua-barbuda

Argentinien
Tourismus-Abteilung der argentinischen Botschaft
Kleiststr. 23–26
10787 Berlin
Tel. 030-226689-0 / Fax: 030-2291400
E-Mail: info@argentinische–botschaft.de
Web: www.argentinische-botschaft.de

Bermuda Department of Tourism
Tassilo-Zoepf-Weg 18
82409 Wildsteig
Tel: 08867-91390 / Fax: 08867-913 913
E-Mail: contact@traveltobermuda.de
Web: www.bermudatourism.com

Botschaft von Bolivien
Wichmannstr. 6
10787 Berlin
Tel: 030-2639150 / Fax: 030-26391515
E-Mail: embajada.bolivia@berlin.de
Web: www.bolivia.de

Fremdenverkehrsamt Brasilien
Platz der Einheit 1
60327 Frankfurt
Tel. 069-97503251 / Fax: 069-97503200
E-Mail: ebt.de@embratur.gov.br
Web: www.brasiltour.com

Pro Chile
c/o Generalkonsulat von Chile
Kleine Reichenstr. 1
20457 Hamburg
Tel. 040-33 58 35 / Fax: 040-32 69 57
E-Mail: tourismus@prochile-hamburg.de
Web: www.chileinfo.de

Dominikanisches Fremdenverkehrsamt
Hochstr. 54
60313 Frankfurt
Tel: 069-91397878 / Fax: 069-283430
E-Mail: domtur@aol.com
Web: www.godominicanrepublic.com

Ecuador
c/o BZ.Comm
Robert-Bosch-Str. 28
63225 Langen
Tel. 06103-8335660
E-Mail: ecuador@bz-comm.de
Web: www.vivecuador.com

Canadian Tourism Commission
Carlsplatz 18
40213 Düsseldorf
Tel. 0211-828553-0 / Fax: 0211-828553-40
E-Mail: canada-info@t-online.de
Web: www.kanada-presse.de

Kubanisches Fremdenverkehrsamt
Kaiserstr. 8
60311 Frankfurt
Tel. 069-288322 / Fax: Fax: 069-296664

E-Mail: info@cubainfo.de
Web: www.cubainfo.de

Staatliches Mexikanisches Verkehrsamt
Taunusanlage 21
60329 Frankfurt
Tel. 069-253-509 / Fax: 069-253-755
E-Mail: germany@visitmexico.com
Web: www.visitmexico.com

Visit USA Committee Germany
(Verein der lokalen US-amerikanischen Fremdenverkehrsämter und diverser Reise-Dienstleister)
Mainzer Landstr. 176
60327 Frankfurt
Tel.: 0700-84748872 / Fax: 07000-1012714
E-Mail: info@vusa-germany.de
Web: www.vusa-germany.de

AUSTRALIEN

Australisches Fremdenverkehrsamt
Neue Mainzer Str. 22
60311 Frankfurt
Tel. 069-274006-22 / Fax: 069-27400640
E-Mail: eseller@tourism-australia.com
Web: www.media.australia.com

Tourismus in Deutschland
Deutsche Zentrale für Tourismus (DZT)
Beethovenstr. 69
60325 Frankfurt
Tel: 069-974640 / Fax: 069-751903
E-Mail: info@d-z-t.de
Web: www.deutschland-tourismus.de
Die Adressen der einzelnen deutschen regionalen Fremdenverkehrsämter können im Infocenter unter „Touristische Informationsstellen im Überblick“ abgefragt werden.

DuMont Reiseverlag GmbH & Co. KG
Marco-Polo-Str. 1
73760 Ostfildern
Tel. 0711-4502-0 / Fax 0711-4502-411
E-Mail: info@dumontreise.de
Web: www.dumontreise.de
Schwerpunkte: Reise- und Kulturführer weltweit

Dazu gehören auch:
Marco Polo Verlag
E-Mail: info@mairdumont.com
Web: www.marcopolo.de
Schwerpunkt: Reiseführer international

und
Stefan Loose Travel Handbücher
E-Mail: info@dumontreise.de
Web: www.loose-verlag.de
Schwerpunkt: Reiseführer international für Individualreisende, vor allem außereuropäische Ziele

Unterwegs Verlag
Dr.-Andler-Str. 28
78224 Singen
Tel: 07731-91231-0 / Fax 07731-91231-30
E-Mail: info@unterwegs.de
Web: http://reisefuehrer.com
Schwerpunkt: Reiseführer Europa, Szeneführer

Reise Know-How Verlag
Peter Rump GmbH
Osnabrücker Straße 79
33649 Bielefeld
Tel: 0521-94649-0 / Fax 0521-441047
E-Mail: info@reise-know-how.de
Web: www.reise-know-how.de
Reiseführer international für Individualreisende, Reisebücher, Ratgeber, Sprachführer

Michael Müller Verlag GmbH
Gerberei 19
91054 Erlangen
Tel: 09131-812808-0 / Fax: 09131-812808-60
E-Mail: info@michael-mueller-verlag.de
Web: www.michael-mueller-verlag.de
Schwerpunkt: Reiseführer international für Individualreisende

Hayit Medien
Schreberstr. 2
51105 Köln
Telefon: 0221-921635-0 / Fax: 0221-921635-24
E-Mail-Adresse: kontakt@hayit.de
Internet: www.hayit.de
Web: www.hayit.de
Schwerpunkt: Reiseführer international

Peter Meyer Verlag
Schopenhauerstraße 11
60316 Frankfurt am Main
Tel: 069-494449 / Fax 069-445135
E-Mail: info@PeterMeyerVerlag.de
Web: www.meyer-reisefuehrer.de
Schwerpunkte: Reiseführer international, Individualreiseführer

cybertours-x
Genslerstraße 25 c
22307 Hamburg
Tel: 040-35564858 / Fax: 040-60821154
E-Mail: verlag@cybertours-x.de
Web: www.cybertours-x.de
Schwerpunkte: Strand- und Tauchführer, Reiseführer international

Iwanowski's Reisebuchverlag
Salm-Reifferscheidt-Allee 37
41540 Dormagen
Tel: 02133-2603-11 / Fax: 02133-2603-33
E-Mail: info@iwanowski.de
Web: www.iwanowski.de
Schwerpunkte: Reiseführer Afrika, Amerika, Asien, Europa
und Pazifikraum.

Polyglott Verlag GmbH
Mies-van-der-Rohe-Straße 1
80807 München
Tel: 089-36096-0 / Fax: 089-36096-258
E-Mail: redaktion@polyglott.de
Web: www.polyglott.de
Schwerpunkte: Reiseführer international

ADAC Verlag GmbH – Buchredaktion
Leonhard-Moll-Bogen 1
81365 München
Tel.: 089-7676-0
E-Mail: verlag@adac.de
Web: www.adac-verlag-gmbh.de
Schwerpunkte: Reiseführer weltweit, Ski-Atlas, Campingführer, Karten

Stöppel-Verlag
Pöltnerstr. 1
82362 Weilheim
Tel: 0881-9224-17 / Fax: 0881-2554
E-Mail: stoeppel@oberland.net
Web: www.stoeppel.de
Schwerpunkte: Rad- und Wanderführer, Radwegekarten, Freizeit mit Kindern, Deutschland, Europa

Nelles-Verlag
Schleißheimer Str. 371 B
80935 München
Tel: 089-357194-0 / Fax: 089-357194-30
Schwerpunkte: Reiseführer, z.B. Nelles Guides, Karten

Karl Baedeker Verlag
Marco-Polo-Zentrum
73760 Ostfildern
Tel: 0711-45020 / Fax: 0711-4502310
E-Mail: baedeker@mairdumont.com
Web: www.baedeker.com
Schwerpunkte: Baedeker Allianz Reiseführer, Baedeker Stadtführer

Trescher Verlag
Reinhardtstraße 9
10117 Berlin
Tel: 030-2832496 / Fax: 030-2815994
E-Mail post@trescher-verlag.de
Web: www.trescher-verlag.de

Messen

Frankfurter Buchmesse
www.buchmesse.de
Hier sind nicht nur alle Reisebuchverlage zu finden, sondern auch zahlreiche Zeitschriften und Zeitungen vertreten. Eine gute Gelegenheit zum persönlichen Kontakt. Die Messe findet jedes Jahr im Oktober statt.

Leipziger Buchmesse
www.leipziger-buchmesse.de
Das etwas literarischere Pendant zur Frankfurter Buchmesse findet ebenfalls einmal jährlich im März statt.

Internationale Tourismus Börse Berlin ITB
www.itb-berlin.de
Die größte Reisemesse weltweit zieht jedes Jahr im März rund 180.000 Besucher und rund 11.000 internationale Fachaussteller aus mehr als 180 Ländern an, darunter auch viele potentielle Sponsoren und Unterstützer. Die großen Reisebuchverlage sind ebenfalls vertreten.

Internationale Ausstellung für Caravan, Motor, Touristik Stuttgart
www.messe-stuttgart.de
Mit circa 1.850 Fachausstellern aus 95 Ländern zwar nicht so groß wie die ITB Berlin, aber dennoch eine gute Kontaktplattform. Die CMT findet jährlich im Januar statt.

11 Literaturtipps

Allgemeine Werke

Wolf Schneider und Paul-Josef Raue: „Das neue Handbuch des Journalismus“, Rowohlt Verlag, 2003
Das Grundlagenwerk umfasst quasi alle Bereiche des Journalismus. Eine schöne Einführung für Anfänger. Auch über die Bundeszentrale für politische Bildung vergünstigt zu bestellen unter www.bpb.de

Stefan Ruß-Mohl: „Journalismus – Das Hand- und Lehrbuch“, Frankfurter Allgemeine Buch, 2003
Auch ein Klassiker für den Rundumschlag

Valie Djordjevic u.a.: „Urheberrecht im Alltag“, Bundeszentrale für politische Bildung, Schriftenreihe Band 655, zu bestellen über www.bpb.de
Das Buch richtet sich nicht an Rechtsexperten, sondern Laien und ist daher besonders verständlich gehalten

Rudolf Gerhardt, Hans Leyendecker: „Lesebuch für Schreiber. Vom richtigen Umgang mit der Sprache und von der Kunst des Zeitunglesens“. Fischer Taschenbuch Verlag, 2005
Standardwerk zu Stil und kritischem Journalismus allgemein

Steuertipps für Journalisten, DJV Schriftenreihe Nr. 14

Stil

Wolf Schneider: „Deutsch! Das Handbuch für attraktive Texte“. Rowohlt Taschenbuch Verlag, 2005

Wolf Schneider: „Deutsch für Profis. Wege zu gutem Stil“. Mosaik Verlag, 1999

Wolf Schneider: „Deutsch fürs Leben. Was die Schule zu lehren vergaß". Rowohlt Verlag, 1994
Alle drei Werke von Wolf Schneider sind die Stil-Klassiker schlechthin.

Englischsprachige Literatur

Don George: „Travel Writing". Lonely Planet Publications, 2005
Eines der wenigen Werke für Einsteiger. Leider nicht immer auf den deutschen Markt übertragbar, als Anregung aber allemal eine gute Lektüre.

Adresssammlungen

Taschenbuch für die Touristikpresse, Kroll Verlagsgruppe, Hrsg. Thomas Cook AG
Verzeichnis der deutschen Reisejournalisten, touristischen Unternehmen, Medien und Behörden in handlichem Format

2008 Touristik Medien – Redaktionen, Mediadaten, Freie Journalisten &
2008 Touristik PR – Pressestellen, PR-Agenturen, Leistungen, SRT-Verlag
Die beiden Bände mit den touristisch relevanten Medien, PR-Agenturen und Ansprechpartnern der Tourismusindustrie werden jährlich neu aufgelegt. Pro Eintrag erscheinen nicht nur die Adressen, sondern auch genaue Details zu potentieller Mitarbeit, Kontaktpersonen und Themenplänen.
Online zu bestellen unter www.touristikmedien.de und www.touristikpr.de

Andere

Robert Young Pelton: „The World's Most Dangerous Places", Harper Collins, 5. Auflage 2003
Peltons martialischer Reiseführer zu den Krisen- und Kriegsschauplätzen dieser Welt zeigt, welche Regionen sich ganz bestimmt nicht für eine schnelle Recherchereise eignen. Auf tausend Seiten Reportagen, Tipps, Karten und Kontaktadressen lässt Pelton keinen Quadratmeter der Welt aus. Wer schon immer wissen wollte, was eine Entführung im Yemen kostet, wie man unbemerkt in den Irak reist (und, wichtiger noch, ihn auch wieder verlässt), braucht dieses Buch.

Deutschsprachige Inspirationen

Ryszard Kapuscinski: „Die Welt des Ryszard Kapuscinski: Seine besten Geschichten und Reportagen“, Eichborn, 2007

Ilija Trojanow: „Der Sadhu an der Teufelswand: Reportagen aus einem anderen Indien“, Sierra, 2008

Ilija Trojanow: „Der entfesselte Globus: Reportagen“, Hanser Verlag, 2008

Sarah MacDonald: „Wo bitte geht's hier zur Erleuchtung? Eine indische Reise“, Rowohlt Verlag, 2006
Eigentlich ein englisches Buch – allerdings in so guter Übersetzung, dass auch auf Deutsch sprachlich nichts verloren geht.

Andreas Altmann: „Notbremse nicht zu früh ziehen! Mit dem Zug durch Indien“, Rowohlt, 2003

Englischsprachige Inspirationen

Auch wenn viele der aufgelisteten Bücher ins Deutsche übersetzt wurden: Gönnen Sie sich das Original. Gerade in der Reiseliteratur wird der englische Humor oft nur mangelhaft übertragen.

Doug Lansky (Hrsg.): „There's No Toilet Paper on the Road Less Traveled“, Traveller's Tales 1998

Paul Theroux (Hrsg): „The Best American Travel Writing 2001“, Houghton Mifflin Company, 2001

Bill Bryson (Hrsg.): „The Best American Travel Writing 2000“, Houghton Mifflin Company, 2000

Vitali Vitaliev: „Borders Up! Eastern Europe Through the Bottom of a Glass“, Scribner, 1999

Bill Bryson: „Neither Here Nor There. Travels in Europe“, Black Swan, 1998

Paul Theroux: „The great Railway Bazaar. By Train Through Asia“, Penguin Books, 1998

Paul Theroux: „Fresh Air Fiend. Travel Writings 1985-2000“, Houghton Mifflin, 2001

Paul Theroux: „The Pillars of Hercules. A grand tour of the Mediterranean“, Penguin, 1996

Die Autorin

Françoise Hauser arbeitet als freie Journalistin, Autorin und Trainerin in Frankfurt am Main. Die Sinologin und Geographin wechselte nach einigen Jahren in der Touristik selbst als Quereinsteigerin in den Reisejournalismus. Sie hat zahlreiche Reisebücher und Reisetexte verfasst und war viele Jahre in der Redaktion einer Reisezeitschrift tätig.

Christoph Moss
Deutsch für Manager
Fokussierte Stilblüten aus der globalisierten Welt der Sprach-Performance.
184 Seiten. Hardcover mit Schutzumschlag. 17,90 € (D), 31,70 CHF*
ISBN 978-3-89981-173-5

Gerald Braunberger, Benedikt Fehr Hg.
Crash
Finanzkrisen gestern und heute
228 Seiten. Hardcover mit Schutzumschlag.
17,90 € (D), 31,70 CHF*
ISBN 978-3-89981-177-3

Wolfgang Koch, Jürgen Wegmann
Tugend lohnt sich
232 Seiten. Hardcover mit Schutzumschlag.
17,90 € (D), 31,70 CHF*
ISBN 978-3-89981-138-4

Dirk Freytag
Macht
Eine Gebrauchsanweisung
für den Alltag
232 Seiten. Hardcover mit Schutzumschlag. 17,90 € (D), 31,70 CHF*
ISBN 978-3-89981-171-1

Rainer Hank
Der Sonntagsökonom
Geschichten aus dem prallen Leben
224 Seiten. Hardcover mit Schutzumschlag. 17,90 € (D), 31,70 CHF*
ISBN 978-3-89981-128-5

Hanno Beck
Der Liebesökonom
Nutzen und Kosten einer
Himmelsmacht
228 Seiten. Hardcover mit Schutzumschlag.
17,90 € (D), 31,70 CHF*
ISBN 978-3-89981-076-9

Benno Heussen
Machiavelli für Streithammel
Lernen Sie die Regeln der Macht kennen
192 Seiten. Hardcover mit Schutzumschlag.
17,50 € (D), 31,20 CHF*
ISBN 978-3-89981-049-3

Alexander Ross, Reiner Neumann
Fettnapf-Slalom für Manager
In 30 Tagen sicher ans Ziel
200 Seiten. Hardcover mit Schutzumschlag. 17,90 € (D), 31,70 CHF*
ISBN 978-3-89981-129-2

Winand von Petersdorff
Das Geld reicht nie
Warum T-Shirts billig, Handys umsonst
und Popstars reich sind
Ein Wirtschaftsbuch für Jugendliche.
176 Seiten. Hardcover.
19,90 € (D), 35,10 CHF*
ISBN 978-3-89981-150-6

** zzgl. ca. 3,– € Versandkosten bei Einzelversand im Inland. Sämtliche Titel auch im Buchhandel erhältlich.*

Frankfurter Allgemeine Buch